KÖLN IN TRÜMMERN

HELMUT FRANGENBERG

KÖLN IN TRÜMMERN

TRUE CRIME 1944 BIS 1949

Greven Verlag

INHALT

DIE BEFREIUNG

Vier Treppen mit jeweils neun Stufen – das musste doch irgendwie zu schaffen sein. Nach all dem, was sie erlebt hatte, sollte es doch daran nicht scheitern. Zwei Zentner dürfte der Sack schwer sein, dachte Cäcilie. Er war in zwei Wolldecken und ein Betttuch eingewickelt und mit zwei Lederriemen verschnürt. Das war eine gute Polsterung für einen möglichst lautlosen Transport. Ihre Freundin Katharina half ihr, den Sack durchs Treppenhaus zu schieben und zu ziehen. Zum Tragen war er zu schwer. In dem Haus in der Ehrenfelder Glasstraße wohnte keiner mehr außer dem netten Nachbarn auf demselben Flur. Das war hilfreich. Die Frauen wussten, dass er wie jeden Tag zur Arbeit gegangen und nicht zu Hause war.

Der Leerstand im Haus war ein wenig erstaunlich, suchten doch sicher viele Menschen, die ihre Wohnung im Bombenhagel verloren hatten, eine Unterkunft. Und wahrscheinlich würden doch bald viele wieder nach Köln zurückkehren, die geflohen oder als Soldaten unterwegs waren. Vielleicht sollte sie das den Amerikanern mal mitteilen, dachte Cäcilie. Das Haus war zwar beschädigt, aber man konnte noch gut darin wohnen. Das war doch eine Seltenheit. Was einem so alles durch den Kopf geht auf dem Weg vom zweiten Stock ins Erdgeschoss, wenn dieser ewig dauert, weil man eine schwere Last zu tragen hat.

So könnte es gewesen sein am 19. April 1945. Die Innenstadt war ein Trümmerfeld. Und auch in den angrenzenden Stadtteilen sah es nicht viel besser aus. Anfang März waren die Amerikaner ins linksrheinische Köln einmarschiert. Vorbei an weißen Fahnen, die von den wenigen, die noch in den zerbombten Häuser ausharrten, in die Fenster ohne Glasscheiben gehängt worden waren. Alles war recht unspektakulär verlaufen, der von den Nazis angekündigte »Endkampf« um Köln hatte nicht stattgefunden. Die Besiegten hatten zur Begrüßung ihre besten Kleidungsstücke aus den Kellern geholt und angezogen. Die Soldaten hatten sich über die seltsame Stimmung in der Stadt gewundert, denn die meisten Besiegten taten so, als hätten sie mit Sieg und Niederlage gar nichts zu tun. Hauptsache, die Bombenangriffe waren vorbei. Die Menschen, die aus den Kellern ans Licht traten, fühlten sich nicht verantwortlich – nicht für die Gefallenen der US-Army, nicht für ihre eigene Not und schon gar nicht für die Trümmerstadt.

Auf der linken Rheinseite war der Krieg zu Ende. Die Amerikaner ließen Lautsprecherwagen durch die Straßen fahren, um über Ausgangssperren und andere Beschränkungen zu informieren. An die Hauswände klebten sie Plakate, die Bestimmungen und Gesetze bekannt machten. Nach der Registrierung der verbliebenen Bevölkerung wurden Lebensmittelkarten an rund 42.000 Menschen ausgegeben. Mehr waren im April nicht mehr da. Wie es weitergehen könnte, wusste niemand.

»IST DOCH EGAL, WER DAS SAGEN HAT«

Cäcilie und Katharina quälten sich durch das Treppenhaus. Was sollte schon passieren? In dem leeren Haus konnten sie davon ausgehen, unentdeckt zu bleiben. Und wenn es doch anders kommen würde? Eine Lappalie im Lauf der Welt. Wer sollte sich damit ernsthaft beschäftigen wollen? Es ist nicht überliefert, was Cäcilie Dreesen in diesem Moment wirklich dachte. Wir wissen auch nicht, ob sie mit irgendjemand vier Tage zuvor auf ihren Geburtstag angestoßen hatte. 34 Jahre war sie alt geworden. Sie könnte beim Schleppen die Stufen gezählt haben. Bis zum Bombenkrater im Garten waren es nur ein paar Meter, aber mit dieser Last wurde auch ein kurzer Weg weit. Zwei Treppen pro Stockwerk, neun Stufen pro Treppe – eine Treppe noch. 28, 29, 30 ...

»Wir machen einfach weiter«, hatte Michel gesagt, nachdem die amerikanischen Panzer über die Venloer Straße Richtung Dom gefahren waren. »Ist doch egal, wer das Sagen hat.« Er dachte, er hätte wie in den Jahren zuvor alles und alle unter Kontrolle. Wer nicht spurte, wurde mit Gewalt zurück in die Spur gebracht. So wie Cäcilie. 31, 32, 33 ... Aber er hatte sich getäuscht. Schade, dass er sie jetzt nicht sehen konnte.

Sie hielt sich an den Streben des Holzgeländers der schmalen Treppe fest, um mehr Kraft beim Ziehen zu haben. Auch Katharina hatte ihr das sicher nicht zugetraut. Die Freundin blieb stumm, während sie half. 35, 36, 37 ... Sie war ein bisschen überrascht. Die letzte Treppe hatte drei Stufen mehr als die anderen. Eine völlig nutzlose Erkenntnis. Was einem in den unmöglichsten Situationen so alles auffällt. Während ihre Freundin weiterhin einen äußerst angespannten Eindruck machte, fühlte sie sich erleichtert. Der Kopf war frei. Sie war frei. Was sollte jetzt noch Schlimmes passieren?

Sie zogen ihr Paket durch den Flur im Erdgeschoss zu der Tür, die zum Garten führte, von dem nicht mehr viel übrig war. Eine Bombe hatte die Eisenbahntrasse durch Ehrenfeld knapp verfehlt und stattdessen aus dem kleinen Garten einen Krater gemacht.

Cäcilie erkundete die Lage. Vielleicht hätten sie doch besser bis zum Einbruch der Dunkelheit warten sollen, aber dann wäre der Nachbar wieder zu Hause gewesen. Die Luft schien rein, hinter den kaputten Scheiben und leeren Fensterrahmen in den Nachbarhäusern war keiner zu sehen. Sie gab Katharina ein Zeichen. Dann bugsierten sie den Sack durch die Tür zum Krater und stießen ihn hinein.

Hinter der Gartentür standen Schaufeln und Eimer bereit. Sie füllten Asche in die Eimer und kippten sie in dem Krater aus. Mit den Schüppen schaufelten sie Dreck in das Loch. Die beiden Frauen sprachen weiterhin kein Wort miteinander. Eine Bestattung ohne Worte – das war durchaus angemessen. Was sollte man auch sagen über den Mann, den sie in die Decken und das Laken eingewickelt hatten? Nach einer halben Stunde war nichts mehr von ihm zu sehen. Cäcilie stellte die Schaufeln zurück. Sie gingen ins Haus, 39 Stufen hinauf in die Wohnung im zweiten Stock.

Sie mussten noch entscheiden, was aus dem Sofa mit dem noch nassen Blutfleck werden sollte. Es war schon vorher wertlos. Cäcilies Ehemann Ludwig hatte es bei einem Wutanfall völlig demoliert. Das Polster war gerissen, eine Lehne abgebrochen. Cäcilie ging in die Küche, um ein Messer zu holen. Dann schnitt sie das große blutrote Stück aus dem Stoff. »Ich habe was übrig, das ich draufnähen kann. Dann schenke ich die Couch dem Nachbarn. Der wird sie gerne nehmen.« Als die immer noch stumme Freundin Anstalten machte zu gehen, bat Cäcilie sie um einen Gefallen. Sie holte unter dem Wohnzimmerschrank eine Kiste hervor, stellte sie auf den Tisch und öffnete sie. Vier Pistolen lagen darin. »Die Amerikaner wollen, dass die Deutschen alle Waffen abgeben. Würdest du das für mich machen?«

Der Gefallen war keine Kleinigkeit. Katharina würde sich eine glaubhafte Geschichte ausdenken müssen, woher sie vier Pistolen hatte. Es gab noch eine fünfte Waffe, um die sich Cäcilie selbst kümmern wollte. »Vielleicht ist es besser, wenn ich die woanders loswerde.« Sie kannte einen Belgier, der in Köln arbeitete. Ihm würde sie die Waffe schenken. Auf das Loch im Polster wollte sie noch schnell einen Flicken nähen und sich dann zu Stanislaus aufmachen. Die sieben Jahre jüngere Freundin stimmte zu, nahm die Kiste unter den Arm und ließ Cäcilie allein in der Wohnung zurück. Aus dem zersplitterten Wohnzimmerfenster hatte sie einen guten Blick auf den Krater im Garten. Er war einen Meter weniger tief als am Morgen. Aber das konnte man ihm nicht ansehen. »Zur Hölle mit dir, Pulverkopf!«

ANONYME ANZEIGE

Ziemlich exakt 14 Monate nach dem Tag, an dem die Briten 5.000 Tonnen Bomben auf Helgoland geworfen hatten, die Amerikaner in Düsseldorf einmarschiert waren und Cäcilie Dreesen einen 100 Kilo schweren Sack in einem Krater begraben hatte, ging bei der Kölner Polizei eine anonyme Anzeige ein. Das Schriftstück an die Mordkommission war mit »Vertrauliche Mitteilung« überschrieben. Zwei Frauen mit Namen Cäcilie Dreesen und Katharina Hilgers hätten im April 1945 einen gewissen Melchior Mathias Pelzer ermordet und in einem Bombentrichter verscharrt. Anonyme Denunziationen gab es viele in den Monaten nach dem Ende des Kriegs, nachfolgende Ermittlungen führten in aller Regel zu keinen Ergebnissen, weil es an Spuren und Beweismitteln fehlte. Es wurde viel behauptet in jenen Tagen. Doch hier war es anders. Zwar war seit dem vergangenen April einiges an Schutt und Müll in den Bombenkrater hinter dem Haus in der Glasstraße geworfen worden. Aber das Bergen der Überreste eines in Wolldecken eingewickelten toten Mannes war nicht besonders schwierig.

Zwei Tage nach dem Eingang der Anzeige fand man in anderthalb Meter Tiefe unter dem Unrat aus der Nachbarschaft den bereits stark verwesten Leichnam, den Angestellte der Friedhofsverwaltung für die Polizei ausgruben und ins Leichenschauhaus brachten. Währenddessen inspizierten Polizisten die kleine Wohnung im zweiten Stock des Hauses, in der Cäcilie Dreesen ihren Liebhaber erschossen habe, wie es in dem anonymen Schreiben hieß. Sie fanden Einschusslöcher in der Wand eines Zimmers, in dem eine Couch, ein Küchenschrank und ein Radioschränkchen standen. Ein weiteres Loch entdeckten sie in der Küchentür.

Zu dem Mann im Bombentrichter gab es eine umfangreiche Akte im Polizeikeller: Melchior Mathias Pelzer, auch Michel genannt, geboren am 11. Dezember 1911, war mehrfach vorbestraft und hatte viele Monate im Gefängnis gesessen. Schwerer Diebstahl, Hausfriedensbruch, Raub und Hehlerei – bis 1933 war er bereits mehrfach erwischt und verurteilt worden. Nach fünf kürzeren Gefängnisstrafen wurde er im April 1933 wegen schweren Diebstahls zu anderthalb Jahren verurteilt. Kaum war er wieder auf freiem Fuß, wurde er gleich wieder festgenommen. Diesmal bekam er wegen Raubs ein Jahr Zuchthaus und drei Jahre »Ehrverlust«. Wie sich der aus der »nationalsozialistischen Volksgemeinschaft« Ausgeschlossene in den Folgejahren durchgeschlagen hatte, war nicht bekannt. Die Karteikarten des Erkennungsdienstes dokumentierten noch eine Festnahme wegen einer Vergewaltigung im Jahr 1941.

Wir wissen nicht, ob Cäcilie Dreesen erst einmal abstritt, was in der anonymen Anzeige stand. Die Aktenlage deutet eher darauf hin, dass es nicht viel zu ermitteln gab und die Beschuldigte sofort alles gestand. Bei Katharina Hilgers war das anders. Sie leugnete, an der Tat beteiligt gewesen zu sein. Sie habe auch nicht beim Wegschaffen der Leiche geholfen. Cäcilie habe ihr gesagt, Pelzer sei verschwunden und vielleicht von den Amerikanern erschossen worden. Die Frau aus Longerich räumte nur ein, dass sie die vier Pistolen abgegeben habe. Ob der Fall Folgen für sie hatte, ist nicht bekannt. Dagegen lassen sich die ersten 34 Jahre des Lebens der Cäcilie Dreesen und das Ende des Melchior Mathias Pelzer sehr gut rekonstruieren.

SCHON ALS KIND BRUTAL

Cäcilie Dreesen wurde am 15. April 1911 geboren. Ihre Eltern trennten sich, als sie anderthalb Jahre alt war. Nach der Scheidung heiratete die Mutter wieder. Das Verhältnis zum Stiefvater war gut, er sei »wie ein richtiger Vater« für sie gewesen, heißt es im Protokoll der Polizei. Die Mutter brachte sieben Kinder aus erster Ehe mit in das Haus in der Ehrenfelder Körnerstraße. Cäcilie verließ nach acht Jahren die Volksschule, um in der Druckerei Ziegler Beckmann in der Huhnsgasse in der Innenstadt zu arbeiten. Den Wochenlohn musste sie zu Hause abgeben. 1930 heiratete sie den Pflasterer Ludwig Dreesen, sie brachte eine Tochter zur Welt. »Bis zum Ausbruch des Krieges war das eine sehr glückliche Ehe«, sagte sie. Als Ludwig zur Wehrmacht musste, änderte sich alles. Es fehlte an Geld. Sie war auf die magere Fürsorgeleistung der Stadt angewiesen, weil sie wegen eines Nervenleidens nicht mehr arbeiten konnte. Hinzu kam die Einsamkeit.

Es war ein polnischer Kriegsgefangener, der wieder Freude ins Leben brachte. Stanislaus Wasilewski war als Zwangsarbeiter der Firma Motor Fritsche zugeteilt worden. Sie lernten sich kennen und lieben. Über die Frage, wie es mit ihnen weitergehen könnte, wenn Ludwig aus dem Krieg zurückkäme, dachten sie nicht nach. Vielmehr konzentrierten sie sich darauf, möglichst wenig aufzufallen. In der Nachbarschaft ließ sich die verbotene Beziehung allerdings kaum verbergen, zumal Stanislaus immer wieder mal eine Nacht bei Cäcilie verbrachte. Alles hätte so weitergehen können, wäre nicht eines Nachts der »Pulverkopf« aufgetaucht, ein Nachbar aus Kindertagen. Den Spitznamen hatte man ihm gegeben, weil er schon als Kind gewalttätig und brutal war. Nun sollte Cäcilie sein Opfer werden.

15 Jahre hatte sie Pelzer nicht gesehen. Aus dem ungeliebten Nachbarsjungen war ein Verbrecher geworden, der von Überfällen, Einbrüchen und Gefängnisaufenthalten erzählen konnte. Einmal sei er sogar aus dem Klingelpütz ausgebrochen. Der Pulverkopf war ein Mann, der sich nahm, was er wollte. Und das war jetzt Cäcilie. »Ich wollte ihn nicht bei mir haben, doch er blieb einfach«, berichtete die junge Frau der Polizei. »Ich wagte es nicht, ihn wegzuschicken.« Pelzer erkannte schnell, dass er Cäcilie erpressen konnte. Sie hatte ihm leichtfertig von Stanislaus erzählt, wohl um ihm klarzumachen, dass er bei ihr nicht landen konnte.

Und auch die Aussicht auf den Besuch des Ehemanns, der zum Urlaub von der Front nach Köln kommen könnte, schreckte ihn offensichtlich nicht.

Pelzer zog einfach in ihre Wohnung ein und machte sie zu seiner. Als Stanislaus die Geliebte besuchen wollte, machte er dem Polen mit einer Pistole unter der Nase unmissverständlich klar, dass er das Weite suchen solle. Vielleicht wäre Schlimmeres geschehen, wenn der nette Nachbar nicht eingegriffen hätte. Stanislaus flüchtete, auch weil er vermuten musste, dass es sich bei dem Mann in Cäcilies Wohnung um ihren Ehemann handelte.

ZWISCHEN DREI MÄNNERN

Als Ludwig dann kurz darauf tatsächlich zurückkam, zog der Pulverkopf erneut die Waffe. Er ließ keinen Zweifel daran, dass er Dreesen aus dessen eigener Wohnung verjagen wollte. Doch der machte es dem Widersacher nicht so einfach wie der polnische Nebenbuhler. Der Nachbar berichtete der Polizei später von einer Prügelei. Pelzer habe Dreesen geschlagen und verletzt, doch Dreesen habe nicht nachgegeben. Dem Soldaten gelang es, den bewaffneten Räuber auf die Straße zu setzen. Dort habe Michel Pelzer dann wütend um sich geschossen. Vier Kugeln schlugen durch Fenster in die Wohnung der Dreesens ein.

Cäcilie hatte den Kampf zur Flucht genutzt. Doch wo sollte sie hin? Sie konnte versuchen, sich zu verstecken. Aber wie sollte sie überleben? Ihre Lage zwischen drei Männern war lebensgefährlich geworden. Ihr Ehemann würde von ihrer Beziehung zu Stanislaus erfahren und sie bei der Gestapo anzeigen. Ein Verhältnis mit einem polnischen »Fremdarbeiter« wurde hart bestraft. Sie hätte sich wegen »Rassenschande« verantworten müssen. Und für Stanislaus hätte dies wohl das Todesurteil bedeutet. Einige Ausländer waren zur Abschreckung öffentlich gehängt worden.

Pelzer zog wütend durch Ehrenfeld und suchte nach ihr. Den Pulverkopf verließ man nicht ungestraft. Cäcilie konnte nur einer der beiden Bedrohungen entkommen. Pelzer war schneller als die Gestapo und spürte sie auf. Ihre Angst war groß, Widerstand zwecklos. Der brutale Schläger drohte, sie umzubringen, sollte sie ein weiteres Mal versuchen, ihn zu verlassen. Sie habe sich nicht wehren können, sagte sie später der Polizei. Deshalb habe sie zu ihm zurückkehren müssen. Die beiden suchten eine neue Unterkunft, die sie in der Vitalisstraße fanden. Hier hatte Pelzers Bruder gewohnt, der an der Front kämpfte. Seine Frau war evakuiert worden. Das Versteck schützte Cäcilie vor der Geheimpolizei der Nazis, lieferte sie aber gleichzeitig ihrem Peiniger aus. Pelzer verließ die Wohnung tagsüber nur noch selten. Auch er wurde von der Polizei gesucht. Man brachte ihn mit einem Einbruch in Verbindung.

Nach ihrem Abtauchen und der Anzeige ihres Mannes bekam Cäcilie keine Lebensmittelkarten mehr. Und so sah sie sich gezwungen, zu Pelzers Komplizin bei dessen nächtlichen Raubzügen zu werden. Der Dritte im Bunde der Einbrecherbande war Katharinas Ehemann, der in der Ehrenfelder Marienstraße untergetaucht war. Er musste sich verstecken, weil er als Deserteur gesucht wurde. Gemeinsam brachen sie in die Läden von Stüssgen auf der Venloer, der Kanal- und der Vitalisstraße ein, beraubten Kaiser's Kaffee und die Konsumgenossenschaft Eintracht in der Franz-Liszt-Straße.

Die kleine Bande war bei ihren Einbrüchen schwer bewaffnet. Pelzer hatte fünf Pistolen, »alle waren immer geladen«, erinnerte sich Cäcilie später im Verhör. Zum Glück hätten sie die Waffen nie benutzt. »Aber wenn Pelzer betrunken war, wankte er auf die Straße und schoss in die Luft.« Angeblich habe er im Bunker in der Körnerstraße einmal einen Soldaten erschossen, der auf Urlaub war. Aus Versehen. Irgendwann war sich Pelzer wohl sehr sicher, dass er von Cäcilie nichts mehr zu befürchten hatte. Er brachte ihr mit seinen Pistolen das Schießen bei.

PASSENDE GELEGENHEIT

Bis zum Einmarsch der Amerikaner im März 1945 blieben Pelzer und Cäcilie in ihrem Versteck. Danach trauten sie sich auch tagsüber wieder auf die Straße. Pelzer wollte zurück in die Wohnung in der Glasstraße. Nachbarn hatten berichtet, sie stehe leer. Ludwig befinde sich in einem Lazarett außerhalb der Stadt. Keiner wusste Genaues. So zogen sie wieder in Cäcilies alte Wohnung. An Pelzers Verhalten änderte sich nichts: Er schlug und misshandelte Cäcilie. Ab und zu erinnerte er sie mit gezückter Pistole an seine Morddrohung. Sollte sie mit dem Gedanken spielen, ihn zu verlassen, würde sie sterben.

Pelzer hatte auch klare Vorstellungen von seiner beruflichen Zukunft. Ob er gegen die Amerikaner oder gegen die SS kämpfe, sei ihm egal, habe Pelzer ihr erklärt, heißt es im Polizeiprotokoll. Also sollten die Einbrüche und Raubzüge weitergehen. Dass sich Katharinas Mann nach dem Einmarsch den Amerikanern gestellt hatte, interessierte ihn nicht. Sie konnten ja zu zweit weitermachen.

Da habe sie ihm zum ersten Mal widersprochen, so Cäcilie bei ihrer Vernehmung. Pelzer reagierte, wie man es erwarten konnte. Wieder kam es zu Gewalt. Der Pulverkopf schoss in der Wohnung um sich. Cäcilie überlebte, obwohl sie nicht weiterleben wollte. Ihrer alten Freundin Katharina sagte sie, sie wolle sich umbringen. Die Freundin brachte Cäcilie auf einen neuen Gedanken: Anstatt sich selbst zu töten, solle sie doch ihren Peiniger erschießen. Cäcilie Dreesen berichtete der Polizei, wie ihr die Freundin dabei half, die Tat zu planen. Kühl und gefasst müsse sie sein und eine Gelegenheit nutzen, um ihm ohne Vorankündigung in den Rücken zu schießen, soll Katharina empfohlen haben. Sie zeigte ihr die Stelle, wo sie die Pistole ansetzen müsse, um mit einem einzigen Schuss von hinten das Herz des Pulverkopfs zu treffen. Katharina sagte: »Jetzt ist es Zeit.«

Cäcilie nahm den Rat der Freundin an. Schon Tage vor Pelzers Tod trug sie immer eine der Pistolen bei sich. Es fehlte nur noch die passende Gelegenheit. Am 18. April 1945 war es dann so weit. Wie so oft war der Pulverkopf angetrunken nach Hause gekommen. Er verlangte nach Essen, obwohl es schon 22 Uhr war. Cäcilie Dreesen ließ sich nichts anmerken. Sie wusste, wie es enden würde. Nach dem Essen legte er sich auf die Couch, der seit der

Auseinandersetzung mit dem Ehemann eine Armlehne fehlte, und schlief ein. Cäcilie wartete bis kurz vor Mitternacht. Sie ging zur Couch, setzte die Pistole genau an der von Katharina bezeichneten Stelle an und drückte ab. Nach dem Schuss bäumte sich der starke Mann noch einmal auf, um gleich darauf zusammenzubrechen. Es war getan. Das Leben des Pulverkopfs war vorbei.

»HEIMTÜCKE«

Wie sich Cäcilie unmittelbar danach fühlte, steht nicht in den Protokollen der Polizei. Vielleicht hat es den Mordermittler nicht interessiert. Vielleicht hatte Cäcilie aber auch gar nichts zu berichten von großen Gefühlen der Befreiung und Erlösung. Sie hatte die Macht über ihr Leben zurückgewonnen und dafür einen Menschen heimtückisch getötet. Hätte sie eine andere Möglichkeit gehabt, ihren Peiniger, der sie misshandelte und mit dem Tod bedrohte, loszuwerden? Und was heißt schon »Heimtücke«. Dieses sogenannte Mordmerkmal hatten sich Männer ausgedacht. Ein starker Mann wie Michel musste andere nicht im Schlaf töten. Der schoss einfach um sich. Wenn sich aber eine Schwächere gegen einen Stärkeren wehren wollte, kam sie ohne »Heimtücke« nicht weit.

Zu Protokoll gab sie, dass sie keine Wahl gehabt habe. Pelzer hätte wohl nicht nur sie, sondern auch Ludwig und Stanislaus umgebracht, wenn sie sich auf andere Weise gewehrt hätte. Es war, wie es war: Einen Mann wie den Pulverkopf konnte man nicht einfach verlassen. Wer hätte sie beschützt? Sie hatte es ja schon einmal erfolglos versucht. Die wohlüberlegte Tat, die der Hinrichtung eines üblen Verbrechers und brutalen Schinders gleichkam, schien wie der Abschluss völlig rationaler Überlegungen. Dazu passte, dass Cäcilie nach dem tödlichen Schuss zu ihrem Stiefvater in die Körnerstraße ging und ihn fragte, ob sie bei ihm übernachten könne. Er fragte, ob »wieder was mit Pelzer gewesen« sei. Sie sagte »Ja« und legte sich schlafen.

Auch am nächsten Morgen war sie offenbar völlig mit sich im Reinen. Nur eines war noch zu tun. Der zwei Zentner schwere

Mann, der auf dem Sofa in ihrer Wohnung lag, musste verschwinden. Cäcilie suchte Katharina auf und bat sie, ihr bei der Beerdigung im Bombenkrater zu helfen. Sie nahmen ein paar Decken mit, um den Leichnam darin zu verschnüren. So war es leichter, ihn die Treppen hinunterzubringen. Das Grab war gut gewählt, aber irgendwer musste sie doch dabei beobachtet haben, als sie den Pulverkopf in den Krater geworfen hatten. Oder hatte Katharina die Sache nicht für sich behalten können? Wer oder was sie auffliegen ließ, hat Cäcilie nie erfahren.

Gibt es so etwas wie eine heimtückische Notwehr? Schließen sich das Mordmerkmal Heimtücke und Notwehr aus? Gibt es irgendetwas dazwischen? Im März 1947 wurde Cäcilie Dreesen im Kölner Landgericht verurteilt. Für die Richter war sie keine Mörderin. Aber einen Freispruch wegen Notwehr gab es auch nicht. Die Tat war aus Sicht der männlichen Richter doch so verwerflich, dass eine Gefängnisstrafe nicht reichte. Die 1. Große Strafkammer schickte sie für fünfeinhalb Jahre ins Zuchthaus und erkannte ihr für fünf Jahre die bürgerlichen Ehrenrechte ab.

MÖRDER IM POLIZEIDIENST

Wie schnell das geht. Die Särge der Toten waren erst vier Monate unter der Erde, und doch waren die Verstorbenen kaum noch zu erkennen. Bakterien und Pilze verrichten unbarmherzig ihren Dienst der Zersetzung. Zellwände und Zellstrukturen lösen sich auf, Teile des Bindegewebes verflüssigen sich. Danach beginnt im Darm die Fäulnis, dann vernichten die Mikroorganismen Schicht für Schicht die organischen Substanzen. Käfer, Würmer und Insekten tun ihren Teil. Kommissar Stolzen halfen solche Gedanken, um sich abzulenken. Obduktionen waren immer unangenehm, die Untersuchung von ausgebuddelten Leichen ganz besonders.

Auf den beiden Tischen in der Leichenhalle des Friedhofs in Hürth lagen Katharina Görtz und Karl Schön. Schimmelpilze hatten ihre Schädel und Gesichter befallen, ihre Augäpfel waren vertrocknet. Die Oberhaut an Händen und Füßen ließ sich wie ein Handschuh oder ein Strumpf abziehen. Ein Assistent notierte das alles für ein Protokoll. Warum hatte man die beiden Toten nicht sofort obduziert? Dann wäre ihm das hier erspart geblieben, dachte Stolzen. Der Kölner Kripo-Mann hatte von Anfang an Zweifel an der Geschichte des Kollegen, doch damit stand er vor vier Monaten noch ziemlich allein da. Die Polizeiführung hatte Johann Huwig sogar ausdrücklich belobigt. Die Chefs der Sicherheitspolizei und des Sicherheitsdienstes des SS hatten Anerkennungsschreiben geschickt. Da musste man vorsichtig sein, wenn man anderer Meinung war.

Katharina, genannt Käthe, und Karl waren verlobt. Er hatte ein paar Monate Gefängnis hinter sich. Doch das hatte ihn nicht davon abgehalten, mit Käthe weiter auf Diebestouren zu gehen. Sie brachen in Wohnungen ein, klauten in Büros und nahmen alles mit, was man zu Geld machen konnte. In Lindenthal kletterten sie in ein verlassenes Haus, das einem »Halbjuden« gehörte, den die Gestapo verhaftet hatte. Bei einem Einbruch in ein Goldwarengeschäft in der Innenstadt hatten sie ein Geheimfach geknackt. Besonders dreist war ihr Einbruch in ein Gebäude der Kriminalpolizei, bei dem sie offenbar eine Schreibmaschine stahlen. Käthes Mutter hatte die Schreibmaschine im Zimmer ihrer Tochter entdeckt, außerdem einen Koffer mit Bekleidung und einen Pelzmantel. Ein paar Tage später war der Mantel verschwunden. Karl sollte ihn für 4.000 Mark verkaufen, vertraute Käthe ihrer Mutter an. Doch stattdessen habe er ihn gegen einen Radioapparat eingetauscht. Der Mann hatte offenbar keinen Geschäftssinn.

Am 20. Oktober 1944 waren Käthe und Karl wieder unterwegs. Es war einfach geworden, in Häuser einzusteigen. Überall hatten die Fliegerbomben gewütet. Die Mauern, die nicht eingestürzt waren, ließen sich leicht überwinden. Und auch in die Wohnungen, die noch unversehrt waren, kam man leicht hinein – nämlich dann, wenn Sirenen die Bewohner in die Keller trieben. Und das war mittlerweile fast täglich der Fall. Manchmal kamen die Bomber sogar mehrmals täglich. Allein im Oktober 1944 kosteten Luftangriffe auf Köln rund 2.000 Menschen das Leben. Bei Fliegeralarm in Kölner Wohnungen und Geschäfte einzusteigen, war nicht ungefährlich. Also trieben sich Käthe und Karl vor allem im Umland herum. Auch hier flohen die Menschen in die Keller, aber hier warfen die Flieger deutlich weniger tödliche Fracht ab als in der Stadt. Das galt auch für Hermülheim, obwohl dort wichtige Verbindungswege zur Versorgung von Köln und Bonn entlangführten.

In den letzten Wochen war es noch einfacher geworden, Beute zu machen, denn immer mehr Menschen packten das Wichtigste und Nötigste ihres Besitzes in Koffer, die sie bei Alarm mit in den Keller nahmen. Weil die Pausen zwischen den Angriffen immer kürzer wurden, wurden die Koffer nicht mehr ausgepackt. Nicht wenige standen in den Fluren auf dem Weg in den Luftschutzraum. Wenn Käthe und Karl zuschlugen, hatte das für die Bestohlenen weitreichende Folgen. Es fehlten nicht nur liebgewonnene Erbstücke oder Dinge von materiellem Wert, sondern auch Dokumente und Erinnerungsstücke, die nicht ersetzt werden konnten. Weil das Diebespaar das meiste davon nicht gebrauchen konnte, wurde es verbrannt.

Solch einen Koffer hatten die beiden in Hermülheim ausfindig gemacht und dabei die Gelegenheit genutzt, das ganze Haus samt Keller und Hof zu inspizieren. Es war die letzte Straftat des Gangsterpärchens. In der Nacht vom 20. auf den 21. Oktober wurden Käthe Görtz und Karl Schön erschossen. Der Schütze war der Kölner Kriminalangestellte Johann Huwig, der das Pärchen auf frischer Tat ertappt hatte. So gab er es bei den Kollegen zu Protokoll.

Der Mann von der Kölner Spurensicherung war nicht im Dienst, als er schoss. Zusammen mit seinen Eltern war Johann Huwig in ein Haus in der Dietrich-Eckhard-Straße in Hermülheim gezogen, nachdem ihre alte Wohnung zerbombt worden war. Auf dem Weg nach Hause habe er in einem Hof ein fremdes Fahrrad bemerkt, berichtete er seinen Kollegen. Dann sei eine Person mit einem Koffer aus dem Haus gekommen. Huwig zog seine Waffe und rief »Halt, oder ich schieße!«, heißt es im Protokoll vom 23. Oktober, das im Polizeipräsidium geschrieben wurde. Es habe sich eine Schießerei entwickelt. Er habe zwei Einbrecher gesehen, ein dritter Täter habe von den Bahngleisen auf ihn geschossen, aber nicht getroffen. Am Ende der Schießerei lagen die tote Käthe Görtz auf der Straße und die Leiche von Karl Schön im Hof des Hauses. Der dritte Mann habe fliehen können, so Huwig. Die Geschichte war wie geschaffen für die NS-Propaganda im Herbst 1944: Ein Polizist verhinderte in seiner Freizeit ein Verbrechen und beendete die Serie eines skrupellosen Diebespaars.

GLÜCKLICHER ZUFALL?

Stolzen erinnerte sich gut daran, wie ihm Huwig bei der Vernehmung gegenübersaß. Er kannte den Mann flüchtig als Mitarbeiter des Erkennungsdienstes, der Spuren sicherte und Tatorte fotografierte. Eigentlich habe er zur Schutzpolizei gewollt, berichtete der Sohn eines Heizers, als er seine erste Aussage machte. Die habe ihn als Kriegsversehrten aber nicht eingestellt. So sei er zur Kripo gekommen.

Huwig hatte in einer Gold-Silber-Scheideanstalt in Knapsack gearbeitet, bevor er sieben Monate beim Arbeitsdienst war. 1938 meldete er sich dann freiwillig zur Wehrmacht. »Fünf Jahre Fallschirmjäger, entlassen als Unteroffizier.« Er zeigte Stolzen ungefragt seinen Kriegsversehrtenausweis. »Ich wurde verwundet, als wir Kreta besetzt haben«, sagte der 24-Jährige. »Eine Granatsplitterverletzung am siebten Halswirbel.« Man habe ihn noch nach Afrika geschickt, doch sei schnell klar geworden, dass man mit ihm als Soldaten nicht mehr viel anfangen könne. Ob er die Einbrecher aus der Nachbarschaft gekannt habe, wollte Stolzen wissen, was Huwig verneinte. Er habe im Vorbeigehen Verdacht geschöpft – welch glücklicher Zufall. Stolzen glaubte ihm nicht.

Käthes Mutter bestätigte seine Zweifel. Sie berichtete, dass sie Diebesgut im Zimmer ihrer Tochter gefunden habe, und erzählte von der Schreibmaschine und dem Pelzmantel. Sie belastete Karl und nannte den Namen eines weiteren möglichen Komplizen. Doch so bereitwillig sie einräumte, dass ihre Tochter als Diebin unterwegs war, so deutlich widersprach sie Huwigs Darstellung, das Pärchen auf frischer Tat ertappt zu haben. Johann Huwig sei doch mit Karl Schön bestens bekannt gewesen. Die Familie Schön habe den Huwigs beim Umzug geholfen. »Käthe und Karl wussten zu viel. Deshalb hat er sie in eine Falle gelockt und erschossen.« Um den Vorwurf zu bekräftigen, erstattete die Mutter Anzeige gegen Johann Huwig.

Ein Kripobeamter als Mörder? War das das Geschwätz einer verzweifelten, wütenden Frau, die ihre Tochter verloren hatte? Klar war zunächst nur, dass Huwig gelogen hatte, als er behauptet hatte, die Toten nicht zu kennen. Der Name des mutmaßlichen Komplizen, den die Mutter genannt hatte, und weitere Verdächtige wurden überprüft. Doch alle hatten ein Alibi. Die Zweifel an Huwig wurden größer.

Kurz darauf nahm die Polizei in Lindenthal eine Hehlerin in ihrer Wohnung fest. Ihr Ehemann erzählte alles, was er von den Geschäften im gemeinsamen Wohnzimmer mitbekommen hatte, um seine Frau vor einer drakonischen Strafe zu bewahren. Stolzens Kollegen fragten nach den Menschen, die Diebesgut angeboten hatten. Wer andere verriet, verbesserte seine Chancen vor Gericht, denn mittlerweile wurden selbst für kleinste Vergehen schwerste Strafen verhängt. Je näher die Front rückte, desto erbarmungsloser wurde der »Kampf gegen den inneren Feind«.

Im Gerichtsgebäude am Appellhofplatz wurde nicht mehr lange gefackelt: Ein Mann, der nach einem Bombentreffer aus einem brennenden Bekleidungsgeschäft ein paar Schuhe mitgenommen hatte, war zum Tode verurteilt worden. Plünderer wurden als »Volksschädlinge« betrachtet, die man hart bestrafte. Neue Straftatbestände waren erfunden worden. Wer heimlich »Radio Nippes« hörte – so nannten die Kölner den britischen Auslandsfunk –, musste mit dem Schlimmsten rechnen. Die Urteile der Blutrichter vom Appellhofplatz waren in der Stadt gefürchtet.

Der Mann der Hehlerin nannte Namen, die er aufgeschnappt hatte. Andere, die Diebesgut angeboten hatten, deren Namen er aber nicht kannte, beschrieb er so gut, dass Zeichnungen zur Fahndung erstellt werden konnten. Eine dieser detaillierten Personenbeschreibungen passte ziemlich exakt auf Johann Huwig. Dreimal sei der Mann bei seiner Frau gewesen, einmal habe ihn ein Pärchen begleitet.

Stolzen zögerte noch ein bisschen, bevor er aus seinen Zweifeln einen dienstlichen Vorgang machte. Doch dann wurde aus dem Zeugen ein Tatverdächtiger, aus dem angeblich zufällig nach Feierabend am Tatort vorbeigekommenen Polizisten ein Komplize. Kurz vor Silvester 1944 lud der Kommissar den Kollegen von der Spurensicherung zum Verhör vor. Die Indizien waren belastend, aber noch fehlten echte Beweise.

VERDÄCHTIGE VERLETZUNGEN

Während der Gerichtsmediziner an den verwesenden Leichen von Käthe und Karl die Einschusslöcher untersuchte, erinnerte sich Stolzen an den Moment, als er Kollegen rief, um Huwig einzusperren. Sie hatten Zeit verloren, weil Akten auf dem Weg von Hermülheim nach Köln zeitweise verschwunden waren. Nach einem Bombentreffer seien die Unterlagen verschüttet worden. »Vorgang in Verlust« nannte man das in der Behörde. Die Ermittlungen konnten erst wieder aufgenommen werden, als das geborgene Material gesichtet worden war. Stolzen hatte Huwigs Wohnung durchsuchen lassen. Dabei hatte man 2.000 Mark Bargeld gefunden. Seine Dienstwaffe wurde beschlagnahmt. Das war alles sehr verdächtig. Huwig log ihn an. Das war ganz offensichtlich.

Doch auch bei dem Verhör kurz vor dem Jahreswechsel bestritt der Kollege weiter jede Tatbeteiligung und Komplizenschaft. Und natürlich auch den Vorwurf der Mutter, Käthe und Karl in eine

Falle gelockt zu haben. Ja, bei der Frage, ob er Schön gekannt habe, habe er geschwindelt. Das müsse er einräumen. Sie seien zusammen zur Schule gegangen. Aber wichtiger sei doch, ob er ihn in jener Nacht erkannt habe. Und das war nicht der Fall, so Huwig. »Ich habe nur Umrisse von Gestalten erkennen können.« Auch die Stimme sei ihm nicht bekannt vorgekommen, als Schön nach den Schüssen gerufen habe: »Ich gehe kaputt.« Stolzen ließ ihn abführen. Ein paar Tage in der kargen Zelle sollten Eindruck hinterlassen, hoffte er.

Während Johann Huwig den Jahreswechsel und die ersten Wochen des neuen Jahres in Untersuchungshaft saß, puzzelte Stolzen weitere Teile des Falls zusammen. In der zeitweise verschütteten Akte hatte sich auch der Bericht der Spurensicherung vom Tatort befunden. Huwigs Kollegen vom Erkennungsdienst waren der festen Überzeugung, dass er nicht nur mit seiner Dienstwaffe geschossen hatte. Der Mann musste zwei Pistolen dabeigehabt haben, als er angeblich zufällig am Tatort vorbeikam.

Zunächst waren vier Schüsse aus der Dienstwaffe auf Käthe abgegeben worden, danach musste Huwig mit beiden Waffen auf Karl geschossen haben, zuletzt im Hausflur, als er dicht vor ihm gestanden haben musste. Der ehemalige Fallschirmjäger hatte die zweite Pistole verschwiegen. Man brauchte nicht viel Fantasie, um sich vorzustellen, dass dies von vornherein Teil des Plans war, um einen unbekannten Dritten ins Spiel zu bringen, der irgendwo aus der Dunkelheit mitgeschossen hatte. Für Ohrenzeugen sollte zudem der Eindruck entstehen, dass es tatsächlich eine Schießerei mit mehreren Beteiligten gegeben hatte.

Erstmals wurde in einem Protokoll der Polizei festgehalten, dass man es bei dem Kriminalassistenten Huwig wohl mit einem »raffinierten Verbrecher« zu tun habe. Doch der bestritt weiterhin, ein Mörder zu sein. Dass er zwei Pistolen dabeihatte, konnte er nicht leugnen, als Stolzen ihm dies vorhielt. Einräumen musste er auch, dass er die Mutter von Karl Schön belogen hatte, als er ihr mitteilte, ihr Sohn sei von einem unbekannten Täter erschossen worden. Er habe der Mutter nicht sagen wollen, dass er der

Schütze gewesen war. Ansonsten sei jedoch alles so gewesen, wie er es gesagt habe: Er habe zwei Einbrecher erwischt und dann zur Strecke gebracht. Man müsse ihn freilassen. Stolzen ignorierte die Forderung und tat das Gegenteil. Weil im Gefängnis Gerüchte die Runde machten, Huwig plane eine Flucht, wurde die Bewachung verstärkt. Unschuldige planen keine Flucht, dachte Stolzen, der die Exhumierung der Leichen angeordnet hatte.

Der Gerichtsmediziner drehte die Leiche von Katharina Görtz vorsichtig auf den Bauch, um die vierte Schusswunde im Becken der jungen Frau zu dokumentieren. Ein weiteres Einschussloch befand sich an der rechten Hand. An diesen Verletzungen konnte Käthe nicht gestorben sein. Interessanter waren die Wunden am Kopf. Der Assistent notierte, was der Mediziner sagte: Der letzte Schuss war ein aufgesetzter Nahschuss. Die schwer verletzte Käthe war hingerichtet worden. Sie war nicht beim Weglaufen erschossen worden.

Bei Karl Schön wurden Schussverletzungen in der Brust, im Bauch und im Schädel untersucht. Brust- und Bauchschuss trafen den Einbrecher von hinten. Eine Kugel traf das Herz, sodass Karl wahrscheinlich schon tot war, als sein Mörder ganz nah an ihn herantrat, um auf Nummer sicher zu gehen. Der Steckschuss in den Kopf erfolgte von vorne. Er musste genau wie Käthe auf dem Boden gelegen haben, als ihm Huwig in den Kopf schoss.

Nun konnte es tatsächlich keinen Zweifel mehr geben. Johann Huwig hatte Käthe und Karl exekutiert. Keiner sollte überleben, um etwas aussagen zu können. Wahrscheinlich hatte es Streit unter den dreien gegeben, vermutete Stolzen. Sein Kollege wollte Mitwisser beseitigen, die ihn schwer belasten konnten. Dass Huwig nicht gestehen wollte, wurmte ihn. Der Mann war nicht besonders clever, und doch bekam er ihn nicht geknackt. Stolzen entschied sich, etwas sehr Ungewöhnliches anzuordnen. Zwei Kollegen sollten den Verdächtigen aus seiner Gefängniszelle holen und in die Leichenhalle nach Hürth bringen.

Als Beschäftigter im Ermittlungsdienst ahnte Huwig, was ihm bevorstand, als man ihn ins Auto der Polizisten in Zivil setzte. Er hatte im Krieg viel erlebt und als Spurensicherer manchen blutverschmierten Tatort gesehen. Von dem, was man ihm in der Leichenhalle vorführen wollte, hatte er nur eine vage Vorstellung. Es würde sicher sehr unappetitlich werden. Die Polizisten an seiner Seite mussten ihn zwingen, die Halle mit seinen aufgebahrten, verwesenden und stinkenden Opfern zu betreten. Der Effekt, den sich Stolzen erhofft hatte, blieb nicht aus. Huwig war beim Anblick der ausgegrabenen Leichen geschockt. Polizisten schoben ihn weiter an die beiden heran. Er wandte sich ab und musste sich abstützen. Stolzen wartete einen Moment, bevor er die Kollegen mit einem Nicken anwies, Huwig in einen Nebenraum zu bugsieren. »In diesem Zustand wurde er sofort aufgefordert, sein Gewissen zu erleichtern«, wurde im Polizeiprotokoll notiert. Er hatte Mühe zu sprechen. Dann gestand er erstmals, er habe gewusst, dass es Karl Schön war, den er erschossen hatte. Auch sei ihm schon länger bekannt gewesen, dass sein Schulfreund Einbrüche in der Umgebung verübte.

Stolzen und seine Kollegen hofften auf mehr, doch Huwig schien sich wieder gefangen zu haben. Die Frau kenne er nicht. Und vorsätzlich getötet habe er auch keinen. Stolzen ließ ihn ein zweites Mal in die Leichenhalle bringen. Huwig sollte die Schussverletzungen von Käthe erklären, doch der Schockeffekt stellte sich kein zweites Mal ein. Der Mörder schwieg.

DER EINMARSCH DER AMERIKANER

Am 27. Februar 1945 schrieb Stolzen seinen Abschlussbericht: Die Ermordung von Katharina Görtz und Karl Schön durch Johann Huwig war für ihn klar erwiesen. Nun musste sich irgendein Gericht um den Mörder kümmern. Welches das sein könnte, war nicht Stolzens Angelegenheit. Südwestlich von Köln hatte die US-Armee die Rur überquert, nordwestlich waren Briten und Kanadier in Goch angekommen. Auch wenn immer noch gekämpft wurde, würden die Amerikaner doch bald in Köln sein. Wer auch immer zuständig war, Stolzen hinterließ saubere Ermittlungsarbeit.

Alle Aussagen der Mutter von Käthe waren belegt worden, ihre Glaubwürdigkeit war nicht infrage zu stellen. Stolzen listete auf, was Huwig alles verschwiegen und erst nach und nach eingeräumt hatte, ohne wirklich erklären zu können, warum er Lügen wie den erfundenen Komplizen aufgetischt und Wichtiges unerwähnt gelassen hatte: Die Bekanntschaft zu Schön, die zweite Waffe. Dazu kamen die eindeutigen Belege der Gerichtsmedizin. Stolzen meinte sogar zweifelsfrei nachweisen zu können, dass Huwig selbst den Koffer in den Hof gestellt hatte, den seine Komplizen stehlen sollten. Zuvor hätten sich die drei um die Teilung von Diebesgut gestritten. Weil Käthe und Karl ihn in der Hand hatten und ihn jederzeit verraten konnten, hatte er den beiden eine Falle gestellt.

Die Kölner Polizei schloss die Akte eines Falls, der in keiner Zeitung Erwähnung fand. Dass ein Polizist Mitglied einer Bande war, die arglose Bürger bei Luftangriffen beklaute, und seine Komplizen kaltblütig ermordete, war schlecht für die NS-Propaganda in den letzten Kriegsmonaten. Doch dass sich auch in den nächsten Monaten und Jahren keine Notiz in irgendeiner Zeitung fand, ist mehr als bemerkenswert.

Nur eine Woche nachdem Stolzen seinen Bericht geschrieben hatte, rollten die Panzer der US-Armee im linksrheinischen Köln ein. Kurz vor dem Einmarsch hatten Flugzeuge der Alliierten noch einmal die Stadt bombardiert. Das Polizeipräsidium in der Krebsgasse war nach zwei Bombenvolltreffern nicht mehr zu gebrauchen. Die Kriminalpolizei war bereits zuvor in die Merlostraße umgezogen. Seit der blutigen »Schlacht um Aachen« im Oktober 1944 hatten noch Zehntausende ihr Leben gelassen. Im Osten hatte die Rote Armee die Reichsgrenzen überschritten.

Eine Schlacht wie in Aachen gab es in Köln nicht mehr. Und auch die von den Amerikanern befürchteten Gemetzel mit Heckenschützen und verblendeten Volkssturmleuten in den Straßen und Trümmern der Stadt blieben weitgehend aus. Am 5. März erreichten die Amerikaner Riehl, Nippes, Ehrenfeld und Lindenthal und stießen weiter vor bis zu den Ringen. Hier stoppten sie am frühen Abend ihren Vormarsch. Die letzte Etappe bis zum Rheinufer traten sie am nächsten Tag im Hellen an. Kölns Gauleiter Josef Grohé hatte einen blutigen »Endkampf« angekündigt, bevor er sich aus dem Staub machte. Doch es blieb bei ein paar Schusswechseln mit versprengten deutschen Truppenteilen. Die wenigen Polizisten, die zur Bewachung der Ruine des zerstörten Polizeipräsidiums abgestellt worden waren, wurden am Nachmittag des 6. März gefangen genommen, entwaffnet und in ein amerikanisches Kriegsgefangenenlager nach Cherbourg gebracht.

Johann Huwig wird in einer Zelle im Klingelpütz gesessen haben, als die mit Infanteriesoldaten verstärkte 3. Panzerdivision am 6. März 1945 in die Innenstadt vordrang. Die Zustände im Stadtgefängnis waren grauenhaft. Wachleute waren getürmt; die Versorgung mit Essen war nicht mehr gesichert. In dem Flügel, in dem die politischen Gefangenen einsaßen, gab es überhaupt kein Wachpersonal mehr. 80 Insassen sollen tagelang sich selbst überlassen gewesen sein. Als amerikanische Soldaten am 10. März erstmals das Gefängnis inspizierten, fanden sie in vielen Zellen bewusstlose Gefangene. Sieben Menschen waren regelrecht verhungert oder verdurstet. Drei Insassen starben in den nächsten Tagen.

Einen Tag zuvor hatte die Militärregierung offiziell ihre Arbeit aufgenommen. Damit begann auch die Suche nach geeigneten, möglichst »unbelasteten« Personen für die zivile Verwaltung und nach NS-Tätern, die aus dem Verkehr gezogen werden sollten. Einige von ihnen wurden in freie Zellen im Klingelpütz eingesperrt. Nicht nur Angehörige der Gestapo und des Sicherheitsdienstes der SS wurden verhaftet, auch die Führungsspitze der Polizei sollte sofort in Haft. Zunächst schlossen die Amerikaner kategorisch aus, ehemalige NSDAP-Mitglieder wieder einzustellen. Das durchzuhalten war aber schwierig, wenn man schnell genügend Polizisten finden wollte.

Als im Juni 1945 die Briten Köln von den Amerikanern übernahmen, wich die anfängliche Strenge bei der Beurteilung der ehemaligen Kölner Polizisten. Die Besatzer wollten zwar einen klaren Bruch und Neuanfang. Klar war aber auch, ohne das alte ortskundige Personal war wenig zu machen. Es sollten daher nur noch Kriegsverbrecher und NS-Funktionäre entfernt werden. Kripo-Chef wurde Willy Gay, der in der NS-Zeit als Regierungs- und Kriminalrat Einweisungen in »Vorbeugehaft« unterschrieben hatte. Er war bereits im Mai 1933 NSDAP-Mitglied geworden.

Es siegte der Pragmatismus. Von einer »Stunde null« konnte keine Rede sein. Dies betraf auch den Umgang mit polizeilichen Ermittlungen, Strafverfahren und Gerichtsentscheidungen aus der NS-Zeit. Nach einer Prüfung von Urteilen konnten viele Häftlinge die Gefängnisse verlassen, wenn die britischen Behörden davon ausgingen, dass es sich um »NS-spezifische« Urteile handelte. Das galt auch für eigentlich unpolitische Kriminalfälle, bei denen Richter die Täter als »Volksschädlinge« eingestuft und drakonisch bestraft hatten. Für sie öffneten sich ohne großes Aufheben die Zellentüren. Doch andere unpolitische Fälle wurden nicht noch einmal überprüft. Die Briten und die später wieder eingesetzten deutschen Behörden akzeptierten Urteile, die Richter während der NS-Zeit im Namen des Volkes und des Führers gesprochen hatten. Kein Dieb, kein Vergewaltiger und kein Mörder durfte darauf hoffen, dass man seinen Fall neu aufrollte. Einige wurden versehentlich entlassen, andere konnten im Durcheinander der Übergangszeit fliehen – aber alle mussten auch nach 1945 mit einer weiteren Strafvollstreckung rechnen. Es dürfte auch deutsche Beamte gegeben haben, die akribisch darauf achteten, dass Leute wie Huwig nach dem Ende des NS-Regimes nicht vergessen wurden.

ERFAHRENER HENKER AUS BERGISCH GLADBACH

Die Aktenlage, um seinen weiteren Lebensweg nachzuvollziehen, ist dünn. Und das, obwohl der noch überraschend lange andauerte. Huwig war verheiratet und hatte ein kleines Kind, als ihn Stolzen einsperren ließ. Ob sie ihn in der Haft besuchten, weiß man nicht. Auch über die folgende juristische Aufarbeitung, die sich auf die

Ermittlungen der Kripo aus der NS-Zeit stützte, ist so gut wie nichts bekannt. Ein Jahr lang musste Huwig in einer Zelle warten, bis ihm im Landgericht der Prozess gemacht wurde. Stolzen war noch Kommissar und konnte in gleicher Funktion wie vor dem Einmarsch der Amerikaner im Zeugenstand von seinen Ermittlungen berichten. Im Mai 1946 verurteilte das Gericht Johann Huwig für den Doppelmord im Jahr 1944 zum Tode.

Es gibt ein Aktenzeichen der Kölner Staatsanwaltschaft, das den Prozesstermin bestätigt. Der Inhalt der Akte scheint jedoch verloren gegangen zu sein. So lässt sich nichts Genaues zum Prozessverlauf sagen. Das Urteil ist in jedem Fall bemerkenswert, denn andere sogenannte Endphasenverbrechen wurden in der Regel mit vergleichsweise milden Strafen geahndet. Die Gerichte nahmen wohl an, dass Straftaten in den Monaten, in denen nicht nur die Nazi-Herrschaft, sondern auch alle normalen Maßstäbe für Recht und Unrecht untergingen, etwas großzügiger zu bewerten seien. Johann Huwig hat davon nicht profitiert. Der Mörder sollte sterben.

Besser als der Prozess ist das Bemühen der britischen und deutschen Behörden dokumentiert, nach dem Krieg wieder ein funktionierendes Fallbeil zu installieren. Die Hinrichtungsstätte in Köln war zerstört, dasselbe galt für andere Städte. Man entschied sich dafür, einen zentralen Exekutionsort für die britische Besatzungszone in der Dortmunder Justizvollzugsanstalt einzurichten. Eine Schlosserei in Hamm bekam den Auftrag, das neue Fallbeil herzustellen. Als Vorlage dienten Zeichnungen von der letzten brauchbaren Guillotine im niedersächsischen Wolfenbüttel. Ab Oktober 1945 sicherten 35 Bedienstete die Hinrichtungen in Dortmund. Der Kölner Generalstaatsanwalt hatte – auch im Namen seiner Amtskollegen in Hamm und Düsseldorf – eine bewährte Fachkraft überzeugt, die Arbeit zu übernehmen: Johann Mühl aus Bergisch Gladbach war bereits in der NS-Zeit als einer von zehn Hauptscharfrichtern für die Hinrichtungsstätten in Köln, Frankfurt und Dortmund zuständig. Nun kehrte er als Henker nach Dortmund zurück.

Johann Huwig dürfte ein Gnadengesuch gestellt haben. Erfolg hatte er damit nicht. Nach dem Urteil des Landgerichts saß er ein weiteres Jahr in Haft. Ein paar weitere Monate Verzögerung hätten seine Chancen, der Todesstrafe zu entrinnen, sicher deutlich erhöht. Denn ab September 1947 wäre der erste nordrhein-westfälische Ministerpräsident Karl Arnold für ihn zuständig gewesen, der fast alle Verurteilten begnadigte. Nur für einen Mörder aus Dortmund, der zusammen mit seiner Frau eine Nachbarin und ihr Kind im Schlaf mit einem Hammer erschlagen hatte, um den Hausrat zu stehlen, gab es keine Gnade. Dass er in 13 von 14 Fällen zugunsten der Verurteilten entschied, begründete der Ministerpräsident nicht. Erhalten ist nur eine Bemerkung gegenüber seinem Justizminister Gustav Heinemann. Nachdem Arnold ein Liebespaar begnadigt hatte, das den Ehemann der Frau vergiftet hatte, schrieb Arnold an Heinemann: »Es ist besser zu sein als nicht zu sein.«

Zu diesem Zeitpunkt war Johann Huwig schon tot. Am 3. Juni 1947 hatten ihn Dortmunder Vollzugsbeamte in den fensterlosen Anbau des Gefängnisses geführt, in dem das Fallbeil stand. Ein geübter Henker wie Johann Mühl benötigte nicht mehr als zehn Sekunden, um die Strafe zu vollstrecken. Knapp zwei Jahre später, im Mai 1949, wurde die Todesstrafe in Westdeutschland abgeschafft.

GESPENSTER

Melaten war eine Trümmerwüste. Man brauchte nicht viel Fantasie, um sich vorzustellen, dass Tote aus den offenen Gräbern kletterten. Hinter jedem Baum und jedem Grabstein, der nicht umgestürzt war, könnte eine halbverweste Gestalt mit zerschossenem Gesicht lauern. Auch ein Jahr nach Kriegsende lagen die gefallenen Engel noch am Boden, mit gebrochenen Flügeln. Elsbeth von Amelns Weg führte vorbei an abgeknickten Kreuzen, die zu Zeichen ausgebliebener Erlösung geworden waren. Himmelsboten aus Bronze waren in Löcher gestürzt - sie konnten tief fallen, ohne kaputtzugehen. Ein beschrifteter Grabstein lag in einem Bombentrichter und hatte einen Sarg zerschlagen.

Irgendwo musste der Eingang zu dem Bunker unter dem Friedhof sein, in dem Ende Oktober 1944 eine Hochzeitsgesellschaft mit mehr als 100 Gästen Schutz gesucht hatte. Sie waren aus einer Gaststätte in Lindenthal in eine der sogenannten »Angströhren« geflohen. So nannte man die Billigbunker, die überall entstanden waren. Eine der Schwachstellen war der Luftschacht. Genau dort explodierte die Bombe. Die Druckwelle tötete das Hochzeitspaar und alle Gratulanten. Einen Friedhof zu bombardieren, machte keinen Sinn. Die 1.000 Flugzeuge hatten sich vielmehr an der Aachener Straße orientiert und dort wahllos Brand- und Sprengbomben abgeworfen. Ein Pater im ebenfalls schwer getroffenen Krankenhaus Hohenlind bezeichnete die Nacht als »Generalprobe zum Jüngsten Gericht«.

Wer heiratete im Oktober 1944 noch mit einer solch großen Gesellschaft? Üblich waren schnelle Vermählungen während eines kurzen Fronturlaubs. Elsbeth von Ameln hatte ihren Mann Hermann in denkbar kleinstem Rahmen geheiratet: Nur ihre Eltern waren im Oktober 1933 dabei gewesen. Die Eltern ihres Mannes hatten sich geweigert und ihrem Sohn Vorwürfe gemacht. »Jüdisch versippt« sei er durch die Hochzeit mit der Tochter eines Juden. Hermann, dem sie 1928 während des Jura-Referendariats in der Versteigerungs- und Grundbuchabteilung zum ersten Mal begegnet war, hatte sich jedoch nicht beirren lassen und gesagt, er bleibe bei ihr, »ganz gleich, was Hitler tut«. Kurze Zeit später wurden »Mischehen« offiziell verboten.

VERSCHWIEGENE HERKUNFT

Als Elsbeth von Ameln über den Friedhof hastete, war der Krieg seit einem Jahr vorbei. Das Grauen, dass sie und Hermann genau wie ihre Eltern überlebt hatten, war Vergangenheit. Glück? Geschick? Zufall? Ein Wunder? Das zerstörte Gräberfeld war kein Ort, um darüber nachzudenken. Das Leben ging weiter. Und auch die Toten verlangten ihr Recht. Dabei konnte eine Rechtsanwältin helfen. Elsbeth von Ameln wollte jetzt das machen, was ihr zwölf Jahre lang verboten worden war. Ihr Blick ging nach vorn. Warum sich mit der Frage aufhalten, wie das Grauen möglich geworden war? Später würde sie sogar NSDAP-Mitglieder vor Gericht vertreten.

Sie nahm den Weg über den Friedhof als Abkürzung auf dem Weg von ihrer Wohnung zum Gericht, zu den britischen Militärbehörden oder zum Klingelpütz. Heute war das Gefängnis ihr Ziel. Sie wollte einen neuen Mandanten zu einem ersten Gespräch treffen. Ein Mann hatte sich als Polizeibeamter ausgegeben. Amtsanmaßung – keine große Sache. Sie sollte sich täuschen.

Überall auf dem Friedhof waren sie, die dunklen Schatten. Wenn es sie hier gegruselt hätte, wäre sie ohne großen Zeitverlust außen herum gelaufen. Wer würde sich darum kümmern, das alles wieder in Ordnung zu bringen? Gab es Gräber, in denen Juden lagen? Vielleicht weil sie ihre Herkunft verschwiegen hatten, wie es ihr Vater getan hatte?

Am 7. April 1933, kurz nachdem die Nazis an die Macht gekommen waren, hatte sie auf seltsame Weise vom Geheimnis des Vaters erfahren. Sie hatte in einem Kurs zur Vorbereitung auf das Assessor-Examen gesessen, als der Dozent sie beiläufig fragte, ob sie wisse, dass sie mit ihm verwandt sei. Victor Löwenwärter hatte seinen Kurs in seine Privatwohnung verlegt, nachdem SA-Horden eine Woche zuvor das Justizgebäude am Reichensperger Platz gestürmt und alle jüdischen Richter und Anwälte aus dem Gericht geprügelt hatten, um sie dann auf einem offenen Lastwagen johlend durch die Stadt zu fahren. Ein paar Wochen zuvor waren die Kurse von Löwenwärter noch rappelvoll gewesen. Doch seitdem die Wähler und Reichspräsident Paul von Hindenburg Hitler zum Reichskanzler gemacht hatten, kamen nur noch wenige Getreue zu dem jüdischen Rechtsanwalt.

Besprochen wurde an jenem Tag ein Kriminalfall, bei dem zwei Brüder einen Mann an dessen Schreibtisch erschossen hatten. Das Opfer war ein Vetter der Großmutter von Elsbeth von Ameln. Ihr Vater hatte ihr immer wieder mal von dem Fall erzählt. Und als sie dies im Seminar erwähnte, überraschte Löwenwärter sie mit einem verschmitzten Lächeln und der Aussage, dass der Tote auch ein Verwandter von ihm gewesen sei. »Das wissen Sie nicht, dass wir miteinander verwandt sind?«, fragte er lachend. »Irgendwoher müssen Sie ja den juristischen Grips haben.«

Was sie zunächst amüsierte, wurde am Abend zur Gewissheit: Ihr Vater hatte ihr 27 Jahre lang verschwiegen, dass er jüdischer Abstammung war. Am Abend fragte sie nach dem Verwandtschaftsgrad mit Löwenwärter. Ihre Großtante war die Großmutter des Dozenten – eine entfernte Verwandtschaft also, die allerdings direkte Konsequenzen hatte. »Und sie alle bekannten sich zum jüdischen Glauben?«, fragte Elsbeth ihren Vater. Er nickte stumm. Ihr Vater war Jude und kurz vor der Hochzeit mit ihrer Mutter zum christlichen Glauben übergetreten. »Ich wollte dich, auch mich vor ewiger Diskriminierung endlich frei wissen«, sagte er mit verzweifelter Stimme. Damals ahnte Elsbeth von Ameln nicht, welches »Inferno« auf sie zukommen sollte. So nannte sie im Rückblick die Jahre der Nazi-Diktatur bis zur Befreiung durch die Amerikaner. Im Juni 1934 konnte sie noch ihr juristisches Staatsexamen ablegen. Als selbstständige Anwältin arbeiten durfte sie als »Mischling« nicht. Elsbeth arbeitete so lange in der Kanzlei ihres Mannes, bis auch er Diskriminierung und Verfolgung ausgesetzt war.

»DE FAHN ERUS«

Bei einem der letzten Luftangriffe hatte sie mit ihrem Nachbarn und dessen Schwiegersöhnen im Keller gesessen. Die beiden jungen Männer waren desertiert. Hermann hatte kurz vor dem endgültigen Zusammenbruch noch der Befehl erreicht, sich beim Volkssturm an der Panzerstelle Müngersdorf einzufinden. Nachdem der Angriff begonnen hatte, beschloss Elsbeth, den Keller zu verlassen und allein hinauszugehen. Sie trat auf die menschenleere Aachener Straße, während um sie herum die Bomben fielen. In diesem Moment muss sie tatsächlich völlig frei von Angst gewesen sein. Als der Angriff vorbei war, kam ein SA-Mann in Uniform auf sie zu. Die Stadt werde nun vollständig evakuiert, sagte er zu ihr. »Ich werde hierbleiben«, antwortete sie und sah ihm beim nächsten Satz streng in die Augen: »Es ist wohl an der Zeit, dass Sie hier verschwinden.«

Sie erinnerte sich an das entsetzte Gesicht ihres Nachbarn, der nach dem Angriff ebenfalls nach draußen gekommen war. Hatte sie dem Nazi gedroht? Der SA-Mann verdrückte sich ohne weiteren Kommentar. Wie zur Bestätigung kam Hermann atemlos angerannt. »Für mich ist der Krieg aus«, rief er keuchend. In Müngersdorf habe man den Volkssturm-Männern Panzerfäuste übergeben wollen. Nach einer kurzen Einweisung hätten sie auf die rechte Rheinseite gehen sollen. Sie hätten gewartet, bis die Propagandisten des aussichtslosen Endkampfs weggefahren seien und seien dann alle nach Hause gegangen.

Ein paar Tage später war der Krieg tatsächlich vorbei, zumindest im linksrheinischen Teil der Stadt. Der Nachbar hatte draußen die Lage sondiert und war freudestrahlend zurückgekommen. »De Fahn erus. Sie sinn do!«, hatte er gerufen und ein weißes Tuch an einem Besenstiel befestigt. Die beiden Deserteure folgten ihm auf die Straße, andere Nachbarn kamen hinterher. Hermann ließ sich etwas länger Zeit. Er wollte sich erst rasieren und einen halbwegs sauberen Anzug anziehen. Dann steckte er sich eine lang aufgehobene Zigarre an und ging ebenfalls auf die Straße. »Kellerbewohner wurden wieder zu Lichtmenschen«, erinnerte sich Elsbeth. Große Erleichterung habe sie gespürt, aber keine unbändige Freude. Es blieb doch die Sorge um die Eltern, die Köln verlassen hatten. Und: »Zwölf Jahre Diskriminierung, Verfolgung fallen nicht wie Fesseln ab. Sie tragen unauslöschbare Spuren.«

BESUCH AM KÜCHENTISCH

Schon im April 1945 wurde Elsbeth von Ameln als Anwältin am amerikanischen Militärgericht am Kaiser-Wilhelm-Ring zugelassen. Deutschland hatte noch nicht kapituliert, als sie bereits ihr erstes Plädoyer halten sollte. Im Juni folgte die Zulassung für alle Militärgerichte und zivilen Gerichte. Ein Jahr später begann ihre Arbeit als Strafverteidigerin am Amts- und Landgericht. Das Tempo war rasant. Aber man kann davon ausgehen, dass es ihr nicht zu schnell war. Schließlich hatte sie viel zu lange gewartet. Sie bekam nie heraus, woher die amerikanischen Militärs von ihr erfahren hatten – von der Tochter eines Juden, einer vollausgebildeten Juristin, die Diktatur und Verfolgung überlebt hatte und irgendwo in einer zerstörten Stadt in einer Wohnung saß.

Sie hatte am Küchentisch gesessen und Gardinenringe an einen alten Wandteppich angenäht, als ein Offizier der gerade einmarschierten Armee an der Tür klopfte. Hermann bot dem Fremden einen Platz am Küchentisch an, bevor dieser sie auf Deutsch nach ihren Papieren fragte. »Die haben wir in all den Jahren bei jeder Reise und jeder Flucht bei uns gehabt«, sagte sie nicht ohne Stolz. Auch ihr Examenszeugnis war immer griffbereit gewesen. Der Offizier schaute sich alles an und bat beide, am nächsten Tag bei der Militärregierung am Kaiser-Wilhelm-Ring vorzusprechen. Daraufhin waren sie zum ersten Mal den langen Weg in die Innenstadt gegangen. 23 Bombentrichter zählten sie allein entlang der Aachener Straße, während ab und zu ein Militärjeep an ihnen vorbeifuhr. Ein paar Stunden später waren Elsbeth und Hermann von Ameln als Anwälte zugelassen. Man kann sich die beiden vorstellen: Aufrecht und stolz könnten Hermann und Elsbeth wie zwei Soldaten über den verwüsteten Friedhof marschiert sein, wie einsame Sieger in einer Welt, die alles Böse hinter sich ließ.

Jetzt, im Jahr 1946, waren sie nicht mehr allein. Aus allen Winkeln und Ecken krochen die Geister der Vergangenheit hervor. Sie kamen keineswegs reumütig oder gar demütig. Die Überlebenden hatten vielmehr einen Pakt des Stillschweigens geschlossen. Die Befreiten sahen sich als Besiegte. Von Schuld und Verantwortung wollte kaum einer etwas hören. Wie mag sich das für die Tochter eines konvertierten Juden angefühlt haben, die sich jahrelang verstecken musste, um nicht in einem KZ ermordet zu werden? Ihre Autobiografie »Köln, Appellhofplatz«, die sie als 80-Jährige fünf Jahre vor ihrem Tod 1990 schrieb, gibt keine Antwort auf diese Frage.

Sicher scheint aber, dass sie in den Jahren der Diktatur ihre Fähigkeit, in klaren Strukturen zu denken, perfektioniert hatte. Sich auf das Wesentliche konzentrieren, mit strenger Selbstdisziplin Unwichtiges schnell abhaken, nie trödeln, das Gehirn durch Ordnung entlasten – so hatte sie überlebt, so trotzte sie allen Widrigkeiten.

»UNENDLICHER SCHMERZ«

Bezeichnend war der Verlauf ihres ersten Termins am Militärgericht am 2. Mai 1945. Eine Viertelstunde vor Beginn hatte sie ein freundlicher amerikanischer Sergeant mit dem deutschen Namen Hartmann in einen kleinen Raum neben dem Sitzungssaal gebeten. Sie hatte nicht herausbekommen, wie er zur US-Armee gekommen war. Vielleicht war er emigriert. Er verriet es nicht. Hartmann sprach nicht viel. Aber er hatte ihr angeboten, nach ihren Eltern zu schauen, die es nach Remscheid verschlagen hatte. Auch an jenem Tag beschränkte er sich auf das Nötigste und übergab ihr einen Brief ihrer Mutter. Endlich eine Nachricht von ihren Eltern, dachte Elsbeth.

Monatelang hatten sie keinen Kontakt gehabt. Ein kurzer Besuch bei den Eltern lag lange zurück. Hermann und Elsbeth waren von einem Versteck zum nächsten gezogen. Nach den Bombentreffern auf ihre Unterkunft am Pauliplatz im April 1944 waren sie im Dreifaltigkeitskrankenhaus in Braunsfeld untergekommen, danach beherbergte sie eine Tante in Weidenpesch. Dann verschlug es sie für kurze Zeit nach Düren. Obwohl Elsbeth dort erfuhr, dass die Gestapo in Köln nach ihr suchte, um sie zu deportieren, kehrte sie auf der Ladefläche eines Lastwagens zurück. Aus der Großstadt mit einst 800.000 Menschen war eine entvölkerte Trümmerwüste geworden. Die etwa 40.000 Verbliebenen schlugen sich irgendwie durch. War es Leichtsinn oder Trotz gewesen, nach Köln zurückzufahren? Oder hatte sich die Angst, doch noch aufgespürt zu werden, in das trügerische Gefühl verwandelt, unverwundbar geworden zu sein?

Elsbeth von Ameln las die Sätze, die ihr die Mutter geschickt hatte. In zittrigen Schriftzügen stand da, dass ihr Vater bereits im März an einem Herzanfall gestorben war. Ein furchtbarer Schmerz erfasste sie, doch versuchte sie, sich nichts anmerken zu lassen. Hartmann nickte nur. Er wusste, was in dem Brief stand. »Unendlicher Schmerz lässt jeden Laut ersterben; Augen, die lindernde Tränen weinen möchten, trocknen«, schrieb Elsbeth von Ameln später in ihren Erinnerungen.

Zwölf Jahre hatte ihr Vater die Diktatur überlebt, genau wie sie. Sie hatten sich versteckt, waren untergetaucht und hatten unfassbare Opfer erbracht. Sie hatten Menschen getäuscht, die sie vielleicht verraten hätten, aber auch Menschen belogen, die ihnen vielleicht geholfen hätten, wenn sie von ihrer jüdischen Familiengeschichte gewusst hätten. Man konnte eben kaum jemand trauen. Nach dem Beginn der Massendeportationen in die Konzentrationslager war kein Tag vergangen, an dem sie nicht Entdeckung, Verrat und Verhaftung fürchten mussten. Das alles war nun vorbei, ein neues Leben sollte beginnen. Sie konnte endlich den Beruf ausüben. Vater und Mutter hätten nach Köln zurückkommen sollen. Sie hätten sich wieder eine gemeinsame Wohnung gesucht. Alles wäre gut geworden. Und dann diese Nachricht.

Andere wären wütend geworden. Wer an einen Gott glaubte, hätte ihn verflucht. Wozu sich jahrelang quälen, wenn der Lohn am Ende doch nur ein Grab auf einem verwüsteten Friedhof war? Jeder hätte verstanden, wenn sie einfach weggerannt wäre. Sie konnte davon ausgehen, dass Hartmann die anderen Prozessbeteiligten informiert hatte. Und doch dachte sie: »Ich darf das Gericht nicht warten lassen.« Pünktlich stand sie im Sitzungssaal. Richter und Ankläger standen auf, kamen auf sie zu und kondolierten ihr. Sie bedankte sich auf Englisch. Der Richter verkündete, die Sitzung falle aus. Sie solle bestimmen, wann der Fall verhandelt werde. Sie dachte an ihren Mandanten, der in Haft saß. Die Chancen, ihn freizubekommen, waren nicht schlecht. Also sagte sie: »Tomorrow.«

Die Anwesenden dürften sich gewundert haben. Doch ihr Ehemann verstand sie. Gemeinsam lasen sie noch einmal den kurzen Brief von Elsbeths Mutter. »Es war furchtbar für mich, allein zu stehen«, stand da. »Tröstet Euch, der liebe Gott hat es so gewollt. Wie schön wäre es anders für uns.« Der Brief endete mit den Worten: »Es fällt ein Stein vom Herzen, weil ich weiß, dass es Euch gut geht. Mutter.«

IM KLINGELPÜTZ

Sollen sie doch kommen, all die Gespenster, all die Toten der vergangenen Jahre. Und die aus den viel zu sorglosen Jahren davor. Die Angst und die Trauer würden nicht verschwinden, dachte Elsbeth auf ihrem Weg in die Innenstadt, als der Ausgang des Melaten-Friedhofs in Sicht war. Aber stärker wollte sie werden und weiterwachsen - als Überlebende, nicht als Opfer in einer Gesellschaft voller Täter, als Frau in der Männerwelt der Justiz. Sie verließ den Friedhof an der Weinsbergstraße und überquerte die Kanalstraße, um über die Bismarckstraße, den Kaiser-Wilhelm-Ring und den Hansaplatz den Klingelpütz zu erreichen. Entlang der Trümmerberge waren Schienen für Loren verlegt worden, um Zerstörtes abzutransportieren und Baumaterial für den Wiederaufbau heranzuschaffen. Die Trümmersteine wurden in den Grüngürtel gefahren. Dort sollte eine Verwertungsanlage errichtet werden, um aus dem Schutt neue Baustoffe herzustellen. Schwer vorstellbar war das alles.

Während man am Hansaring noch ein wenig vom Glanz der Ringe in der Vorkriegszeit erahnen konnte, lagen die Straßenzüge rundherum in Schutt und Asche. Und mittendrin befand sich das große Stadtgefängnis. Düster und bedrohlich breitete sich das Gebäude aus, das wie ein Kreuz angelegt war. Einer der vier Riegel war immer noch eine Ruine ohne Dach. Das Gebäude in der Mitte war völlig zerstört. Ein Jahr nach Kriegsende herrschten weiterhin schlimme Zustände hinter den dicken Mauern. Viele Zellen waren nur notdürftig hergerichtet worden, überall gab es Ungeziefer. Einige Räume waren zu Notunterkünften für Obdachlose umfunktioniert worden. Es gab keine Besprechungszimmer, in denen Anwälte mit ihren Mandanten reden konnten. Man traf sich stattdessen in der Zelle, in der es oft noch nicht einmal einen Stuhl gab. Dann setzte man sich gemeinsam auf die Pritsche des Häftlings. Überall stank es. Statt Toiletten mussten viele Gefangene Kübel mit Deckel benutzen, die aber erst nachmittags geleert wurden.

Die Angestellten, die keinen Wachdienst im Gebäude hatten, arbeiteten lieber im Freien, so wie der Mann, der an einem wackeligen Tisch die Besuchsscheine ausstellte. Es dauerte einige Monate, bis auf diesem Schein ihr Vorname eingetragen wurde, denn es war üblich, sie mit »Frau Hermann von Ameln« anzureden. Elsbeth von Ameln ließ keine Gelegenheit aus, um für ihren Vornamen zu streiten, den ihr die Eltern nach ihrer Geburt am 16. Juni 1905 gegeben hatten.

Sie hatte sich für Strafrecht entschieden, was zur Folge hatte, dass sie sich in einer reinen Männerwelt behaupten musste. Die wenigen anderen Anwältinnen, die es gab, kümmerten sich um Zivil- oder Familienrecht. Ihr war klar, dass sie permanent unter besonderer Beobachtung stand. Ein männlicher Kollege, der sich mit Mittelmäßigkeit begnügte, fiel nicht auf. Doch sie wollte immer mehr. An Mandanten mangelte es ihr von Anfang an nicht. Selbst Beschuldigte, die vor Gericht standen, weil sie ihre Mitgliedschaft in der NSDAP verschwiegen hatten, konnten sich auf sie verlassen. Falsche Angaben in Fragebögen, verbotener Waffenbesitz oder Diebstähle waren Delikte, die von den Militärbehörden streng geahndet wurden. Wenn Besitz der Alliierten gestohlen wurde, drohten besonders harte Konsequenzen. Straftaten unter Deutschen interessierten die Militärbehörden dagegen weniger.

EIN RÄTSELHAFTER MANDANT

Der Mann, den sie in seiner Zelle zum ersten Mal traf, wurde wegen eines Delikts beschuldigt, das typisch war für die damalige Zeit:

Deutsche, aber auch entlassene Zwangsarbeiter traten als falsche Kriminalbeamte auf, gern auch gegenüber ehemaligen NSDAP-Mitgliedern, die sich mit Andeutungen auf ihre braune Vergangenheit unter Druck setzen ließen. Erpresser und Betrüger hatten leichtes Spiel. Unter falschem Vorwand beschlagnahmten sie Eigentum, nahmen Schmuck, Lebensmittel, Geld und Kleidung mit. Auch Männer in gestohlenen Militäruniformen wurden geschnappt, so wie in Zollstock, wo zwei Kölner, die sich als belgische Militärpolizisten ausgaben, einen kompletten Schwarzmarkt ausheben wollten, um alles einzukassieren, was dort angeboten wurde.

Rudi Kirsch wirkte von Anfang an anders als die Diebe und Betrüger, die sonst im Klingelpütz einsaßen. Als Elsbeth von Ameln seine Zelle betrat und sich setzte, blieb der Beschuldigte in strammer Haltung an der Tür stehen. Sein Blick war voller Angst. Die Anwältin hatte schon manche Unsicherheit bei Häftlingen gesehen, aber diese Haltung war ihr neu. Sie musste ihn auffordern, sich zu ihr zu setzen. »Im Sitzen spricht es sich doch leichter.« Zögerlich kam Kirsch der Bitte nach.

Der Mann war gelernter Schlosser, seit anderthalb Jahren verheiratet und Vater einer Tochter, die bald ein Jahr alt werden sollte. Er hatte Elsbeth einen Brief geschrieben und um den Besuch im Gefängnis gebeten. Nun konnte er ihr nicht in die Augen sehen und kämpfte mit den Tränen. Der Vorwurf: Rudi Kirsch hatte sich als Kriminalbeamter ausgegeben und einem ehemaligen NSDAP-Mitglied einen Besuch abgestattet. Das Opfer hatte im Gefängnis gearbeitet und galt als recht aktiver Parteigenosse. Kirsch beschlagnahmte eine Geldkassette, in der er belastende Unterlagen gegen den Mann vermutete. Geld hatte ihn nicht interessiert. Als er die Kassette später öffnete, fand er nur Belangloses. Wäre er nicht als angeblicher Polizeibeamter unterwegs gewesen, hätte sich wohl keine Ermittlungsbehörde um den Fall gekümmert. Aber so sah es nicht gut für ihn aus.

Elsbeth von Ameln versuchte, etwas über die Motivation des unsicheren, traurigen Manns in der Zelle zu erfahren. Doch Kirsch schien es erst einmal zu genügen, einen Rechtsbeistand zu haben, der ihm irgendwie durch die nächsten Tage half. Wenn sie ihn verteidigen solle, müsse sie etwas über seine Persönlichkeit erfahren, erklärte sie ihm. Doch Rudi Kirsch konnte oder wollte ihr nicht weiterhelfen. Die erste Begegnung endete schnell.

Die Anwältin beschloss, die Ehefrau des Festgenommenen zu befragen. Sie sollte ihr helfen, den Mann besser kennenzulernen. Doch auch die Frau wirkte unsicher und zunächst wenig mitteilsam. Elsbeth von Ameln blieb hartnäckig, sie wollte nicht erneut ohne weitere Informationen gehen. Der Vorwurf der Amtsanmaßung stand in den Akten, doch das konnte nicht alles sein. Immer wieder fragte sie nach, bis die junge Frau unvermittelt weinend zusammenbrach. Ja, da gebe es etwas, das man wissen müsse. »Aber Sie dürfen nicht meinem Mann sagen, dass ich es Ihnen gesagt habe.«

EIN BESONDERES TALENT

Die Geschichte, die Elsbeth von Ameln nun zu hören bekam, reichte weit zurück in die Zeit der Diktatur. Da war wieder so ein offenes Grab, aus dem Geister herauskletterten, die eigentlich tief und sicher unter schwerem Stein und dichter Erde verborgen bleiben sollten. Nach dem Ende des Kriegs hatte nicht nur mancher Parteigenosse die Hoffnung, dass Nachweise individueller Schuld im Bombenkrieg verbrannt waren. Auch ganz gewöhnliche Straftäter hofften darauf, dass ihr Vorstrafenregister in Flammen aufgegangen sein könnte.

Rudi Kirsch war ein talentierter Geldschrankknacker. Der Ehefrau hatte er seine Geschichte im Vertrauen erzählt und dabei das Vokabular der Ankläger aus der NS-Zeit benutzt: Er sei ein gefährlicher Gewohnheitsverbrecher gewesen, zweimal habe man ihn erwischt und zu Zuchthausstrafen verurteilt. Sein Vorgehen war immer gleich. Kirsch brach einen Geldschrank auf, dann baute er das Schloss aus und nahm es als Andenken mit. Mittäter gab es nicht. Niemals sei er gewalttätig gewesen, berichtete die Ehefrau. Wenn er feststellte, dass jemand in dem Haus war, in das er eingedrungen war, verließ er es unverrichteter Dinge.

Wiederholungstäter, von denen Richter annahmen, dass sie immer wieder straffällig wurden, standen im Nationalsozialismus schnell auf Deportationslisten. Es gab Todesurteile gegen Kleinkriminelle. Manchmal war dafür noch nicht einmal eine Gerichtsverhandlung erforderlich. Mit zunehmender Kriegsdauer landeten Straftäter immer schneller in Konzentrationslagern. Das habe auch ihrem Mann gedroht, so die Ehefrau. Kurz vor dem Einmarsch der Amerikaner habe man ihn noch in ein KZ bringen wollen. Es sei knapp gewesen. Die Amerikaner hätten ihn dann freigelassen, was Rudi gar nicht fassen konnte, erfuhr Elsbeth. Kirsch habe beim Räumen der Trümmer geholfen und hart gearbeitet. »So habe ich ihn kennengelernt«, berichtete die Frau, »als fleißigen und ehrlichen Mann, der mir alles erzählt hat.« Rudi Kirsch sei ein guter und besorgter Vater.

Eine wichtige Information fehlte noch. Was hatte den geläuterten Mann dazu gebracht, sich als Kriminalbeamter auszugeben? Elsbeth von Ameln fragte nach, um sicherzugehen. Ja, der Beamte aus dem Gefängnis, den Rudi bestohlen hatte, sei derjenige gewesen, der die Deportation veranlassen wollte. Ein mieser Hund, der Rudi besonders schikaniert habe, obwohl ihr Mann doch keinem Menschen Gewalt angetan habe. Der Nazi habe ihren Rudi gequält und ihm die Hinrichtung im KZ in Aussicht gestellt.

Bei ihrem zweiten Besuch im Klingelpütz richtete Elsbeth von Ameln die Grüße von Frau und Tochter aus. »Sie warten auf sie«, versprach sie Kirsch, der erneut mit den Tränen kämpfte. Er habe damit gerechnet, dass sich seine Frau von ihm scheiden lassen wolle. Seinen Vorsatz, nie mehr straffällig zu werden, habe er nicht durchgehalten. Da musste man doch erwarten, dass einen die Ehefrau verlassen würde. Sein Blick war schwer zu ergründen. Als die Anwältin erneut versuchte, ihn zu den konkreten Vorwürfen zu befragen, biss sich der Geldschrankknacker auf die Lippen, als habe er sich ein Schweigegebot auferlegt. Wie beim ersten Besuch schien er nicht mehr sagen zu wollen als gerade nötig. Er schwieg, und diesmal schwieg auch die Anwältin. So saßen sie sich eine Zeit lang gegenüber, bis Kirsch den Kampf gegen die Tränen verlor. Der kräftige Mann rang um Fassung. »So geht es nicht. Heraus mit der Sprache«, forderte Elsbeth von Ameln ihren Mandanten auf. Und tatsächlich begann Rudi Kirsch endlich, von sich zu berichten.

SELTSAMES VERLANGEN

Kirsch beschrieb, wie er leise durch die Wohnungen geschlichen war. Zunächst suchte er nach dem Schlafzimmer, um sicherzugehen, dass keiner zu Hause war. Dann machte er sich – ebenfalls möglichst geräuschlos – an den Geldschränken zu schaffen. Ob er gewusst habe, was es da zu holen gab, fragte Elsbeth von Ameln. Kirsch zog die Schultern hoch. Nein, die Beute habe ihn eigentlich nicht besonders interessiert. Manchmal habe er sie sogar liegen lassen und nur das Schloss mitgenommen.

Der Mensch ist ein seltsames Wesen und dieser Mann ein seltsamer Räuber, dachte sich Elsbeth von Ameln. Hinweise auf irgendeine psychiatrische Begutachtung Kirschs gab es in der Akte nicht. Warum geht jemand ein so hohes Risiko ein, wenn er am Ende nur ein Schloss mitnimmt? Was war der Antrieb, was das Motiv, wenn es gar nicht um Geld ging?

Im Fall des ehemaligen Staatsbediensteten, der Kirsch mit dem Tod bedroht hatte, war die Sache klar. Aber was war mit all den alten Fällen, für die ihr Mandant bereits bestraft worden war? Sie hatte während ihres Studiums viel gelesen, doch der Gedanke, der ihr nun kam, überraschte sie selbst. Geldschrankknacken als Ausdruck irgendeines Triebes? Gefahr und Nervenkitzel als Befriedigung eines Verlangens? Sie dachte nicht lange nach, bevor sie Kirsch mit einem gewagten Gedanken konfrontierte: »Hat Sie das Öffnen der Geldschränke erregt?« Der blasse Häftling bekam sofort einen blutroten Kopf und sah sie erschreckt an. »Ich meine: Hat das, was Sie taten, mit einem sexuellen Verlangen zu tun?«

Der starke Mann wirkte plötzlich wie ein kleiner Junge, der sich ertappt fühlte. Es dauerte nicht lange, bis er erleichtert sein Geheimnis preisgab. Seine Verteidigerin lag richtig. Jedes Mal, wenn er einen dieser Geldschränke geknackt hatte, sei er stark erregt gewesen. »Das hat mich selbst erschreckt, aber so war es«, berichtete er mit leiser Stimme. Er suchte nach den richtigen Worten, um zum ersten Mal jemand davon zu erzählen. Dass ihm eine Frau gegenübersaß, machte die Sache nicht einfacher. Wie sollte er ausdrücken, dass es nicht selten sogar zu einem Samenerguss kam, wenn sich schließlich die Tür des Geldschranks öffnen ließ? Kirsch suchte und fand die richtigen Worte.

Ein Triebtäter als Tresorknacker – das war für Elsbeth von Ameln etwas völlig Neues. Wie ein gefährlicher Sexualstraftäter hatte dieser harmlose Verbrecher einem Verlangen nachgegeben und hinterher ein Andenken an die Tat mitgenommen. Statt einer Haarlocke einer Ermordeten war es ein schnödes Metallschloss. Das habe er nach dem Einsetzen der Entspannung in aller Ruhe ausgebaut. »Manches Mal hat mich das so glücklich gemacht, dass ich die Beute einfach liegen gelassen habe. Vielleicht habe ich sie einfach vergessen.« Noch nie habe ihn jemand danach gefragt, so Kirsch.

Nachdem das Geheimnis keines mehr war, bekam die Rechtsanwältin auf alle Fragen eine Antwort. Kirsch berichtete von seiner Hochzeit. Nachdem er geheiratet habe, sei das Verlangen verschwunden. Doch dann, als er sich zur Rache an seinem Peiniger entschlossen habe, sei klar gewesen, dass er sein altes Talent noch einmal nutzen wollte. »Das war blöd. Aber ich konnte es nicht ertragen, dass der einfach so davonkommt.«

Nicht in den Griff bekam Kirsch jedoch seine Angst vor dem bevorstehenden Gerichtsverfahren. Beim nächsten Besuch seiner Anwältin saß wieder ein Häuflein Elend auf der Zellenpritsche. Die Vorgeschichte und die Drohungen des Gefängnisschergen könnten ihn entlasten und ihm zumindest zu mildernden Umständen verhelfen. Andererseits befürchtete er eine lange Haft, wenn ihn die Vorstrafen als Wiederholungstäter entlarven würden. Seine Ehe würde kaputtgehen, und seine Tochter hätte keinen Vater mehr. Die Anwältin versuchte ihn zu beruhigen. Die britischen Militärgerichte scherten sich in der Regel nicht um Vorstrafen aus der NS-Zeit. Es war bekannt, dass im Keller der Kriminalpolizei viele Akten lagen. Aber die ließen die britischen Ankläger nur holen, wenn sie es mit ehemaligen NSDAP-Mitgliedern zu tun hatten. Andernfalls wurde nur über die Tat geurteilt, wegen der jemand vor Gericht stand. Und hier ging es lediglich um Amtsanmaßung.

Elsbeth von Ameln gelang es tatsächlich, Kirsch zu beruhigen und ihm etwas von seiner Angst zu nehmen. Sie hatte ein gutes Gefühl, was die kommende Verhandlung anging. Außerdem mochte sie ihren Mandanten. Er und seine kleine Familie hatte eine neue Chance verdient. Sie hätte sich jetzt verabschieden können, doch lag immer noch irgendetwas Unausgesprochenes in der stickigen Luft der Zelle. Wie beim Einblick in sein seltsames Sexualleben vor der Hochzeit suchte Kirsch noch einmal nach Worten. Der Mann hatte ganz offensichtlich immer noch nicht alles gesagt.

Elsbeth wartete geduldig. »Ich muss Ihnen noch etwas anvertrauen«, sagte er schließlich. Er war im Gefängnis nicht nur von dem Nazi-Wachmann schikaniert worden. Die Gefängnisverwaltung hatte auch die Idee, sein Können als Schlosser zu nutzen. Als klar war, dass die Amerikaner bald einmarschieren würden, erhielt er Ende 1944, Anfang 1945 den Auftrag, Behältnisse aus Blech und Aluminium herzustellen, um darin Urkunden und Dokumente aufzubewahren. Obwohl der Untergang bevorstand, wollte die nationalsozialistische Bürokratie keine Akten vernichten, sondern sie lediglich so gut verstecken, dass keine fremde Besatzungsmacht sie finden konnte. Womöglich wurden die Unterlagen ja irgendwann noch einmal gebraucht. Kirsch musste die von ihm hergestellten Kisten zuschweißen. Was darin war, wusste er nicht. Auch über den Verbleib der Kisten konnte er nichts sagen.

»Nur einen Behälter habe ich heimlich beiseitegeschafft.« Er wollte selbst etwas verstecken. Es sei ihm nämlich gelungen, das Beil zu stehlen, mit dem im Klingelpütz Menschen hingerichtet wurden, berichtete er der völlig verblüfften Anwältin. Das Beil habe er in die Kiste gelegt und auf dem Gelände des Gefängnisses vergraben. Elsbeth von Ameln glaubte ihm nicht. Aber warum sollte ihr Mandant lügen und alles, was er an Vertrauen und Glaubwürdigkeit aufgebaut hatte, wieder zerstören? Kirsch beschrieb ihr sehr präzise, wo er das Beil des Henkers vergraben hatte, mit dem Menschen geköpft worden waren, bei denen man eine Hinrichtung mit dem Fallbeil als zu milde angesehen hatte.

DAS HENKERSBEIL

In der Gerichtsverhandlung fügte sich alles zugunsten des Angeklagten. Seine Vorstrafen blieben unerwähnt, und da der getäuschte ehemalige Gefängnisbeamte untergetaucht war, um unangenehmen Fragen zu entgehen, konnte Elsbeth von Ameln ausführlich das Leid des Angeklagten im Klingelpütz zur NS-Zeit schildern, ohne Nachfragen befürchten zu müssen. Niemand interessierte sich dafür, warum Kirsch eingesessen hatte. Das Militärgericht hatte von so vielen willkürlichen Verhaftungen gehört, dass es sich mit den Gründen für Kirschs frühere Inhaftierung nicht beschäftigen wollte. Die Verteidigerin beschrieb, wie Kirsch schikaniert wurde, während draußen die Bomben fielen. Sie berichtete von den Schandtaten des untergetauchten Schergen und seiner Drohung, Kirschs Deportation zu veranlassen. Dann krönte sie ihren Vortrag mit dem Bericht, dass Kirsch das Hinrichtungsbeil vergraben habe und dem Gericht gerne zeigen würde, wo es sich befinde.

Die Anwesenden waren ähnlich verdutzt wie die Rechtsanwältin in Kirschs Zelle. Auch wenn keiner die Geschichte glauben wollte, schickten sie am nächsten Tag eine Kommission ins Gefängnis. Rudi Kirsch führte die Männer und seine Anwältin zu der Stelle, die er als Versteck angegeben hatte. Tatsächlich konnte der Behälter, in dem sich das Werkzeug der NS-Scharfrichter befand, in einem halben Meter Tiefe ausgegraben werden.

Das schwer beeindruckte Militärgericht war gnädig. Kirsch bekam eine geringe Strafe. Und weil man ihm die Untersuchungshaft anrechnete, kam er sofort frei. Die Tat war strafbar, aber verständlich, befand das Gericht. Er konnte zu seiner Familie zurückkehren, die vor dem Gefängnistor auf ihn wartete. Elsbeth von Ameln verabschiedete sich von ihrem Mandanten, der ein weiteres Mal versprach, nie wieder straffällig zu werden.

TOTER NAZI IM BRUNNENSCHACHT

Das Brachgelände an der Rochusstraße in Ossendorf sah im April 1947 immer noch so aus wie ein abgebranntes Waldstück. Ein wackeliger Zaun sollte verhindern, dass hier Kinder herumliefen. Schließlich lagen in der ganzen Stadt noch unzählige Blindgänger herum. Hinter einem kleinen Mäuerchen befanden sich die verwilderten Überreste von Gärten, die nicht mehr genutzt wurden. Die Begrenzungen und Gefahren hielten die Jungen aus der Nachbarschaft nicht davon ab, hier zu spielen. Ein paar junge Bäume wuchsen um einen Brunnenschacht, der notdürftig mit einem Deckel verschlossen war. Ein kleines Loch im Deckel machte es möglich, ihn anzuheben. Da war ihr Ball hineingefallen. Nachdem die Jungen mit vereinten Kräften den Betondeckel hochgewuchtet hatten, um den kleinen Ball herauszuholen, schlug ihnen ein süßlich-beißender Geruch entgegen.

Der Schacht war zu tief, um zu erkennen, was da so widerlich stank. Aber es reichte, um die Polizei zu holen, die daraufhin zusammen mit der Feuerwehr anrückte.

Die erste Leiter war zu kurz, um den Boden des Schachts zu erreichen. Es wurde eine zehn Meter lange Leiter angelegt. Ein Feuerwehrmann musste sich da hinunter durch die etwa ein Meter breite Röhre quetschen. Zunächst räumte er Trümmerschutt und Steine weg, dann den Leichnam eines Mannes, der wegen der fortgeschrittenen Verwesung zu zerfallen drohte. Er fand auch einen Wohnungsschlüssel und ein Taschenmesser. Es war keine aufwendige Ermittlungsarbeit nötig, um zu wissen, mit wem man es zu tun hatte. Im Dezember hatte eine Frau, die 30 Meter vom Fundort entfernt wohnte, ihren Mann als vermisst gemeldet. Die Polizei schnitt ein Stück Stoff aus dem Jackett des Toten und schickte einen Kollegen zu der Frau, die das Karomuster, den Schlüssel und das Messer erkannte.

Der Tote war der frühere SA-Führer Peter Gräbner, ein überzeugter Nazi, seit 1931 Parteimitglied und als leidenschaftlicher Motorradfahrer Obersturmführer des Nationalsozialistischen Kraftfahrkorps. Das NSKK war an der Ostfront, wo Gräbner zuletzt als Offizier gekämpft hatte, in starkem Maße an der Deportation und Ermordung von Juden beteiligt. Als er im Herbst 1946 aus russischer Kriegsgefangenschaft zurückkam, verpflichtete ihn die britische Militärregierung aufgrund seiner mutmaßlichen Beteiligung an Verbrechen zur Arbeit in einer Grube in Meerbeck bei Moers. An seiner politischen Überzeugung hatte sich offenbar nichts geändert. Gräbner hatte sich seinem Schicksal ohne Murren gefügt. Er wohnte dort in einem Gemeinschaftslager der Zeche Rheinpreußen, an jedem zweiten Wochenende kam er zu seiner Frau nach Ossendorf zurück. Am Montag, dem 9. Dezember 1946 hatte er sich auf den Weg zum Bahnhof gemacht, um wieder zum Steinkohlebergwerk zu fahren. Doch kam er dort nicht mehr an. Es dauerte ein paar Tage, bis man ihn in Meerbeck vermisste. Bis zum Fund seiner Leiche vier Monate später fehlte jede Spur von ihm.

»IMMER SAUBER UND ADRETT«

Die Obduktion im Leichenschauhaus ergab, dass hier jemand ziemlich brutal zur Sache gegangen sein musste. Der Schädel war mit einem stumpfen Gegenstand zertrümmert worden. Weil der Gerichtsmediziner auch eine klaffende Wunde fand, nahmen die Ermittler an, dass der Täter mit beiden Seiten eines Beils zugeschlagen hatte. Außerdem ließen sich mehrere Messerstiche nachweisen. Die Ermordung eines alten Nazis sorgte schnell für Spekulationen in der Nachbarschaft. Es wurde viel geredet in diesen Zeiten – von Namenslisten, die im Neuehrenfelder »Asyl« für Juden kursierten, und von einer geheimen Organisation im Untergrund, die diese Listen abarbeitete, um Rache an Nazi-Größen zu üben, mit denen die Militärbehörde zu milde umgegangen war.

Auch der Sohn von Gräbner hatte davon gehört, wie er bei der Polizei zu Protokoll gab. Mit einem Nachbarn, dem 23-jährigen Anton Schmidt, habe er über das Verschwinden seines Vaters gesprochen. »Ich weiß, wo vier Nazi-Leichen versteckt wurden«, habe Anton ihm gesagt. Gräbner sei aber nicht dabei. Antons Bruder Willi wusste von einer »Gruppe in Köln, die Nazis tötet und dann in den Rhein schmeißt«. Möglicherweise mache sein Bruder Anton da mit und lasse sich von den Juden im Asyl in der Ottostraße bezahlen. Anton äußerte sich ähnlich und vermutete, dass Willi beste Kontakte in jüdische Kreise habe. Gräbner soll während der NS-Zeit »das Judenasyl mit der Pistole gesäubert haben«, berichtete Anton später der Polizei. Er habe den Auftrag gehabt, die Juden abzutransportieren. Dem Verdacht wurde nie nachgegangen.

Anton und Willi wohnten mit ihrer Tante seit 1932 in der Rochusstraße, im selben Haus wie die Gräbners. Zwei Gymnasiasten aus gutem Hause, »immer sauber und adrett«, wie ein Nachbar sagte, »und auch geistig auf der Höhe«. Die Mutter war Hausfrau, der Vater ein promovierter Physiker aus Colmar im Elsass, der zeitweise bei der Kölner Stadtverwaltung gearbeitet hatte. Der Krieg hatte die Familie auseinandergebracht. Der Vater war schwer krank geworden; die Mutter wollte aus dem Odenwald, wohin sie evakuiert worden war, nicht mehr zurück. Die Tante war keine große Hilfe für die Brüder. Ein Onkel unterstützte sie mit Geld.

Die wichtigste Stütze der beiden war jedoch Gräbners Ehefrau, die ihnen dabei half, zurechtzukommen. Sie mochte es, die jungen Leute um sich zu haben, bekochte sie und wusch ihre Wäsche. Anton und Willi waren nicht selten stundenlang bei der Nachbarin. Anderen im Haus kam das seltsam vor, zumal die Brüder keine ruhigen Zeitgenossen waren. Vor allem mit Anton, der öfters im Flur herumbrüllte, gab es Konflikte. Es ging das Gerücht herum, dass der aufbrausende junge Mann der Liebhaber der fürsorglichen Frau sein könnte. Dummes Gerede.

FREIWILLIG AN DIE FRONT

Willi besuchte das Schillergymnasium, das an seinem alten Platz in Ehrenfeld keine Zukunft mehr hatte. Das prächtige Schulgebäude im wilhelminischen Stil in der Piusstraße war im Juni 1943 bei einem Bombenangriff völlig zerstört worden. Die Stadtverwaltung hatte die Schule zusammen mit den Schülern des 1939 abgebrochenen Apostelgymnasiums notdürftig untergebracht. Wo und wie es mit den altehrwürdigen Lehranstalten auf Dauer weitergehen sollte, war noch nicht klar. In den ersten Jahren war Willi ein guter Schüler, doch seit einiger Zeit haperte es. Weil der Schulalltag während des Kriegs immer wieder wegen Bombenangriffen unterbrochen war, hatte er noch ein paar Jahre bis zum Abitur vor sich. Der 18-Jährige überlegte, die Schule abzubrechen.

Sein älterer Bruder Anton war dem Schulabschluss näher gekommen. Er hätte nur noch wenige Monate bis zum Notabitur durchhalten müssen, hatte dann aber Anfang 1943 hingeschmissen. Er wollte lieber an die Front und hatte sich mit 18 Jahren mit vielen Klassenkameraden freiwillig zur Wehrmacht gemeldet. Kurz darauf wurde er schwer am Bein verwundet. Nun war er wieder Schüler. Das Schillergymnasium bot einen Sonderlehrgang für ehemalige Soldaten an, die ihr Abitur nachholen wollten. Richtig wohl fühlte Anton sich da nicht. Es war offen, ob er es schaffen würde. Der Krieg hatte ihm schwer zugesetzt. Er konnte nicht richtig laufen, litt unter ständigen Kopfschmerzen und berichtete von Herzanfällen, ohne genau zu wissen, was ihn da eigentlich plagte. Während der Kriegsgefangenschaft hatte er sich illegale Beruhigungsmittel besorgt, zurück in Köln half er sich mit starken Schlaftabletten. Auch Willi nahm starke Beruhigungsmittel, die man ohne ein ärztliches Rezept nicht bekommen konnte.

Man konnte den beiden ihren unterschiedlichen Lebensweg in den vergangenen Jahren ansehen. Anton wirkte mit seinen kantigen Gesichtszügen streng und verschlossen. Die zugekniffenen Augen vermittelten so etwas wie Zorn. Ob er den Stock wirklich brauchte, den er wegen der Kriegsverletzung nutzte, war nicht sicher. In jedem Fall ließ ihn die Gehhilfe gleichermaßen gebrechlich wie unnahbar aussehen. Seit einigen Wochen neigte er zu Wutanfällen. Oft konnte er spüren, wie sich diese Anfälle ankündigten. Dann nahm er schnell zwei Phanodorm-Tabletten und warf sich auf sein Bett, um bis zum nächsten Tag zu schlafen. Manchmal kam die Wut aber so unvermittelt, dass er sie nicht mehr stoppen konnte. Dann schlug er in seinem Zimmer auf Möbel ein, zertrümmerte Türen und schmiss Gegenstände an die Wand. Es gab aber auch Nächte, in denen ihn tiefe, lähmende Trauer erfasste. Dann kletterte er durch das Zimmer im Dachgeschoss, in dem sein Bruder wohnte, setzte sich auf den Giebel des Hauses und wartete dort bis zum nächsten Morgen.

RACHEAKT VON NS-VERFOLGTEN

Hätte man es nicht besser gewusst, hätte man die beiden nicht für Brüder gehalten. Der jüngere sah aus, wie man sich einen fleißigen Gymnasiasten vorstellt, ein braver Kerl mit freundlichem Gesicht und wachem Blick. Willi war der Kriegseinsatz erspart geblieben. Auch er hatte Leid gesehen, doch hatte er es niemand zufügen müssen. Vielleicht war das der Grund dafür, dass er Anton äußerlich kaum glich. Vielleicht gab es aber auch eine andere Erklärung. Eine Nachbarin wusste von Liebschaften der Mutter zu berichten. Die Jungen hätten zwei verschiedene Väter. Ihre Mutter bestritt das.

Was war dran an den Spekulationen um einen Sühnemord? Die Polizei sah sich mit einer heiklen Frage konfrontiert. Ermittlungen unter Juden, die während der NS-Zeit in Verstecken überlebt hatten oder aus der Gefangenschaft oder dem Exil zurückkamen, waren für deutsche Polizisten so kurz nach Kriegsende undenkbar. Man hätte die Militärbehörden einschalten müssen, hätte dann aber über den Fortgang der Ermittlungen nichts mehr erfahren, so sie denn überhaupt eingeleitet worden wären. Tatsächlich gab es bis dahin keinen einzigen Beweis für Listen mit potenziellen Opfern und Racheaktionen. Vor ein paar Wochen hatte die Polizei in der Dasselstraße eine 41-jährige Frau in ihrem Kohlenkeller aufgefunden, die mit einer Paketschnur erdrosselt worden war. In ihrer Wohnung lag ein Brief mit den Worten »Heute vor fünf Jahren hast du mich ins KZ gebracht«. Ein Ausnahmefall, bei dem zudem nichts darauf hindeutete, dass man es mit einer Organisation im Untergrund zu tun hatte.

GEHEIME MORDLISTEN

Viel konkreter als die Gerüchte über geheime Rachepläne von Juden oder anderen NS-Verfolgten war der Verdacht, dass es Mordlisten alter Nationalsozialisten gab. In Riehl hatten unbekannte Täter durch eine Wohnungstür auf ein Gründungsmitglied der CDU geschossen und den Mann fast getötet. Der konvertierte Jude und Geschäftsführer im Bekleidungshaus Hettlage, der selbst im KZ Buchenwald inhaftiert war, half Kölnerinnen und Kölnern, die aus Konzentrationslagern oder aus dem Exil zurückkehrten. Sie alle konnten Geschichten von Verrat und Verfolgung erzählen und somit andere belasten.

Walter Menzel, der Innenminister im ersten von der Militärregierung eingesetzten All-Parteien-Kabinett Nordrhein-Westfalens, brachte Ermittlungen in Gang, die prüfen sollten, ob es solche Mordlisten gab. Es bestand der Verdacht, dass auf Geheiß des NS-Regimes kurz vor Kriegsende Namenslisten mit NS-Gegnern angelegt worden waren. Hitlers treuer Erfüllungsgehilfe Martin Bormann soll Kölns Gauleiter Josef Grohé per Funk im März 1945 mitgeteilt haben, dass alle noch lebenden NS-Gegner getötet werden sollten. Die Kölner Polizei der Nachkriegszeit soll sehr zurückhaltend in dieser Angelegenheit ermittelt haben, was den Innenminister dazu brachte, einen Sonderermittler des Landeskriminalamts nach Köln zu schicken. Die Kölner Polizei war nicht so gründlich vorgegangen, wie sie es ihrem Chef gemeldet hatte. Und offensichtlich hatte sie auch gelogen: Menzel hatte ausdrücklich darum gebeten, die neu gegründete »Vereinigung der politischen Gefangenen und Verfolgten des Nazi-Systems«, kurz VVN, zu befragen. Die Ermittler teilten mit, dass die Befragung nichts ergeben habe. Als das misstrauische Ministerium in Düsseldorf beim VVN selbst noch einmal nachfragte, teilte die Vereinigung mit, dass bei ihr kein Polizist vorstellig geworden sei. Ein VVN-Mitglied beschuldigte einen hochrangigen Polizeibeamten, Ende 1944 direkt von der Gestapo über die Mordlisten informiert worden zu sein. Der Beschuldigte hatte vor seiner Wiedereinstellung bei der Polizei falsche Angaben zu seiner Arbeit während der Diktatur gemacht, seine Parteimitgliedschaft verschwiegen und stattdessen versucht, sich als Regimegegner darzustellen. Nun stand er im Verdacht, die Ermittlungen zu den Mordlisten zu verschleppen. Die Nachforschungen des Sonderermittlers ließen die Kölner Polizei nicht gut aussehen. Beweise für die Existenz einer Namensliste oder eines geheimen Killerkommandos alter Nazis wurden jedoch nicht gefunden.

IN WIDERSPRÜCHE VERHEDDERT

Bei den polizeilichen Vernehmungen wiederholten Anton und Willi Schmidt ihre Spekulation über eine Gruppe von Juden, die Rache an Nazis nehme. Anton behauptete sogar, dass ihm ein Mann in Ehrenfeld von konkreten Anschlagsplänen berichtet habe. Über geheime Kanäle sei man genau über das Datum von Gräbners Rückkehr aus der Kriegsgefangenschaft informiert worden. Der SA-Mann würde von seinen Mördern bereits erwartet. Er habe Gräbner vor dem möglichen Anschlag gewarnt. Auch Willi habe dem Heimkehrer mitgeteilt, dass er gesucht werde. Am Morgen des 9. Dezember 1946, als Gräbner zum letzten Mal zur Arbeit aufbrach, wollen die beiden Brüder laute Motorräder gehört haben, die auf das Haus in der Rochusstraße zugefahren seien und dann vor der Tür gedreht hätten. Aber auch hier fehlten die Beweise. Gräbners Sohn hielt das alles für dummes Gerede. Sein Vater habe nie über eine Bedrohung oder eine Warnung gesprochen.

Die Vernehmung der Brüder sowie einiger Nachbarn brachte die Ermittler aber auf eine andere Spur. Anton verhedderte sich in Widersprüche, als er nach lautstarken Streitigkeiten in der Wohnung der Gräbners und im Haus gefragt wurde. Der Kriegsheimkehrer wollte seiner Frau den Umgang mit den Brüdern verbieten. Offenbar vermutete auch er, dass sich seine Frau und Anton nicht nur zu anregenden Gesprächen trafen. Die Brüder sollten nicht mehr in die Wohnung kommen dürfen, während er in Meerbeck arbeitete. Gräbner drohte den jungen Männern Prügel an, sollten sie das nicht akzeptieren. Das war offenbar wieder so ein Moment, in dem in Anton die Wut zu kochen begann. Nachdem Willi und dessen Freund Karl verhindert hatten, dass der Streit sofort handgreiflich ausgetragen wurde, nahm Anton angeblich 20 Phanodorm-Tabletten ein. Wortreich beschrieb er die folgende Nacht, von der er nach dieser hohen Dosis an Schlaftabletten eigentlich nichts mehr mitbekommen haben dürfte.

Das Vernehmungsprotokoll liest sich, als habe sich Anton während des Sprechens ein Alibi ausgedacht, bis er wieder bei der Verschwörung gegen Nazi-Verbrecher landete und schließlich seinen Bruder als Helfer der Rächer belastete: »Ich bin der festen Überzeugung, dass mein Bruder über diese Angelegenheit noch viel mehr weiß, als er uns jemals sagte. Mein Bruder wurde auch vielfach geldlich unterstützt. Ich nehme an von den besagten Juden.« Wenn er darüber nachdenke, komme er »zu der festen

Überzeugung, dass mein Bruder mit der Sache Gräbner in Verbindung steht«. Er könnte so etwas wie ein Kontaktmann gewesen sein, der sich für Informationen bezahlen lasse. »Aus politischen Gründen würde mein Bruder solches nicht tun, denn er ist politisch indifferent. Er würde es aus der Sucht nach Geld machen, oder es kann sein, dass man ihn dazu gezwungen hat.« Willi sei in letzter Zeit sehr nervös gewesen. »Mein Bruder sagte mir, dass er sehr große Angst habe.« Er habe damit gerechnet, »dass man ihn eines Tages auch beseitigen würde«.

Mehrere eng getippte Seiten ist Antons Aussage lang. Am Ende wollte er noch »ausdrücklich betonen, dass ich diesen Gräbner nicht umgebracht habe« und »nochmals bemerken, dass mein Bruder ganz bestimmt etwas von dieser Angelegenheit wissen muss«. Was er sich von den langen Ausführungen erhoffte, bleibt unklar. Hätte Anton Schmidt geschwiegen, wäre der Tod des SA-Führers höchstwahrscheinlich als ungelöster Fall in die Kriminalgeschichte eingegangen.

Aber nun gab es für Willi keinen Grund mehr zu schweigen. Er musste sich gegen die Verdächtigungen seines Bruders verteidigen. Auch sein Freund Karl, ebenfalls Schüler des zusammengelegten Schiller- und Apostelgymnasiums, gab bei einer zweiten Befragung alles zu. Am Ende schienen beide geradezu erleichtert. Willi »beschönigte nichts, sondern er war regelrecht froh, als er sein Herz erleichtert hatte«, liest man im Schlussbericht der Polizei. Aus Angst vor dem tobsüchtigen Anton hätten die beiden zunächst geschwiegen.

»EIN GERISSENER LÜGNER«

Was Willi und Karl zu Protokoll gaben, klang deutlich überzeugender als Antons Aussagen. Nicht irgendeine geheime Organisation mit Mördern auf Motorrädern hatte Gräbner getötet und in den Schacht geworfen. Anton, Willi und Karl waren es, die sich zu einer Racheaktion verabredeten. Anton hatte die beiden anderen davon überzeugt, dass der alte Nazi eine ordentliche Tracht

Prügel verdient habe. Den Rausschmiss aus der Wohnung wollten sie sich nicht bieten lassen.

Als Gräbner das Haus verließ, erwarteten sie ihn. Verabredet war, ihn zu verprügeln. Dass Anton gleich mit der stumpfen Seite eines Beils auf das Opfer einschlagen würde, konnten die beiden anderen Jungen nicht ahnen. Sie wussten, dass Anton das Haus nie ohne ein Messer verließ, das Beil unter seiner alten Militärjacke hatten sie aber nicht bemerkt.

Gräbner hatte keine Chance, als Anton von hinten ohne Vorwarnung auf ihn einschlug. Als Willi versuchte, seinen Bruder an weiteren Hieben mit dem Beil auf den Kopf des Mannes zu hindern, war dieser schon zu Boden gegangen. Er blutete nicht sehr stark. Anton wies den Weg zu dem Brunnenschacht, zu dem Willi und Karl den Bewusstlosen schleppen sollten. Dort öffnete Anton dem Mann das Hemd über der Brust, nahm seine Brieftasche aus der Jacke und stach ihm mehrmals mit seinem Messer in die Brust. Bevor sie Gräbner in dem Kanal versenkten, schlug Anton noch einmal mit voller Wucht mit dem Beil zu. Diesmal mit der scharfen Seite. Anschließend beseitigten sie gemeinsam mögliche Spuren. Sie verstreuten das Laub und schmierten Dreck über die Blutflecken. Zurück im Haus verbrannten sie den Inhalt der Brieftasche im Ofen. Willi nahm das Beil an sich, um es mitzunehmen, wenn er das nächste Mal die Mutter im Odenwald besuchen würde. Angeblich hatte sie ihm geschrieben, dass sie dringend ein Beil benötige.

Es dauerte ein bisschen, bis auch Anton die Tat gestand. Nochmals beschuldigte er seinen Bruder. Er habe gelogen, das gebe er zu. Aber das habe er nur getan, um seinem Bruder Zeit zu verschaffen für eine Flucht. An dieser Stelle erschien es dem vernehmenden Polizeibeamten wichtig, einen »dienstlichen Vermerk« in das Protokoll zu schreiben: »Er lügt in einem Satz, so oft er nur kann, und versucht die Vernehmung immer schwieriger zu gestalten.« Irgendwann muss Anton aufgegeben haben. Der Beamte wehrte sich später gegen den Vorwurf, dass er Anton mit Stockschlägen gedroht habe, und benannte dafür drei Kollegen als Zeugen.

EHEFRAU ALS MITWISSERIN?

Anton berichtete schließlich, wie er Gräbner auflauerte. Er habe seine Ehre wieder herstellen müssen. Dann sei er »vollkommen kopflos« geworden, gab er zu Protokoll. Es sei nicht seine Absicht gewesen, Gräbner zu töten. »Ich wollte ihn nur zum Krüppel schlagen, weil auch ich ein Krüppel bin.« Dann habe er gesehen, dass er zu hart zugeschlagen habe und Gräbner die Attacke nicht überleben würde. »Meines Erachtens konnte er mit den Verletzungen, die er auf dem Weg von mir bekommen hatte, höchstens noch eine Viertelstunde leben.« Da habe er nicht »unmenschlich sein und ihn lebend in den Kanal werfen« wollen. Der Verdächtige sei ein »gerissener Lügner, der bis zum Schluss leugnete, bestritt und sich dumm stellte«, schrieb der Ermittlungsbeamte, bevor er die Akte an die Staatsanwaltschaft weitergab. Er sei ein Psychopath.

Ein halbes Jahr später verurteilte das britische Militärgericht nach dreitägiger Verhandlung Anton Schmidt wegen Mordes zum Tode. Es hatte keine Zweifel, dass er allein die Verantwortung für Gräbners Ermordung »durch Beilhiebe und Messerstiche« trug. Der Versuch seiner Mutter, für eine verminderte Schuldfähigkeit zu werben, scheiterte. Sie hatte ausgesagt, dass sie ihren Sohn für geisteskrank halte. »Ich bin fest davon überzeugt, dass mein Sohn den Mord in einem Anfall von geistiger Umnachtung begangen hat.« Das Gericht sah das anders. Wie die Polizei ging der Richter davon aus, dass Anton bereits vor der Tat eine Eisenstange am Brunnenschacht deponiert hatte, um den Deckel leichter anheben zu können. Das sprach dafür, dass er den Mord geplant hatte.

Willi und Karl wurden zu drei Jahren Gefängnis verurteilt, weil sie beim Wegschaffen der Leiche und beim Vertuschen der Straftat geholfen hatten. Nicht geklärt wurde, ob Gräbners Frau eingeweiht gewesen war. Es gab Indizien, dass sie von Antons geplanter Racheaktion wusste. So hatte ein Nachbar ein verdächtiges Gespräch zwischen ihr und Anton im Hof belauscht, während er bei offenem Fenster auf dem Klo saß. Auch Willi hatte behauptet, Anton habe Frau Gräbner vorher eingeweiht. Anton bestritt das vehement. Als das Urteil gegen die Brüder und deren Freund fielen, lebte sie nicht mehr. Die Ehefrau des SA-Führers hinterließ einen Abschiedsbrief an ihren Sohn und ihre Tochter: »Meine lieben Kinder, seid mir bitte nicht böse, wenn ich aus dem Leben scheide. Ich kann nicht mehr. Ich wollte alles Unheil verhindern. Helft einander. In Liebe Eure Mutti.«

Da die Akte noch gesperrt ist, wurden die Namen der Beteiligten durch Pseudonyme ersetzt.

Polizeipräsidium
Köln
Polizeirevier

ERMITTLUNGEN IM MINENFELD

Manches konnte auch einen alten Hasen wie Adam Lüft noch überraschen. Die Frau, die vor ihm in einer Blutlache auf dem Boden lag, war mit einem einzigen Pistolenschuss durch die Schulter getötet worden. Die Kugel hatte von hinten das linke Schulterblatt durchschlagen, war vorne wieder ausgetreten, in die Wand eingeschlagen und dann auf das Sofa gefallen, das neben der Leiche stand. Andere überlebten viel schlimmere Verletzungen. Was Lüft nicht ahnen konnte, war, dass dieser seltsame Tod nicht die einzige Merkwürdigkeit während der beginnenden Ermittlungen sein würde. Nichts würde so sein, wie es schien.

Es war viel zu früh viel zu kalt geworden im Dezember 1946. Die Menschen froren in ihren zugigen Behausungen. Und sie hatten Hunger. Die Versorgungslage in Köln war katastrophal. Fast eine halbe Million Menschen lebten wieder in der zerstörten Stadt. Eine Volkszählung ergab, dass 60.000 Wohnungen fehlten. Diejenigen, die ein Dach über dem Kopf hatten, wohnten zum Teil in baufälligen Häusern ohne Fenster oder hatten sich auf engstem Raum eingerichtet. Der Stadt stand ein eiskalter Hunger- und Seuchenwinter bevor. Von Dezember bis Ende März 1947 war es an 64 Tagen morgens kälter als null Grad. Der Rhein war kilometerweit mit einer Eisschicht bedeckt.

Die Tote war die 31-jährige Hedwig Schneider. Sie lebte zusammen mit dem gebürtigen Belgier Jean Peeters und dessen Sohn Henri in einer Drei-Zimmer-Wohnung in der Rurstraße in Lindenthal. Jean war Schuhmacher und hatte in dem Haus eine kleine Werkstatt. Hedwig und Jean wollten heiraten. Für beide würde es die zweite Ehe sein. Hedwig war bereits geschieden, Jeans Scheidung von Henris Mutter stand noch aus. Für Henri war Hedwig aber schon jetzt die neue »Mutter«, wie er Lüft sagte.

Der 15-Jährige berichtete dem Kriminaloberinspektor unter Tränen, dass am 3. Dezember drei maskierte Männer mit Pistolen in die Wohnung eingedrungen seien. Sie hätten schwarze Strümpfe über dem Kopf gehabt, nur die Augen seien zu sehen gewesen. Einer der Männer habe ihn an den Küchenschrank gedrückt und in Schach gehalten, während die beiden anderen seine Mutter bedrängten. Hedwig habe gerade eine Erbsensuppe für den nächsten Tag vorbereitet. »Hier ist nichts zu holen, hier wird auch nichts geholt, und hier wird auch nicht geschossen«, habe Hedwig gerufen. »Unmittelbar darauf fiel ein Schuss in der Stube, worauf die Männer fortliefen.«

Als er seine Mutter blutend am Boden liegen sah, rannte er zu Nachbarn, die einen Arzt alarmierten. Doch dieser konnte nur noch Hedwigs Tod feststellen. Sein Vater sei nicht da gewesen. Der Schuhmacher war Richtung Oldenburg unterwegs, um sechs Hausschuhe, die er angefertigt hatte, gegen Lebensmittel und

Tabak einzutauschen. Henri konnte Angaben zur Körpergröße und zur Figur der drei maskierten Männer machen; einer von ihnen habe »Kölner Platt« gesprochen. Sie hätten Skihosen und Schnürschuhe getragen. »Die Kleidung ähnelte einer gefärbten Soldatenuniform.«

»RAUBMORDE AN DER TAGESORDNUNG«

Alles deutete auf einen Raubüberfall einer der vielen Banden hin, die durch die Trümmer der Stadt zogen, plünderten und stahlen. Für die schlecht ausgestattete deutsche Polizei waren die Ermittlungen in solchen Fällen eine komplizierte Sache. Nicht selten hatte man es mit Gruppen ehemaliger Zwangsarbeiter zu tun, die sich manchmal mit einheimischen Kriminellen zusammenschlossen. Nur wenn jemand auf frischer Tat ertappt wurde, durften deutsche Ermittler gegen sie vorgehen. Ansonsten waren Ausländer für die deutschen Behörden tabu. Sie konnten die Täter zwar verhaften, die Staatsanwaltschaft musste aber alle Akten an das britische Militärgericht weitergeben. Hinzu kam: Die meisten ehemaligen Zwangsarbeiter und Kriegsgefangenen waren in Lagern untergebracht, für die eine Lagerpolizei zuständig war. Ein deutscher Kriminalpolizist durfte da in der Regel nicht rein. »Bekanntlich hatten sich polnische und russische Banden gebildet«, heißt es in einem Schreiben der Polizei im Zusammenhang mit der Ermordung eines Müngersdorfer Bauern, der kurz nach Hedwig Schneider erschossen worden war. Er hatte die Täter bei ihrem Raubüberfall auf frischer Tat ertappt und war durch einen Schuss in die Brust getötet worden.

Die Klärung der Tatumstände und der Versorgungsansprüche der Hinterbliebenen beschäftigten verschiedene Behörden bis in die späten 1950er-Jahre. »Raubmorde, Überfälle und Plünderungen waren an der Tagesordnung«, heißt es in der Stellungnahme der Polizei für das Versorgungsamt. »Eine wirksame Verbrechensbekämpfung durch die deutsche Polizei bestand nicht. Während die Banden über ausreichende Waffen, teils sogar über Maschinenpistolen verfügten, war die deutsche Polizei unbewaffnet.« Sie stand dem Bandenwesen weitgehend machtlos gegenüber. »Eine vernünftige kriminalpolizeiliche Ermittlungsarbeit war unter den obwaltenden Zeitverhältnissen unmöglich.«

Immerhin kannten die Ermittler nach dem Raubmord in Müngersdorf einen Namen. Anführer der Bande war Jan Kossak, geboren im Januar 1925 im polnischen Leslau (Włocławek), ein mutmaßlich gewaltbereiter Räuber und Einbrecher, der zusammen mit anderen entlassenen Zwangsarbeitern plündernd durch die Stadt zog. War er auch der Mörder von Hedwig Schneider? Die Täterbeschreibung von Henri passte. Adam Lüft verfolgte aber auch andere Hinweise. In seiner ersten Vernehmung hatte Henri auf die Frage, ob seine Mutter irgendwelche Feinde habe, den Namen Mathias Vey genannt. Der Mann aus Sülz habe seine zukünftige Stiefmutter auf der Straße als »Nazischwein« beschimpft und geschlagen.

Als Jean Peeters von seiner Geschäftsreise zurück war, wurde er ebenfalls vernommen. Der Schuhmacher befeuerte den Verdacht seines Sohns. Vey sei ein »Großschieber«, der Beamte besteche, sagte er. Der Mann habe Angst vor Hedwig gehabt, weil sie alle seine Machenschaften gekannt habe und ihn hätte verraten können: »Die Frau war ihm im Wege, weil sie so viel von ihm wusste.« Vey habe ihnen gedroht. Seine Lebensgefährtin sei überall beliebt gewesen und nur von Mathias Vey gehasst worden, so Peeters. Am Rosenmontag 1946 sei es zu einer Schlägerei auf offener Straße gekommen. Vey habe Schneider als Hure beschimpft, woraufhin sie ihm eine Ohrfeige gegeben habe. Das habe Vey nicht auf sich sitzen lassen und der Frau mit der Faust ins Gesicht geschlagen, »dass ihr das Blut aus dem Mund und der Nase kam«, so Peeters. Als er dazwischen gegangen sei, habe Vey ihnen mit dem Tod gedroht. »Für euch beide ist der Galgen schon fertig. Die Schlingen sind schon parat.«

Anschließend sei Vey zusammen mit Hedwigs Ex-Mann Rolf Schneider vor ihrem Haus aufgetaucht und habe sie weiter beschimpft. Männer, die sich als Polizisten ausgaben, kamen hinzu. Die amerikanische Spionageabwehr würde sie abholen, »auch die kommunistische Partei wird euch holen kommen«, habe Vey getobt. Und zur Bekräftigung habe später im Garten ein abgehackter Pferdefuß gelegen.

GROSSE NUMMER IN SÜLZ

Jean Peeters wusste auch von »ganz verwegenen Burschen« zu berichten, mit denen dieser Vey verkehre. Schlimme Verbrecher wie Heinrich Meuser, dessen Vorstrafenregister 17 Verurteilungen auflistete. Bereits in der Zeit der Weimarer Republik hatte er viel Zeit im Gefängnis verbracht – wegen Diebstahls, Sachbeschädigung, verbotenem Waffenbesitz, Widerstands gegen die Staatsgewalt und gemeinschaftlicher Misshandlung. Nach 1933 war es munter weitergegangen, bis er schließlich 1942 zu vier Jahren Zuchthaus und fünf Jahren Ehrverlust verurteilt wurde. Das Sondergericht Köln ordnete Sicherungsverwahrung an.

Der vielfach vorbestrafte Kriminelle war offiziell in einem Konzentrationslager in Sachsen-Anhalt erschossen und im Harz beerdigt worden. Es gab einen Totenschein, den Meuser in seiner Jackentasche aufbewahrte und zur allgemeinen Belustigung nach ein paar Bier in der Kneipe vorzeigte. Meuser und Vey kannten sich aus einem Boxclub in Sülz.

Aber auch abgesehen von seinen gefährlichen Freunden war Mathias Vey für Adam Lüft ein schwerer Brocken. Denn trotz seines ebenfalls beachtlichen Vorstrafenregisters war Vey eine große Nummer im Stadtteil und genoss gewichtige politische Rückendeckung. Er war Mitglied im »Ortsausschuss« für den Stadtteil und damit für die Wiederherstellung und Sicherung der öffentlichen Ordnung mitverantwortlich. Die Ortsausschüsse gaben Anweisungen zum Trümmer-»Schöppe«, vermittelten freistehenden Wohnraum und organisierten bürgerschaftliches Engagement.

Die britischen Behörden hatten einen Teil der öffentlichen Aufgaben in den Stadtvierteln an diese zivilen Gremien delegiert. Ihre Mitglieder wurden von den politischen Parteien bestimmt und sollten einen guten Leumund haben. Vey war von der Kommunistischen Partei in den Ortsausschuss für Sülz entsandt worden – völlig zu Unrecht, wie Jean Peeters meinte und mit allerlei Beispielen zu belegen versuchte. Er habe sich fast mit ihm vor Zeugen im Büro des Ortsausschusses geschlagen. Man habe es hier mit einem rachsüchtigen, jähzornigen und üblen Betrüger zu tun, der sich die Anerkennung als politisch Verfolgter erschlichen habe. Das Gegenteil sei richtig: Mathias Vey sei ein Nazi gewesen, habe Juden bestohlen und beste Kontakte zur Gestapo gehabt, berichtete der Lebensgefährte der Toten der Polizei.

Damit war Kommissar Adam Lüft mittendrin im Minenfeld der vielfach verstrickten Nachkriegsgesellschaft, die jede Verantwortung für Diktatur und Krieg von sich wies. Gab es jemand ohne Schuld? Als er Mathias Vey und Heinrich Meuser zur Vernehmung einbestellte, drohten sie dem Polizisten, sie würden unangenehme Details aus seinem Lebenslauf bekannt machen. Vey gab an, er habe belastendes Material gegen den Kommissar, der für seine Verdienste bei der »Bergung von Fliegerleichen« mit dem Kriegsverdienstkreuz zweiter Klasse ausgezeichnet worden war.

Kein Polizist, der in der NS-Zeit im Dienst gewesen war, hatte eine weiße Weste. Schwer vorstellbar, dass den Beamten entging, was die Geheime Staatspolizei veranlasst hatte. Und viele – auch bei der Kripo – hatten geholfen und waren verstrickt. Die Kriminalpolizei pflegte nach dem Krieg noch jahrzehntelang das Selbstbild, wenig mit der NS-Ideologie zu tun gehabt zu haben – sie habe doch im Grunde die gleiche Arbeit wie vor 1933 gemacht. Die, die dabei waren, wussten aber, dass der pauschale Persilschein für die ganze Institution erschwindelt war. Denn die Beamten hatten nicht nur gegen Mörder und Betrüger, sondern auch gegen Menschen »ermittelt«, die von den Nationalsozialisten zu Feinden der »Volksgemeinschaft« erklärt worden waren. Eifrig wurden die Möglichkeiten einer »vorbeugenden Verbrechensbekämpfung« genutzt. Auch ein Kommissariat für Abtreibungen und »Rassenschande« war eingerichtet worden.

Der Umgang mit der Vergangenheit war bei der Polizei nicht anders als in allen anderen Lebensbereichen. Alle versuchten, sich irgendwie durchzuschlagen, sich so einzurichten, dass man zurechtkam. Alle nahmen es offenbar mit Recht und Gesetz nicht so genau, aber nicht für jeden hatte das unangenehme Folgen – selbst dann nicht, wenn man erwischt wurde. Zuständigkeiten und Regeln änderten sich permanent. Wer konnte da den Überblick behalten?

Den Akten und Protokollen zum Fall Hedwig Schneider lässt sich entnehmen, dass Adam Lüft zumindest einer war, der seine Arbeit gewissenhaft zu erledigen versuchte. Ein routinierter und hartnäckiger Ermittler im Rang eines Kriminaloberinspektors, der es immerhin geschafft hatte, während der gesamten NS-Zeit in wichtiger Funktion bei der Kriminalpolizei zu arbeiten, ohne Mitglied der NSDAP zu werden. Seit 1911 arbeitete er bei der Kölner Polizei. Bei den letzten demokratischen Wahlen vor Hitlers Ernennung zum Reichskanzler hatte er die katholische Zentrumspartei gewählt. Die Gewerkschaft, in der er Mitglied war, wurde von den Nazis verboten. Dennoch schaffte er es in den folgenden Jahren bis an die Spitze der Kölner Mordkommission. Nachdem ihm der Entnazifizierungsausschuss nach dem Krieg das bestmögliche Zeugnis ausgestellt hatte, durfte Adam Lüft in derselben Position weitermachen.

»TELLER VOLL REIBEKUCHEN«

Der Kommissar ließ sich von diesem Erpressungsversuch nicht einschüchtern. Der Kreis der Verdächtigen wuchs weiter. Vey und Meuser hatten offensichtlich guten Kontakt zu Hedwig Schneiders Ex-Mann Rolf. Dieser gab bei der Vernehmung an, Hedwig habe versucht, ihm den Start als selbstständiger Spediteur so schwer wie möglich zu machen. Schneider berichtete von Handgreiflichkeiten der Geschiedenen, bei denen er ohne die Hilfe der Polizei den Kürzeren gezogen hätte. Ihre Ehe sei in die Brüche gegangen, weil ihn seine Frau mit anderen Männern betrogen habe.

Außerdem habe sie ihn verraten, als er vor Kriegsende desertierte. Seiner Bestrafung entkam er nur, weil das Militärgefängnis in Mülheim so schwer von Fliegerbomben getroffen wurde, dass er fliehen konnte. Er habe sich in Köln versteckt und seine Ex-Frau um Hilfe gebeten. Doch die habe ihm noch nicht einmal seine eigene Kleidung geben wollen.

Jean Peeters hatte Lüft eine ähnliche Geschichte über seine Ex-Frau erzählt: Weil Henris Mutter die Scheidung nicht wollte, habe sie ihn »wegen Spionage und politischer Vergehen« bei der Gestapo anzeigen wollen. »Da ich Ausländer bin und wusste, dass man mir, falls sie ihre Drohung wahrmachen würde, keinen Glauben schenkte, habe ich die Ehescheidung zurückgenommen«, heißt es im Protokoll der Mordkommission. Die Ehe sei völlig zerrüttet gewesen, immer habe es Streit gegeben, so Peeters. Seine Frau sei zusammen mit den gemeinsamen Kindern evakuiert worden. Er habe sich zeitweise in Cochem an der Mosel versteckt, um nicht in den Krieg zu müssen. Im November 1944 müsse ihn jemand verraten haben, denn die SS habe ihn festgenommen. Daraufhin verurteilte ihn ein Gericht in Düsseldorf zum Tode, ohne ihn dafür aus dem Gefängnis in Cochem zu holen. Verteidigen durfte er sich nicht. Das hätte im November 1944 wohl auch nichts gebracht. Deserteure wurden hingerichtet, oft war dafür noch nicht einmal ein Gerichtsurteil nötig. Ihm sei es jedoch gelungen, der Todesstrafe zu entgehen, indem er zusammen mit einem anderen Deserteur aus dem Gefängnis ausgebrochen sei. Das alles war nicht nachprüfbar, spielte für Lüfts Ermittlungen aber auch keine Rolle.

Ins Gewicht fiel dagegen etwas anderes. Und das machte auch Jean Peeters verdächtig. Er hatte Hedwig Schneider als eine von allen geschätzte Frau beschrieben. Dem widersprachen nicht nur die Aussagen ihres Ex-Manns, sondern auch die des verhafteten Mathias Vey. Dieser beschrieb Hedwig Schneider als gefährlich und hinterhältig. Sie habe ihn mit einem Beil bedroht, gab er bei seiner Vernehmung an. Eine gute Freundschaft zwischen ihnen während des Kriegs sei nicht von Dauer gewesen, weil er erkannt habe, »dass sie sehr gefräßig« sei. »Als alle Leute während des Krieges von der Hand in den Mund lebten, trieb sie Schwarzhandel en gros, hatte alles in Hülle und Fülle, Hände voll Mandeln und Karamellen und große Teller voll Reibekuchen in der Küche stehen. Sowie Fleisch, Käse, Butter in großen Mengen. Und sie gab keinem etwas ab, oder sie mussten schwer bezahlen.« Sie habe hungernde Kinder weggestoßen, so auch seinen Sohn.

Noch gewichtiger als die Aussagen des zwielichtigen Vey waren die Erkenntnisse, die Lüft im Zusammenhang mit den Ermittlungen gegen die Bande um Jan Kossak durch weitere Zeugenaussagen gewann: Die angeblich allseits beliebte und nur von Vey gehasste Frau war eine Hehlerin, die das Diebesgut von Einbrecherbanden auf den Schwarzmarkt brachte. Das konnte den Menschen, die mit ihr in einer Wohnung lebten, nicht entgangen sein. Peeters hatte gelogen. Ein Streit könnte eskaliert sein – vielleicht mit Mathias Vey oder Rolf Schneider, vielleicht mit Leuten der Einbrecherbande, vielleicht sogar mit Peeters? Einer der maskierten Männer, die in die Wohnung gestürmt waren, hatte nach Henris Aussage Kölsch gesprochen. Das sprach gegen seinen Vater, den gebürtigen Belgier, und war ein sicheres Indiz dafür, dass man es nicht nur mit Polen zu tun hatte. Irgendwie passte das alles noch nicht richtig zusammen. Ein Puzzleteil fehlte.

VIELE VERDÄCHTIGE

Vey, Meuser, Peeters und Schneider – vier verdächtige Männer, dazu die Bande von Jan Kossak. Lüfts Vernehmungsprotokolle lassen nur vermuten, welchen Eindruck die Männer jeweils auf ihn machten. Peeters zog alle Register, um Vey im schlechtesten Licht erscheinen zu lassen. Er schien Einzelheiten und Namen zu kennen, die belegen sollten, dass man es mit einem kriminellen Betrüger mit Nazi-Freunden zu tun habe. Alles, was Peeters zu wissen glaubte, wusste er von der Ermordeten. Und das war so viel, dass kein Ermittler Zweifel daran haben konnte, dass Hedwig Schneider und Mathias Vey mehr als nur Zufallsbekannte gewesen waren. Vermutlich hatten sie Geschäfte miteinander gemacht. Mindestens. Peeters verschwieg, was Hedwig Schneider und ihn in schlechtem Licht erscheinen lassen konnte, und beschrieb wortreich alles, was Vey belastete.

Vey belastete hingegen Peeters und vor allem Hedwig Schneider. Als Beleg für seine Sicht der Dinge überraschte er mit einer Erklärung für seine Behinderung am Arm, die ihm in den vergangenen Monaten sehr dabei geholfen hatte, sich als NS-Verfolgten darzustellen. Man erzählte sich, es handle sich um die üble Folge eines Gestapo-Verhörs. Vey hatte dem bislang nie widersprochen. Bei der Vernehmung machte er nun reinen Tisch. Er habe sich die Verletzung bei einem Fronturlaub 1944 selbst zugefügt, weil er nicht mehr für ein Transportkorps arbeiten wollte, zu dem ihn das Arbeitsamt dienstverpflichtet hatte. Mit einem Eisen habe er sich den linken Arm kaputtgeschlagen. »Ich habe ihn zweimal gebrochen, weil ich der Wehrmacht nicht mehr dienen wollte.« Die unvorstellbare Tat half ihm jedoch nur ein paar Monate. Dann sei er trotz der Behinderung wieder eingezogen worden, woraufhin er sich in Friesland versteckt habe.

Hedwig Schneider kannte die Geschichte. 1944 habe sie ihn damit erpressen wollen, so Vey. Sie hätten sich in Lindenthal auf der Straße getroffen. Schneider habe ihn mit den Worten begrüßt: »Na, Pöschje, han se dich endlich geschnapp? Da brauchen unsere Männer nicht allein Soldat zu sein.« Er habe auf seinen Arm gezeigt und ihr gesagt, dass er wohl nicht zurück in den Krieg müsse. Daraufhin sei sie in Wut geraten und habe ihm gedroht: »Was du am Arm gemacht hast, das weiß ich schon. Ich werde dich schon hinbringen, wo du hingehörst.«

Seitenlang sind Veys Beschuldigungen gegen die Tote. Interessant sind die Vermerke, die Adam Lüft unter die Abschrift von Veys Aussage setzen ließ. Der erste Vermerk listet auf, wer während der Befragung noch im Raum war. Drei weitere Polizisten werden namentlich genannt »sowie die Stenotypistin Fräulein Engelskirchen«. Noch ungewöhnlicher ist der zweite Vermerk, der festhält, dass der bis dahin scheinbar so ruhige Vey nach dem

Ende der Vernehmung die Kontrolle verlor. »Sie werden mich nicht festnehmen«, wird Vey zitiert. »Denn in dem Moment, wenn sie mich festsetzen, trete ich in Hungerstreik. Ich erhebe Protest, denn ich könnte, wenn ich wollte, schon längst weg sein. Denn ich habe alle Papiere, auch einen russischen Pass. Sie müssen mir Gewähr geben, dass ich den russischen Kontrollrat benachrichtigen und ihm schreiben kann.«

In dem Vermerk wurde auch festgehalten, dass Veys Spannmann Meuser auf dem Weg in den Klingelpütz gesagt hatte, das alles sei nur eine »Gehässigkeit« des Polizisten Adam Lüft. »Er weiß, dass Vey Akten von ihm in Besitz hat.« Und weiter: »Wir werden ihm die Hölle heiß machen.« Der Oberinspektor unterschrieb den Vermerk samt der Drohung gegen ihn. Man kann davon ausgehen, dass es damals viele Einschüchterungs- und Erpressungsversuche in allen möglichen zwischenmenschlichen Konstellationen gegeben hat. Dass ein Polizist in gehobener Position eine solche Drohung gegen sich in einem Vernehmungsprotokoll dokumentiert, ist dagegen ein seltenes Zeitzeugnis.

»DIE SACHE HAT MICH SCHWER BEDRÜCKT«

Ein paar Tage später nach dem Verhör ging ein anonymer Brief bei der Polizei ein, der Mathias Vey weiter belastete, aber auch den Ruf der Ermordeten weiter beschädigte: Der unbekannte Schreiber, der vorgab, Vey und Hedwig Schneider gut gekannt zu haben, beteuert, dass die beiden während des Kriegs ein Paar gewesen seien. Und er nannte den Namen eines weiteren Verdächtigen mit besten Kontakten: Vey habe viel mit einem gewissen Rolf Thönnissen zu tun und dieser habe ihm Waffen besorgt. Als das Mitglied des Sülzer Ortsausschusses dazu erneut befragt werden sollte, verweigerte Vey die Aussage. Als Grund gab er an: Adam Lüft sei befangen, weil er ihn und sein Wissen über ihn fürchten müsse.

Vielleicht wäre es bei den Mutmaßungen und gegenseitigen Beschuldigungen und der Einsicht, Räubern mit polnischer

Staatsangehörigkeit machtlos gegenüberzustehen, geblieben, hätten die Ermittlungen nicht eine traurige Wendung genommen. Während so viele Beteiligte ohne erkennbares Schuldbewusstsein mit ihren Verwicklungen, Lügen und möglicherweise kriminellen Machenschaften umgingen, kam einer mit seiner Schuld nicht mehr klar: der 15-jährige Henri. Nachdem offenkundig geworden war, dass es Verbindungen zwischen Hedwig Schneider und einer oder mehreren Räuberbanden gegeben hatte, mussten Zweifel an der Aussage des Jungen aufkommen. Es war kaum denkbar, dass Jean Peeters nichts vom Treiben seiner Partnerin mitbekommen hatte. Gleiches musste für Henri gelten. Und wenn der Junge wusste, was seine zukünftige Stiefmutter tat, hatte auch er nicht die ganze Wahrheit gesagt.

Tatsächlich war nicht Jean Peeters der Mitwisser, sondern sein Sohn. Mehr noch: Henri war – ohne dass sein Vater darüber Bescheid wusste – mitgegangen, wenn die polnische Bande ihre Einbrüche und Überfälle beging. Sein Freund Erich beteiligte sich am Ausspionieren der Wohnungen, die ausgeraubt werden sollten. Beide Jungen standen bei den Einbrüchen Schmiere. Am Tag nach der Beerdigung von Hedwig Schneider gestand der 15-Jährige seinem Vater, was er offenbar nicht länger für sich behalten konnte: Er hatte die Partnerin seines Vaters erschossen. Aus Versehen.

Hedwig Schneider hatte sich nicht nur um das Diebesgut der Einbrecher gekümmert, sondern auch bei der Vorbereitung der Raubzüge geholfen und Waffen in ihrer Wohnung versteckt. Am Abend des 3. Dezember 1946 waren Kossak und ein Komplize zusammen mit Henri und Erich unterwegs gewesen. Erich hatte vorgeschlagen, in das Haus einer Frau in der Goldenfelsstraße einzubrechen. Während die beiden Polen einstiegen, warteten die Jungen auf der Straße. Die Bewohnerin war jedoch zu Hause und machte lautstark auf die Einbrecher aufmerksam. Alle vier rannten unverrichteter Dinge zurück in die Rurstraße. Kossak gab Henri seine Pistole und bat ihn, die Waffe seiner Mutter zu geben, damit diese sie wieder verstecke. »Auf dem Weg ins Wohnzimmer blieb ich an der Türklinke mit dem Rockärmel hängen, wodurch die Türklinke, die lose im Schloss steckte, zu Boden fiel«, kann man im Protokoll mit seinem Geständnis lesen. »Ich muss dann mit der Hand an den Abzug der Pistole gekommen sein, wodurch ein Schuss losging.« Die Frau, die in Kürze auch ganz offiziell seine neue Mutter werden sollte, war sofort tot.

Kossak, sein Komplize und Erich hörten den Schuss auf der Straße und kamen zurück. Der Bandenchef gab den Rat, der Polizei von einem Raubüberfall zu berichten und glaubhafte Täterbeschreibungen abzugeben. Alles, was Henri beim ersten Mal ausgesagt hatte, war frei erfunden. »Die Sache hat mich schwer bedrückt«, berichtete Henri dem Kommissar. Deshalb müsse er alles gestehen. Auch Jean Peeters musste noch einmal aussagen. Dass sein Sohn mit der Bande unterwegs gewesen war, wusste er wohl nicht. Die Einbrecher, die kein großes Geheimnis daraus machten, wovon sie lebten, hatte er allerdings in der Wohnung seiner Frau kennengelernt. Stolz hatten sie von einem Überfall auf die Scheideanstalt im Ufa-Haus erzählt, bei dem sie eine Menge Gold erbeutet hatten.

Drei Wochen nach dem Geständnis gelang es der Kölner Polizei, Jan Kossak und mehrere Komplizen festzunehmen. Es gab gesicherte Hinweise, dass er nicht nur mit Hedwig Schneider, sondern auch mit anderen Kölnerinnen und Kölnern zusammenarbeitete. Wegen Begünstigung und unerlaubten Waffenbesitzes wurden zwei Frauen und zwei Männer in Ehrenfeld und zwei Männer in Bickendorf verhaftet. Kossak wurde als Mörder des Bauern in Müngersdorf überführt. Die Kölner Polizei gab seinen Fall an die britischen Behörden ab.

Adam Lüft musste die Aufhebung der Haftbefehle gegen Mathias Vey und Heinrich Meuser veranlassen. Der Schwerverbrecher mit dem eigenen Totenschein in der Tasche war in diesem Fall tatsächlich der Einzige, der nicht gelogen hatte. Er war wieder ein freier Mann, im Gegensatz zu Vey: Die Kriminalpolizei hatte neue Ermittlungen gegen ihn aufgenommen. Dem Mitglied des Sülzer Ortsausschusses wurde ein Einbruchdiebstahl und unerlaubter

Waffenbesitz vorgeworfen. Der Richter hatte ein weiteres Mal einer Untersuchungshaft zugestimmt.

Auch Jean Peeters war schon bald wieder im Verhörzimmer der Polizei zu Gast. Noch im selben Jahr wurde der Schuhmacher wegen Amtsanmaßung und Raub festgenommen. Ein weiteres Ermittlungsverfahren wegen ähnlicher Vorwürfe ist für das Jahr 1954 dokumentiert. Über das Schicksal von Henri Peeters geben die Akten keine Auskunft. Man kann von einem milden Urteil gegen den 15-Jährigen ausgehen, vielleicht sogar von einem Freispruch.

Da die Akte noch gesperrt ist, wurden die Namen des Opfers und der Täter sowie ihrer Angehörigen durch Pseudonyme ersetzt.

N I S C H E
LUNGEN
ATIONEN
FAMILIE

DER FÄLSCHER IM KELLER DES KUNSTVEREINS

»Dat kanns do och, wat dä Klee do mäht!« Josef Jenniches erinnerte sich gut an den Moment, als er zum Kunstmaler wurde. Im Kölnischen Kunstverein war im März 1947 die Ausstellung »Von Nolde bis Klee. Deutsche Kunst des 20. Jahrhunderts« eröffnet worden. Die Besucher hätten sich oft über den Wert und die Qualität der gezeigten Gemälde gestritten, berichtete er. Im Katalog zur Ausstellung habe er ein Bild entdeckt, das aus nicht viel mehr als ein paar Strichen und Kreisen bestand. Von rechts seien ein paar Schnäbel hereingekommen. Und darunter habe »Kontinuierliche Linie« gestanden.

Er selbst sei »zeichnerisch überhaupt immer auf der Höhe« gewesen, so Jenniches. Also habe er sich an einem Aquarell in der »Art Klee« versucht. »Ich han et versök, un als dat eeschte Bild fädig wor, do han ich gestaunt.« Ob er da einfach etwas abgemalt oder »abgezeichnet« hatte? Eine unfaire Frage, fand der Angeklagte. Das seien seine eigenen Bilder gewesen. Er habe nur den Stil der Künstler nachgeahmt. Nach Paul Klee beschäftigte er sich auch mit Emil Nolde. Auch das sei ganz gut gelungen. »Liebhaberei« sei das gewesen, ein Hobby. Mehr nicht. Dass mehr daraus wurde, war angeblich nicht geplant.

1949 landeten zwei Jenniches-Werke bei einem Auktionshaus in Stuttgart, allerdings angepriesen als Originale des Expressionisten Emil Nolde. Der Kunsthändler und Maler Robert Schuppner hatte einige Bilder geschickt, um sie versteigern zu lassen. Ein angebliches Nolde-Gemälde zeigte einen »exotischen Frauenkopf«, was einen für das Auktionshaus arbeitenden Sachverständigen misstrauisch werden ließ. Es erinnerte ihn an ein fast gleiches Gemälde von Nolde, auf dem die Frau nach rechts blickt. Hier schaute der Frauenkopf nach links, gezeichnet wie ein Spiegelbild. Der Mann erinnerte sich richtig. Der echte Frauenkopf befand sich in der Sammlung des Kölner Kunstsammlers, Mäzens und unermüdlichen Kulturpolitikers Josef Haubrich. Der Schwindel flog auf. Der Hobbymaler hatte eine Gelegenheit genutzt und unbemerkt ein Blatt auf den echten Nolde-Kopf gelegt. Nachdem er die Umrisse durchgepaust hatte, drehte er das Blatt um und füllte die Konturen mit Farbe. Bevor er das Bild an Schuppner verkaufte, fälschte er Noldes einfach zu kopierende Signatur.

»Ich hatte all die Dinger zuhause«, erinnerte sich Jenniches an seine wachsende Sammlung mit Selbstgemaltem. Irgendwann habe ihn Schuppner nach weiteren »modernen Bildern« gefragt. Was lag da näher, als ihm die eigene Kunst als die von großen Namen anzubieten? »Ich hatte viel Geld nötig. Und da habe ich den Namen draufgeschrieben und sonst noch was, und dann habe ich die Bilder Schuppner verkauft.« Auf einige Rückseiten habe er noch einen Stempel mit Siegellack gedrückt. Dazu nutzte er alte

Orden, die er in einem Keller in der Siebengebirgsallee gefunden hatte. Sein Käufer habe die Bilder für echt gehalten. Schuppner habe ihm versichert, dass er die Kunstwerke für sich behalten wolle. Sie weiterzuverkaufen, sei nicht der Plan gewesen.

»FARBENFROH DEKORIERTE GERICHTSSTÄTTE«

Im September 1950 sitzen Jenniches und Schuppner vor einer Strafkammer des Kölner Landgerichts auf der Anklagebank. Die Verhandlung dokumentiert: Der Hausmeister des Kölnischen Kunstvereins ist offenbar ein durchaus talentierter Fälscher moderner Kunst. Josef Jenniches muss sich wegen Betrugs verantworten. Ein gelernter Ingenieur, der für den altehrwürdigen, 1839 gegründeten Kölnischen Kunstverein Bilder aufhängt, Glühbirnen auswechselt und Türen auf- und zuschließt, hatte versucht, die Kunstwelt zu narren. Ob ihm das im Fall von Robert Schuppner gelungen war, wurde nie abschließend aufgeklärt. Die Anklage sah in dem Kunsthändler einen Komplizen, der sehr wohl wusste, was er da auf den Markt brachte. Doch Schuld muss man beweisen.

Schuppner hatte sich vor dem Prozess für eine Verteidigungsstrategie entschieden, mit der er zwar den letzten Rest seines Renommees verspielen, dafür aber möglicherweise glimpflich davonkommen würde. Er habe die Aquarelle, die ihm Jenniches als Werke von Nolde und Klee verkauft habe, für echt gehalten. Die Hinweise mehrerer Sachverständiger, die ihn bei Ausstellungen darauf hingewiesen hatten, dass er bei einem Fälscher eingekauft habe, tat er als Einzelmeinungen ab. Die seien doch nicht »maßgebend«.

Der Prozess gegen den fälschenden Hausmeister und seinen mutmaßlichen Komplizen sorgte für großes öffentliches Interesse. Das spät entdeckte Talent, das auf der Gehaltsliste des Kunstvereins stand, wurde als kölsches Faktotum beschrieben. Während Schuppner »behend, schlagfertig und um keine Ausrede verlegen den Richtern stundenlang und weitschweifend

Vorträge« hielt, redete sich Jenniches »betont langsam, ewig geduldig und bieder bekennend … in seiner Einfalt um Kopf und Kragen«, schrieb der Berichterstatter des *Kölner Stadt-Anzeiger* über den Prozess in einer »farbenfroh dekorierten Gerichtsstätte«. Das habe ihn an einen Betrugsprozess im Jahr 1942 erinnert. »Damals wie heute fahren wieder Segelschiffe an den Wänden, Bäume wachsen heraus, Nuditäten im Grünen und Badewasser sind zu sehen, und Exoten fahren Kahn unter Palmenufern.« Rund zwanzig bunte Gemälde schmückten den Saal. Und noch etwas war gleich: Auch acht Jahre zuvor hieß der Angeklagte Robert Schuppner. 1942 war er zu einer Gefängnisstrafe von dreieinhalb Jahren verurteilt worden, weil er Fälschungen verkauft hatte. Damals war man sich sicher, dass er wusste, was er anbot. Das Gericht verhängte außerdem ein achtjähriges Berufsverbot. Schuppner sollte bis 1950 keine Bilder mehr verkaufen dürfen. Das Urteil hatte über das Ende der NS-Zeit hinaus Bestand. Schuppner hatte die Frist ignoriert.

Es war nicht die einzige Vorstrafe. Bereits 1917 soll er wegen verbotenen Großhandels mit Fleisch und wegen Bestechung verurteilt worden sein. 1937 schickte man ihn in Hamburg wegen Betrugs ins Gefängnis. In der Haft dürfte er sich für die Kunst als neues Geschäftsfeld entschieden haben. Kurz nach seiner Freilassung flog er als »Bildbetrüger« auf, wie es damals hieß. Schuppner hatte gezielt Fälschungen gekauft und sie dann als Originale auf den Markt gebracht. Einen Kunsthistoriker, der bei der städtischen Kunstsammlung Düsseldorf arbeitete, hatte er bestochen, damit dieser ihm falsche Gutachten über gefälschte »Alte Meister« erstellte. »Gerissen« sei er zu Werke gegangen, berichtete der *General-Anzeiger* aus Bonn. Allein zwischen September 1939 und Juli 1940 habe er 150 Gemälde verkaufen können. Die Staatsanwaltschaft sprach von schweren und gefährlichen Taten. »Wer wie Schuppner minderwertige Bilder in Betrugsabsicht mit den Namen großer Meister in den Verkehr bringe, erschüttere den gesamten Kunstmarkt«, zitierte die *Kölnische Zeitung* den Ankläger. Schuppner sei ein »erwerbs- und gewerbsmäßiger Betrüger«, »charakterlos« und »skrupellos«. Das Gericht blieb etwas unter der Forderung der Staatsanwaltschaft und verurteilte ihn im Februar 1942 zu dreieinhalb Jahren Gefängnis.

Aber nicht nur als dubioser Geschäftsmann war Schuppner eine schillernde Figur. Der in Hamm an der Sieg geborene Mann war selbst Maler, der sich mit Kontakten zu Joan Miró, Salvador Dalí und Max Ernst schmücken konnte. Seine eigenen, meist surrealistischen Gemälde waren in New York, London und Paris zu sehen. »Man kannte ihn als Porträtist von Damen der Gesellschaft in Hamburg und Berlin und erinnerte sich auch seiner Landschaftsaquarelle«, las man in der *Zeit*. Der französische Staat habe ihm drei Bilder abgekauft, um sie auf der Weltausstellung zu zeigen. Nach dem Krieg blieb ihm der Erfolg treu: »Seine Ausstellungen wurden rege besucht, wenn auch ob ihrer surrealistischen Motive heftig diskutiert, wobei seinem Können das gebührende Lob gezollt wurde.« Schuppner mochte den großen Auftritt, »mit Vorliebe in weißgrauem Zweireiher, gelbem Hemd, blauer Krawatte und roter Zipfelmütze«, wie der *Spiegel* schrieb.

Den Angeklagten im Landgericht war die bundesweite Aufmerksamkeit sicher. Die Geschichte vom heimlich malenden Hausmeister und dem durchaus prominenten Künstler, der Fälschungen verkaufte, interessierte nicht nur die lokalen Medien. »Arbeiten von Paul Klee, Emil Nolde und Pissaro sind bereits als Fälschungen erkannt, Bilder Edvard Munchs, Ernst Ludwig Kirchners, Campendoncks und Otto Muellers wurden beschlagnahmt, da ihre Herkunft zweifelhaft ist«, hieß es in der *Zeit*. »Bilderfälscher hat es zwar immer gegeben, doch in Köln ist der Fall besonders delikat. Denn: Die größten Kölner Sammlungen und Museen haben von Schuppner in den Handel gebrachte Bilder angekauft!«

DIE KISTE IM KELLER

Vor lauter Staunen über die Angeklagten, über deren Betrug inmitten teils echter, teils unechter Werke verhandelt wurde, kam ein noch viel größerer Skandal zu kurz. Es mag am fehlenden Bewusstsein für das Thema und der damals üblichen Verdrängung der Vergangenheit gelegen haben. Denn es ging um sehr viel mehr als nur um ein paar gefälschte Bilder. Der Kölner Prozess hätte das erste bedeutsame Verfahren zum Umgang mit NS-Raubkunst werden können. Jenniches hatte nämlich nicht nur selbst gemalte Bilder mit falschen Signaturen verkauft. Er bot zu günstigen Preisen auch Originale großer Künstler an, die ihm nicht gehörten. Er stahl sie aus dem Keller des Kölnischen Kunstvereins, und Schuppner brachte die Werke herausragender Exponenten moderner Kunst auf den Markt. Auch der bekannte Kölner Kunsthändler und Maler Peter Herkenrath gehörte zu Jenniches Geschäftspartnern. Er sagte im Prozess als Zeuge aus und räumte ein, dem umtriebigen Hausmeister zwei echte Werke des deutschen Expressionismus abgekauft zu haben.

In der Provenienzforschung geht man heute davon aus, dass der 1900 in Köln geborene Herkenrath, der 1945 die »Rheinische Künstlergemeinschaft« gründete und später Professor an der Staatlichen Akademie der Bildenden Künste in Karlsruhe wurde, damals nicht die ganze Wahrheit sagte. Unerwähnt ließ er zum Beispiel das Gemälde »Frau am Tisch« von Erich Heckel. Ein Auktionshaus in der Schweiz, bei dem das Gemälde Jahrzehnte später auftauchte, ließ von einer Expertin zurückverfolgen, was mit dem Porträt von Heckels Partnerin nach seiner Entstehung 1914 geschehen war. Die Spur führte über eine Schweizer Privatsammlung zu Auktionen in Hannover und beim Kölner Auktionshaus Lempertz. Davor befand es sich im Besitz von Peter Herkenrath. Wie es in seinen Besitz kam, weiß man nicht. Klar ist aber, dass dieses Bild zuvor in einer Kiste im Keller des Kölnischen Kunstvereins aufbewahrt wurde, die Jenniches zusammengezimmert hatte. Es stammt aus einer Sammlung, aus der sich der Hausmeister immer wieder ungehindert bediente.

Ein weiteres Gemälde aus der Kiste im Keller tauchte in den 1990er-Jahren in New York auf. Die »Neue Galerie« in der Fifth Avenue, die auf deutsche und österreichische Kunst spezialisiert ist, ersteigerte bei einer Auktion ein Aktgemälde des Malers Karl Schmidt-Rottluff. Auch hier wurde Provenienzforschung in Sachen NS-Raubkunst betrieben, wie die *New York Times* 2016 berichtete. Die Verkäufer des Bildes waren demnach die Erben von Peter Herkenrath.

Nicht weniger pikant: Auch der Vorsitzende des Kölnischen Kunstvereins, Josef Haubrich, hatte 1949 beim Kunsthändler Schuppner ein Bild gekauft. Es hätte aus der Kiste seines eigenen Hausmeisters stammen können, wie die überregionale Presse nicht ohne Häme andeutete. Sicher konnte sich Haubrich nur sein, dass die »Kreuzigung« von Max Ernst, für die er 1.000 Mark bezahlte, keine Fälschung war. Kurz darauf war der wichtige Kulturpolitiker – der unbestritten zu den großen Persönlichkeiten der Kölner Stadtgeschichte zählt – in vorderster Reihe dabei, den Schaden wiedergutzumachen.

Es gibt unterschiedliche Berichte darüber, wie die Ermittlungen gegen Schuppner und Jenniches in Gang kamen. Möglicherweise brachte das Stuttgarter Auktionshaus, bei dem Schuppner den falschen Nolde eingeliefert hatte, den Stein ins Rollen. Der *Spiegel* berichtete, dass die Galerie »Der Spiegel« in der Kölner Richartzstraße ein mutmaßliches Nolde-Aquarell, das sie bei Schuppner gekauft hatte, an den politisch umstrittenen Künstler nach Seebühl in Schleswig-Holstein geschickt habe. Emil Nolde, der nach dem Krieg eifrig darum bemüht war, sein Image als früher Unterstützer der Nazis in das eines Opfers zu verwandeln, antwortete prompt: Bild und Unterschrift seien Fälschungen. Der damals 84-Jährige soll dann den Rechtsanwalt und SPD-Ratsherrn Haubrich »beauftragt« haben, der Sache nachzugehen. So kamen Durchsuchungen und Überprüfungen in den Wohnungen der Beschuldigten in Gang. Jenniches und Schuppner wurden 1949 verhaftet. Den eleganten Künstler und Händler mit der Zipfelmütze hatte man bei einer Ausstellungseröffnung des Kölnischen Kunstvereins in der Hahnentorburg erwartet. »Der 53-jährige Elegant ist verreist«, spottete der *Spiegel*: »Vorläufige Anschrift: Klingelpütz 51, Männerhaus, Abteilung Untersuchungshaft.«

Wie wenig ausgeprägt das Bewusstsein für das Thema Raubkunst damals war, mag man daran erkennen, dass der *Kölner Stadt-Anzeiger* und die überregionalen Medien zwar ausführlich über die schillernden Angeklagten, die Fälschungen des Hobby-Malers und den Verkauf der Bilder aus dem Vereinskeller berichteten, es aber offenbar nicht für nötig hielten, den Namen der Bestohlenen zu nennen. Es war die Rede von einer »jüdischen Mitbürgerin«, die ihre Sammlung moderner Kunst dem Kunstverein zur Verwahrung übergeben hatte. Die *Zeit* berichtete von einer »Emigrantin«, die ihre Bilder dem »Zugriff der Nazis entzogen« habe. Die Berichterstatter sprachen von einem Skandal, aber keiner meinte damit den Umgang mit dem Eigentum der jüdischen Familie Hess, die vor den Nazis geflohen war. Für die *Zeit* lag das Problem im Umgang mit moderner Kunst. »Viele, die über den Prozess lachen, lachen nicht über Jenniches, sondern über die moderne Malerei.« Der Kunsthandel sei »ungesund angeschwollen« und »wahre Kennerschaft etwas sehr Seltenes«.

»WIEDER ANSEHNLICH GEMACHT«

»Es war ein halber Möbelwagen voll Bilder, und Kisten waren auch noch dabei«, habe Jenniches im Prozess »in Gedanken an die Lasten« gestöhnt, schrieb der *Stadt-Anzeiger*. Damals waren Teile der Sammlung Hess beim Kölnischen Kunstverein angekommen, die der Hausmeister ins Depot schleppen musste. Von nun an passte er auf die Bilder der Familie auf. Als bei einem nächtlichen Bombenangriff am 29. Juli 1943 das Gebäude des Kunstvereins schwer getroffen wurde, brachte man am darauffolgenden Tag die nicht zerstörten Kunstwerke in ein Depot auf der Burg Untermaubach bei Düren, wo man sich einen besseren Schutz versprach. Nur die Jenniches-Kiste mit den Werken aus der Hess-Sammlung blieb wundersamerweise im Keller des Kunstvereins. Auf dem Lastwagen, der in die Eifel fuhr, sei kein Platz mehr gewesen, soll er im Prozess ausgesagt haben. Außer ihm bekam das wohl niemand mit. »Als später Rückfragen kamen, was aus dem

Lagergut geworden sei, konnte nur noch die Auskunft gegeben werden, dass alles in Wasser, Schmutz und Brandhitze verrottet und vermodert sei«, berichtete die Zeitung weiter. Doch dem war nicht so. Jenniches konnte ungehindert moderne Kunst aus der Sammlung verkaufen. Den Käufern sagte er, jüdische Emigranten hätten ihm die Bilder als Dank für Hilfeleistungen geschenkt.

Ab Juni 1944 musste das Geschäft pausieren, weil Jenniches noch zur Wehrmacht eingezogen wurde. Nach kurzer Zeit in Kriegsgefangenschaft war er bereits 1945 wieder an der alten Wirkungsstätte und machte da weiter, wo er aufgehört hatte. Allerdings waren nun weitere Talente des Hausmeisters gefragt. Der Keller des schwer beschädigten Gebäudes war in einem schlimmen Zustand. Im Prozess erinnerte er sich an seinen ersten Gang in den Keller: »Wie in einem Brausebad« habe es unaufhörlich von der Decke getropft. Seine Kiste stand aber noch am selben Ort. Und – welch Wunder – »entgegen des äußeren Scheins« war längst nicht alles verdorben und verloren.

Aus dem Hausmeister und Fälscher wurde ein Restaurator. In den 26 Jahren beim Kunstverein habe er immer wieder Restauratoren zugeschaut, erklärte er. Das Gericht solle also davon ausgehen, dass er auch in dieser Hinsicht »über einige Fertigkeiten« verfüge. Jenniches nahm die Bilder mit nach Hause, zog Linien nach und trug frische Farbe auf. Bei einem Gemälde habe er einen Kopf herausgeschnitten. Der Rest des Werks war offenbar trotz seiner herausragenden Talente nicht zu retten. Und weil er einmal dabei war, zog er auch die Signaturen der Künstler nach. Bei einem Gemälde von Otto Mueller schrieb er aus Versehen »Heckel« darunter. Auf ein anderes malte er Max Pechsteins Monogramm MP, obwohl es nicht von Pechstein war.

Er habe die Bilder wieder »ansehnlich« gemacht, gab Jenniches zu Protokoll. Eines Tages habe er dann gehört, dass sich Schuppner für moderne Kunst interessierte. So nahm er eines der Gemälde »unter den Arm«, um es dem Maler anzubieten. Nach und nach habe er Bilder für insgesamt 28.000 Reichsmark verkauft. Die Preise für die einzelnen Kunstwerke variierten je nach allgemeiner

Wirtschaftslage. Unmittelbar nach dem Krieg konnte man in einer Stadt, in der Hunger und große Not herrschten, wenig erwarten.

Was die marktüblichen Preise in diesen Zeiten waren, machte der angeblich unwissende Schuppner anhand einiger Beispiele deutlich: Ein Bild habe er gegen einen Sack Bohnen eingetauscht. Ein Gemälde von George Grosz wurde angeblich für ein halbes Pfund Butter gekauft. Und ein Bekannter von ihm habe bei einem Trödler für sieben Mark ein Bild von Max Ernst erstanden. Hausmeister Jenniches bat um Verständnis für den Handel mit fremdem Eigentum. Auch er verwies auf die schwierige Versorgungslage in der zerstörten Stadt. Bei der Bergung der Kiste mit den Bildern aus dem Keller seien sein Anzug und seine Schuhe kaputtgegangen. Da sei es doch wohl nur recht und billig gewesen, zwei Bilder zu verkaufen, um neuen Stoff zu bekommen.

Doch es kamen bessere Tage, erst recht nach der Währungsreform 1948. Wer etwas Geld hatte, war gut beraten, es in bleibenden Werten anzulegen. Schuppner zahlte Jenniches vierstellige Summen für einzelne Gemälde. Und Jenniches zeigte sich als cleverer Geschäftsmann. So zerlegte er das prächtige »Palau-Triptychon« von Pechstein, das heute in Ludwigshafen hängt, in drei Teile und verkaufte sie einzeln an den Kunsthändler, um einen besseren Preis zu erzielen.

Schuppner bestritt nicht, die Bilder gekauft zu haben, versuchte jedoch alles, um den Eindruck zu zerstreuen, er sei ein krimineller Geschäftemacher. Der Weiterverkauf sei nicht geplant gewesen. Er wolle doch überhaupt kein Kunsthändler sein. Doch als er in finanzielle Not geraten sei, habe er einige Werke verkaufen müssen.

Ob es ihm nicht seltsam vorgekommen sei, dass Jenniches mit mehreren Kunstwerken zu ihm kam, wurde er im Prozess gefragt. So viele Geschenke von dankbaren Emigranten an einen Hausmeister? Da hätten ihm doch Zweifel kommen können. Schuppner verneinte. »Damals« seien Bilder moderner Maler »in Mengen auf dem Markt gewesen«. Außerdem seien alle Preise »unverdächtig« gewesen. Warum er die erworbenen Kunstwerke nicht im großen

Stil präsentiert habe, war eine weitere naheliegende Frage. Wenn doch alles ganz unverdächtig war, musste man doch auch nichts verheimlichen. Warum lag Pechsteins prachtvolles Triptychon eingerollt auf dem Schlafzimmerschrank des Angeklagten, anstatt es irgendwo stolz zu zeigen? Er habe nichts verschweigen wollen, antwortete der Angeklagte. Er warte darauf, eine größere Wohnung zu bekommen, um dann sämtliche Bilder »als geschlossene Sammlung« zu präsentieren. Die Aussagen Schuppners klangen allesamt nicht überzeugend.

Auch das Gericht bescheinigte ihm, dass er kein glaubwürdiger Mann sei. Doch unabhängig von dieser grundsätzlichen Einschätzung müsse man doch davon ausgehen, dass er beim Erwerb der echten wie unechten Bilder gutgläubig gewesen sei. Im Prozess habe man ihm keine Täuschungsabsicht nachweisen können. Das Kölner Landgericht sprach den vermeintlich Ahnungslosen frei. Es blieb der Verstoß gegen das Berufsverbot, das während der NS-Zeit verhängt worden war. Doch dieses Verfahren ließ sich aufgrund des Straffreiheitsgesetzes einstellen, das der erste Deutsche Bundestag zum Jahresende 1949 verabschiedet hatte. Alle vor dem 15. September 1949 begangenen Straftaten und Ordnungswidrigkeiten, die mit Gefängnis bis zu sechs Monaten beziehungsweise bis zu einem Jahr auf Bewährung bestraft werden konnten, fielen unter eine Amnestie. Auch Jenniches kam mit einem sehr milden Urteil davon. Wegen Diebstahls, Betrugs und Urkundenfälschung – in nur zwei Fällen – verurteilte ihn das Gericht zu einer Gefängnisstrafe von einem Jahr, die zur Bewährung ausgesetzt wurde. Jenniches habe mit dem Bilderdiebstahl »einen schweren Vertrauensbruch dem Kölnischen Kunstverein gegenüber« begangen, hieß es in der Urteilsbegründung. Außerdem habe er gewusst, welch schädliche Folgen seine Fälschungen für den Kunstmarkt haben würden. Zu seinen Gunsten spreche jedoch das umfassende Geständnis. Außerdem gebe es keinen Zweifel, dass er in Not gehandelt habe. Das Gericht sah den Mann, der Kunst gestohlen und verkauft hatte, tatsächlich als »ein Opfer der turbulenten Zeit«.

Der Täter als Opfer, ein Schaden für den Kunstmarkt, ein Vertrauensbruch – es blieb dabei, das eigentliche Opfer spielte nicht nur in der Berichterstattung keine Rolle. Im Gegenteil: Für alle Prozessbeteiligten schien nachvollziehbar, dass jemand Bilder von Emigranten verkaufte, weil mit deren Rückkehr ja kaum zu rechnen war. Besitzansprüche? Recht am Eigentum? Wiedergutmachung? Eine Suche nach den Emigrierten im Ausland? Das waren nicht die Themen, die im Kölner Landgericht verhandelt wurden. Jenniches hatte – wie viele andere – die Notlage geflüchteter Exilanten ausgenutzt und mit ihrem Eigentum Geschäfte gemacht. Das wäre eine andere Geschichte gewesen als die des kölschen Hausmeisters, der mit seinem Nebenjob als Fälscher die Kunstwelt veräppelte. Dabei hatte sich die Eigentümerin der Bilder bereits 1947 beim Kölnischen Kunstverein gemeldet und nach ihren Bildern gefragt.

Die Sammlung der jüdischen Familie Hess, der die Bilder gehörten, war eine der bedeutendsten Privatsammlungen moderner Kunst, vor allem des deutschen Expressionismus. Sie soll rund 70 Ölgemälde, 200 Aquarelle und Zeichnungen sowie etwa 4.000 Grafiken umfasst haben. Thekla und Alfred Hess waren prominente Akteure im deutschen Wirtschafts- und Kulturleben vor 1933. Alfred Hess verdiente sein Geld als Schuhfabrikant in Erfurt und war in der Zeit der Weimarer Republik Mitglied der linksliberalen DDP und Stadtverordneter in seiner Heimatstadt. Die Verfolgung in der NS-Zeit erlebte er nicht mehr, weil er bereits 1931 im Alter von 52 Jahren bei einer Gallenoperation starb.

Nach seinem Tod verzichtete Thekla zugunsten des einzigen Sohns Hans auf das Erbe, verwaltete aber weiterhin die imposante Kunstsammlung. Noch während der NS-Zeit lieh sie Bilder für verschiedene Ausstellungen aus, auch an den Kölnischen Kunstverein. Weitere Bilder schickte sie nach Köln, um sie dort sicher zu verwahren. Zu diesem Zeitpunkt lebte Thekla bereits im sicheren Exil. Im September 1939 war sie nach London emigriert.

Zuvor war es ihr offenbar gelungen, einige in Möbelstücken versteckte Kunstwerke mit einem Frachtschiff illegal aus Deutschland hinauszuschmuggeln. Ihr Sohn hatte das Land schon 1933 verlassen, nachdem er beim Ullstein-Verlag wegen seiner jüdischen Herkunft entlassen worden war und SA-Angehörige seine Berliner Wohnung verwüstet hatten. Er lebte zunächst in Paris und ab 1935 in London, wohin ihm seine Mutter folgte.

Nach dem Krieg bemühten sich Mutter und Sohn um die Rückgabe ihres Eigentums. Unmittelbar nach dem Prozess gegen Jenniches und Schuppner gab der Kölnische Kunstverein der Familie Hess sechs Gemälde zurück. Mehr war nicht mehr übrig. Nicht alle Kunstwerke ihrer Sammlung, die Jenniches verkauft hatte, sind wieder aufgetaucht. Eine »Bildermappe« aus dem Kölner Prozess, die die gestohlenen und die gefälschten Gemälde dokumentiert hatte, ist bis heute unauffindbar. Sie könnte bei der Suche helfen. Manches mag in Privatbesitz geraten sein. So wie die Bilder, die den Weg aus Jenniches' Kiste zum Kölner Künstler Peter Herkenrath fanden.

DIE CAUSA KIRCHNER

Die »Neue Galerie« in New York ließ ihrer Provenienzforschung zu einem Bild von Karl Schmidt-Rottluff eine Restitution folgen. Mehr als 70 Jahre nach Kriegsende schloss man eine Entschädigungsvereinbarung mit den Erben der Familie Hess. Das Museum gab das Gemälde »Die Nackte« an die Enkelin des Sammlerpaars zurück und kaufte es dann erneut zum aktuellen Marktwert. Über den Preis wurde Stillschweigen vereinbart. In der Berichterstattung über die Erfolge der Hess-Nachfahrin Anita Halpin wird selten verschwiegen, dass man es mit einer strammen Kommunistin zu tun habe, die Vorsitzende der Communist Party of Britain war. Die Frau, die weltweit für die Rückgabe des Familienbesitzes streitet, genießt in weiten Kreisen der Kunstwelt wenig Sympathie. Dass da nicht selten antisemitische Ressentiments mitschwingen, scheint offensichtlich.

Als Halpin über ihren Anwalt die Herausgabe des Gemäldes »Berliner Straßenszene« von Ernst Ludwig Kirchner vom Berliner Brücke Museum verlangte und dieses 2006 auch bekam, eskalierte ein sehr unappetitlicher Streit. Es gab Anzeigen gegen den damaligen Berliner Bürgermeister Klaus Wowereit (SPD), Kultursenator Thomas Flierl (Linke) und andere wegen Untreue und Unterschlagung. Die stellvertretende Fraktionschefin der Grünen im Berliner Abgeordnetenhaus, Alice Ströver, warf Flierl vor, er habe mit »moralischem Gutmenschentum« latenten Antisemitismus befördert, was wiederum scharfe Kritik des Zentralrats der Juden in Deutschland auslöste. Manch Kulturjournalist beförderte das Feindbild einer gierigen Erbin. Die *Frankfurter Allgemeine Zeitung* machte ein Zitat des Chefs eines Berliner Auktionshauses zur Überschrift: »Man sagt Holocaust und meint Geld«. Dabei hatten die Provenienzforscher keinen Zweifel mehr daran gelassen, dass sich Kirchners Bild im Keller des Kölnischen Kunstvereins befunden hatte.

»Über den Grad der in den Köpfen eingetretenen Verwirrung kann man sich nur noch wundern«, schrieb der Direktor des Moses Mendelssohn Zentrum für Europäisch-Jüdische Studien in Potsdam, Julius H. Schoeps, im Jahr 2007 über die Debatten um die Hess-Bilder und die Forderungen der Nachfahrin. Einerseits würde man den großen jüdischen Sammlern und Mäzenen nachtrauern, andererseits verunglimpfe man deren Erben. »Manche der Erben im Ausland, die Ansprüche angemeldet haben, sind über die gegenwärtigen Vorgänge in Deutschland derart irritiert, dass sie sich zu fragen beginnen, ob die Deutschen nun vollständig den Verstand verloren haben«, so Schoeps. Der Historiker und Politikwissenschaftler ist nicht nur unparteiischer Beobachter, sondern auch Sprecher einer Erbengemeinschaft, die Kunstwerke aus der Sammlung des Bankiers Paul von Mendelssohn-Bartholdy zurückhaben will. Die Art und Weise, wie die Nachfahren der jüdischen Sammler behandelt werden, verglich Schoeps mit der »Arisierungspolitik der Nationalsozialisten«.

Die »Berliner Straßenszene« hängt heute genau wie Schmidt-Rottluffs »Nackte« in der »Neuen Galerie« in New York. Sie ersteigerte das Kirchner-Gemälde bei einer von den Hess-Nachfahren veranlassten Auktion bei Christie's für umgerechnet rund 25 Millionen Euro. Leider haben die Provenienzforscher nicht herausbekommen, was Schuppner oder ein anderer möglicher Käufer für das Bild von Kirchner bezahlt hat, nachdem es Josef Jenniches aus seiner Kiste geholt hatte. 1.000 Reichsmark, was heute vielleicht 4.500 Euro entsprechen würde? Oder doch nur einen Sack Bohnen?

Auch das Schweizer Auktionshaus Koller, bei dem die »Frau am Tisch« von Erich Heckel aufgetaucht war, traf eine Einigung mit der Familie, was eine Versteigerung im Juli 2021 möglich machte. Über andere Gemälde wird weiter gestritten, weil nicht immer eindeutig geklärt ist, auf welche Weise sie den Besitzer wechselten. Es sind nicht nur private Sammler, die kein Gesetz zur Rückgabe geraubter Kunst zwingt. Die Nachfahren streiten auch mit staatlichen Museen, die mit Steuergeldern finanziert werden. Die Rückgabe von Raubkunst ist in Deutschland eine freiwillige Selbstverpflichtung geblieben.

Bei der Suche nach dem verstreuten Eigentum ihrer Familie ist Anita Halpin noch nicht beim Kölner Museum Ludwig vorstellig geworden. Denn in dessen Besitz ist das Gemälde, das der Vorsitzende des Kölnischen Kunstvereins, Josef Haubrich, 1949 von Schuppner gekauft hatte. Der großzügige Sammler und Mäzen hatte die »Kreuzigung« von Max Ernst der Stadt geschenkt. Diese ließ mehr als 60 Jahre später die Geschichte aller Bilder der »Sammlung Haubrich« erforschen. Das Ermittlungsergebnis im Fall der »Kreuzigung« ist »nicht eindeutig«. Allerdings geht das städtische Referat für Museumsangelegenheiten »mit an Sicherheit grenzender Wahrscheinlichkeit« davon aus, dass sich in der Hess-Sammlung kein Kunstwerk von Max Ernst befunden habe. Auch weitere Recherchen erbrachten offenbar keinerlei Hinweise, dass Haubrichs Geschenk aus Jenniches' Kiste stammen könnte. Schuppner soll das Gemälde von einer Bonner Familie gekauft haben.

Wie es für Jenniches nach der Verurteilung weiterging, lässt sich nicht mehr herausbekommen. Nachdem ihn der Kölnische

Kunstverein gefeuert hatte, verliert sich seine Spur. Robert Schuppner kehrte zurück an den Ort seiner Kindheit: Er bezog das Haus seiner Großeltern im kleinen Ort Hurst im Bergischen Land, wo er bis zu seinem Tod 1966 weitermalte und immer wieder mal mit Zipfelmütze im Ort gesichtet wurde. Als Kunsthändler ist er offenbar nicht mehr in Erscheinung getreten.

TÖDLICHER GEFALLEN

Wie wird man zu dem, der man ist? Was hat man selbst in der Hand? Was nicht? Ist man schuldig, wenn man Unabänderliches akzeptiert? Solche Fragen interessierten die Nachbarschaft in Bickendorf 1947 offensichtlich nicht. Käthe König beschuldigte Carola Winterscheid, eine Diebin zu sein. Während sie aus beruflichen Gründen ein paar Tage nicht in Köln gewesen sei, habe Winterscheid ihre Wohnung leergeräumt, berichtete König. Später fand sie Kleidungsstücke von sich bei Carola und deren Schwester wieder. »Moralisch sehr heruntergekommen« sei die junge Frau. Ohne Halt und ohne Achtung für sich oder andere. Mit der gesamten Nachbarschaft sei sie verfeindet, gab die Zeugin zu Protokoll. Und von »häufig wechselnden Männerbekanntschaften« konnte sie ebenfalls berichten.

Kripo-Mitarbeiter hatten sich umgehört, nachdem ein anderer Nachbar im Juni 1947 an die Staatsanwaltschaft geschrieben hatte. »Nun ist es wirklich meine Pflicht, den Herrn Oberstaatsanwalt auf eine mir zu Ohren gekommene Sache hinzuweisen. Es schwebt seit langer Zeit das Gerücht, dass die im Kriege verstorbene Ehefrau des Herrn Josef Winterscheid nicht eines natürlichen Todes starb«, war da zu lesen. Die Stadt war voll solcher Gerüchte und Anschuldigungen. Jeder und jede schleppte irgendein Päckchen mit sich herum. Die Frage, was wer wo in den vergangenen Jahren getan hatte, wurde nie an die Betreffenden selbst gerichtet, vielmehr zerriss man sich gerne in deren Abwesenheit das Maul über sie. Andere schlechtzumachen, war eine gängige Strategie, um sich selbst ein bisschen besser dastehen zu lassen.

Der Brief aus Carolas Nachbarschaft unterschied sich inhaltlich nicht groß von vielen anderen Schreiben, die bei der Polizei, der Staatsanwaltschaft, bei Vertretern der Ortsausschüsse oder in den Zeitungsredaktionen ankamen. Der Absender des Briefes wusste nichts aus erster Hand. Eine Nachbarin habe ihm berichtet, dass die Tochter ihre Mutter getötet habe. Eine andere Nachbarin habe gesagt, dass die Schwester der Täterin dies der anderen Schwester berichtet habe, die es dann der Nachbarin weitergegeben habe, »um sich mal auszusprechen«. In einem PS wurde mitgeteilt, dass die Tote wohl hoch versichert war. Das wusste auch Käthe König zu berichten. Es habe eine Lebensversicherung bei der Kölnischen Versicherungsgesellschaft gegeben.

Das waren Anschuldigungen, die der Leiter der Ermittlungen vielleicht am liebsten ignoriert hätte. Dummes Geschwätz und üble Nachrede. Doch weil der Brief nicht anonym war, konnte man ihn nicht einfach beiseitelegen. So sammelten Polizisten, was im Viertel über Carola Winterscheid gedacht wurde. Freundliches hatte keiner über die Näherin zu berichten. Da machte die Geschichte vom Trauring der Mutter die Runde. »Das muss man sich mal vorstellen!«, wird sich ein Nachbar aufgeregt haben. Der Vater habe Carola den Trauring der verstorbenen

Mutter als Andenken übergeben, und die Tochter habe nicht gezögert, ihn ins Pfandhaus zu bringen. Der arme Vater kaufte den Ring daraufhin zurück und gab ihn Carolas Schwester. »Die Winterscheid trägt ein dunkles Geheimnis mit sich herum«, meinte Käthe König. Das habe sie ihr selbst einmal gesagt. Mit der Schwester lebe Carola im Streit, weil sie deren Bräutigam schlechtgemacht habe. Und auch das Verhältnis zum Vater war offensichtlich so zerrüttet, dass der seine Tochter vor die Tür gesetzt hatte. Carola fand ein paar Häuser weiter eine Unterkunft und blieb im Viertel.

»SIE MACHT KEINEN GUTEN EINDRUCK«

Irgendwann führte wohl kein Weg mehr daran vorbei: Die Polizei sah sich gezwungen, offizielle Ermittlungen einzuleiten. Unterlagen über den Tod der Mutter gab es nicht. Es gab nichts Verdächtiges, das in einer Akte der Kriminalpolizei hätte festgehalten werden müssen. Karoline Winterscheid war im Februar 1944 gestorben. Nichts deutete auf ein Verbrechen hin. Die Frau, die unter einer starken Gehbehinderung und Herzbeschwerden litt, war offenbar eines natürlichen Todes gestorben und hatte ein katholisches Begräbnis erhalten. Sie hinterließ ihren Ehemann Josef und drei Töchter.

Die erste Vernehmung der ältesten Tochter Carola brachte zunächst wenig Neues. Die Mutter starb an einem Herzschlag, so wie es auf dem Totenschein vermerkt sei, gab Carola zu Protokoll. Viel mehr gebe es nicht zu sagen. Als man sie mit den Aussagen der Nachbarschaft und den Beschuldigungen in dem Brief an die Staatsanwaltschaft konfrontierte, war ihre Reaktion nicht ganz so kühl. Sie werde die Käthe »kapott mache«, drohte Carola zornig. Der Vernehmungsbeamte notierte daraufhin im Protokoll, dass der schlechte Ruf der 27-Jährigen wohl nicht unbegründet war. »Sie macht keinen guten Eindruck.« Und glaubwürdig war Carola Winterscheid in den Augen der Polizei wohl auch nicht. Die Protokolle geben keinen Aufschluss darüber, mit welchen Fragen,

Tricks oder Druckmitteln die Vernehmung weiterging. Am Ende der Befragung stand jedenfalls fest, dass Karoline Winterscheid keines natürlichen Todes gestorben war. Sie hatte sich vielmehr selbst getötet.

Die Familie hatte den Selbstmord verschleiert. Eigentlich immer noch keine große Sache. Und doch tat sich nach der Vernehmung des Vaters und der zweitältesten Schwester ein Abgrund auf. Die Nachbarn, die von einem dunklen Geheimnis fabulierten, lagen nicht falsch. Doch auch alle, die den bösen Nachbarschaftstratsch und die schlimmen Anschuldigungen aufgrund von Gerüchten widerlich fanden, sollten recht behalten.

Die fromme Katholikin Karoline Winterscheid war als Tochter von Juden zur Welt gekommen und konvertiert. Was der Polizei erst durch Nachfragen bekannt wurde, war in der NS-Zeit klar dokumentierte Aktenlage. Was jemand glaubte oder in welche Kirche ein Mensch ging, interessierte die Nazi-Schergen nicht. Eine Jüdin blieb eine Jüdin, egal wen sie heiratete und ob sie konvertierte. Jahrelang hatte die Familie den größer werdenden Druck ausgehalten. Während in der Nachbarschaft Menschen deportiert wurden und niemals zurückkamen, hofften die Winterscheids wohl lange, die schlimmen Zeiten irgendwie überstehen zu können. Woher sie diese Hoffnung nahmen, ist unklar. 1944 wurde Gewissheit, was sich bereits vorher abgezeichnet hatte. Nun sollten auch diejenigen deportiert werden, die bislang durch eine Ehe mit einem Nicht-Juden geschützt waren.

SCHWERER GANG

Es ist nicht überliefert, ob der Vater irgendetwas zum Schutz seiner Frau und seiner Familie unternahm. Es scheint, als seien Karoline und ihre damals 24-jährige Tochter Carola die einzigen gewesen, die dem nahen Unheil ins Auge blickten. Die Familie war aufgefordert worden, das Haus zu räumen. Anstatt Fluchtpläne zu schmieden, schien der Vater wie ein Kaninchen vor der Schlange zu erstarren. So nahm Carola all ihren Mut zusammen, um bei der Gestapo im El-De-Haus am Appellhofplatz vorzusprechen. Man empfing sie, aber nur, um ihr mitzuteilen, wie sie das »Problem« lösen könne: Die Räumung werde aufgehoben, wenn der jüdische Teil der Familie sterbe. Mehr gab es nicht zu besprechen. Carolas Bitten hatte keine Chance.

Man kann nur vermuten, mit welchen Gefühlen sie die Gestapo-Zentrale verließ und zurück nach Hause ging. Ihre Eltern schienen schon zuvor jeden Lebensmut verloren zu haben. Sie gingen nicht mehr mit in den Keller, wenn die Sirenen einen Luftangriff ankündigten. Der Vater habe krank im Bett gelegen, als Carola der Mutter und ihrer Schwester von ihrem erfolglosen Versuch berichtete, bei der Gestapo etwas für die Familie zu erreichen. Karoline Winterscheid sah in dem Bericht der Tochter eine Bestätigung dessen, was ihr längst klar war. Sie konnte ihre Familie nur retten, wenn sie sterben würde. »Die Mutter sah sich selbst als Last für uns«, sagte Carolas Schwester Hilde während der Vernehmung bei der Polizei. Den Plan, sich selbst zu töten, hatte sie schon länger. Ein Arzt hatte der Mutter Nerventropfen verschrieben. Sie dachte, an einer Überdosis sterben zu können. »Sie hat es probiert, sich dann aber wieder erholt«, so Hilde. »Ich habe die Tropfen dann versteckt.«

Am Abend nach Carolas schwerem Gang zur Gestapo verlangte die Mutter Cognac. Die älteren Töchter mussten ihr immer wieder nachschütten. Die jüngste Tochter war bei Bekannten in Müngersdorf. Sie sollte so wenig wie möglich vom Leid in der Familie mitbekommen. Die Mutter habe ihr Ratschläge für die Zukunft gegeben, erinnerte sich Hilde. »Ich sollte auf den Vater und das Haus aufpassen. Sie bereitete mich auf ihren Tod vor.« Carola wurde ermahnt, »anständig zu bleiben«. Alle drei hätten geweint. »Dann stand Mutter auf und segnete mich und Carola.« Sie wollte in den Keller gehen, um nachzuschauen, ob alles in Ordnung sei, habe sie die Töchter belogen. »Wir blieben oben.« Dann habe sich die Mutter im Keller aufgehängt. Nach einer Zeit sei Carola hinuntergegangen und habe die Mutter tot aufgefunden.

»Warum sind Sie der Mutter nicht nachgegangen?«, wollte der Kripo-Beamte von Hilde wissen. »Ich bitte Sie zu berücksichtigen, dass ich damals 17 Jahre alt war«, gab Hilde zur Antwort. »Ich war vollkommen kopflos.« »Und am Küchentisch, bevor die Mutter sie zurückgelassen hatte? Warum haben Sie da den Absichten Ihrer Mutter nichts entgegengesetzt?«. Was sollte Hilde auf diese Vorhaltung sagen? Dass die Schwestern die Entscheidung der Mutter akzeptiert hätten, sich lieber selbst zu töten, als sich von den Nazis abholen zu lassen? War das nicht alles schon schlimm genug? Der Polizist hätte es dabei bewenden lassen können, doch entwickelte er den Drang, die ganze Wahrheit zu ermitteln. Pietät, Respekt, Empathie? Im Polizeiprotokoll deutet nichts darauf hin. Wohl aber darauf, dass der Beamte nicht lockerließ. Die Nachfragen ließen Hilde zusammenbrechen. »Ich bin der Ansicht, dass Carola der Mutter geholfen hat, sich zu erhängen.« Die Schwester war nicht mit ihr in der Wohnung geblieben. Sie war mit in den Keller gegangen.

»GEH MIT MIR IN DEN KELLER!«

Der Abgrund, der sich aufgetan hatte, wurde immer tiefer. Eine »Mutter, schwer herz- und nervenleidend, völlig am Leben verzweifelnd«, wie die *Kölnische Rundschau* später schrieb, sollte sich von der Tochter beim Selbstmord haben helfen lassen? Mit dem Datum 21. Oktober 1947 dokumentiert die Handakte der Kriminalpolizei den erschütternden Bericht von Carola, die nach der Aussage ihrer Schwester nichts mehr abstreiten wollte. Der Ablauf des Abends, an dem die Mutter starb, war ihr noch bis ins Detail präsent. Drei Jahre hatte die junge Frau ihr erdrückendes Geheimnis mit sich herumgeschleppt und dabei offensichtlich jedes Vertrauen in die Welt verloren. Neuanfang und Stunde null – das war lächerlich. Was war aus den Leuten geworden, die ihr und ihrer Familie dieses Leid zugefügt hatten? Mit welchem Recht wollten Nachbarn über sie urteilen? Wo waren die rechtschaffenen Polizisten, die nun im Dienste der Wahrheit alte Fälle aufrollten, während der Nazizeit gewesen? Was sollte man anfangen mit der qualvoll ans Licht gebrachten Wahrheit? Konnte sich jemand vorstellen, was es bedeutete, der eigenen Mutter beim Selbstmord zu helfen? Man weiß nicht, was in Carolas Kopf vorging, bevor sie ihre Geschichte zu Protokoll gab. Vielleicht war sie auch einfach nur erleichtert, dass das Geheimnis keines mehr war.

Was ihre Schwester Hilde nicht wusste, war, dass Karoline Winterscheid bereits zuvor versucht hatte, sich aufzuhängen. »Ich war im Garten, um Suppenkraut zu holen, als ich Geräusche aus dem Keller hörte«, berichtete Carola der Polizei. »Ich rannte hin und sah meine Mutter auf dem Boden liegen. Um den Hals hatte sie ein Stück unserer Wäscheleine.« Der Vater wurde zu Hilfe gerufen. Gemeinsam brachten sie die Mutter zurück ins Wohnzimmer, wo sie sich wieder erholte. An ihrem Vorsatz, auf diese Weise zu sterben und die Familie zu retten, änderte das nichts. Karoline hatte sogar Josef gefragt, wie es wohl wäre, sich aufzuhängen. Der Vater habe die Frage wohl nicht ernst genommen, vermutete Carola.

Am Nachmittag des Todestags waren die beiden Schwestern mit der Mutter allein in der Küche. Der Vater habe im Bett eine Angina auskurieren müssen. Carola bestätigte den Bericht von Hilde über die Wünsche ihrer Mutter an ihre Kinder, auf den Vater aufzupassen und sich gut zu vertragen. Dann habe sie etwas trinken wollen. Weil die Flasche Cognac nur in besonderen Krankheitsfällen angebrochen werden sollte, habe man den Vater gefragt, als die Mutter den Wunsch nach Alkohol geäußert habe. Die Mutter trank drei Gläschen von dem Weinbrand. Dann legte sie sich aufs Sofa, um ein wenig zu schlafen.

Über den Versuch, sich mit einer Überdosis der Nerventropfen zu töten, hatte sie Carola informiert. Die älteste Tochter wurde nicht geschont. »Ich muss mir etwas anderes überlegen«, habe die Mutter gesagt und sei dann mit der Bitte an Carola herangetreten, ihr beim Sterben zu helfen. »Du musst mir diesen Gefallen tun.« »Ich habe das abgelehnt und ihr gesagt, dass ich das nicht kann«, zitiert das Polizeiprotokoll Carolas Reaktion. »Ich würde ewig darunter leiden müssen.«

Karoline Winterscheid wusste, dass sie aufgrund ihrer Behinderung nicht in der Lage war, den Plan auszuführen. Ohne Hilfe würde es nicht gehen. Und so bat sie ihre Tochter erneut, als sie an jenem Abend wieder wach geworden war und sich ein weiteres Glas Cognac genehmigt hatte. Als Hilde den Raum verließ, um zur Toilette zu gehen, packte sie Carola fest am Arm und forderte deren Hilfe. »Geh mit mir in den Keller!« Nach dem gescheiterten Versuch mit der gerissenen Wäscheleine hatte sie einen Strick aus dem Hühnerstall geholt. Zweifel gab es keine mehr. Ihrer Tochter ließ sie keine Wahl. »Ich habe mich überreden lassen«, diktierte Carola dem Protokollanten. Ob sie dabei weinte oder gefasst war, vermerkte er nicht.

Carola führte die Mutter die Treppe hinab. Die Gehbehinderung von Karoline Winterscheid verlangte dafür Zeit und Geduld. Stufe für Stufe, Schrittchen für Schrittchen gingen die beiden Frauen langsam hinab und dem Tod entgegen. Mutter und Tochter hatten sich an den Händen gefasst. Im Keller angekommen erteilte die Mutter ihrer Tochter klare und einfache Anweisungen. Der Strick lag schon bereit. »Sie gab mir den Auftrag, eine Schlinge zu binden und das Ende des Seils an einem Balken festzumachen, der zur Verstärkung des Kellerraums wegen der Fliegerangriffe angebracht worden war.« Carola musste ein Fußbänkchen holen. Sie half ihrer Mutter hinaufzusteigen und legte ihr die Schlinge um den Hals. »Ich stieß das Fußbänkchen weg. Mutter schwebte etwas vom Boden entfernt mit den Füßen in der Luft«, beschrieb Carola den Anblick der Sterbenden. »Sie ließ ihre Arme am Körper herunterhängen und machte keine Anstalten, sich gegen den Tod zu wehren. Ich bin noch drei Minuten geblieben, bis ich davon überzeugt war, dass sie tot war. Nachdem die Zunge heraussstand und weißer Schaum vor ihrem Mund stand, nahm ich an, dass es vorbei war.«

Carola ging hinauf in die Wohnung und berichtete Hilde alles, was geschehen war. Die Abgeklärtheit der Mutter, mit der sie ihren Plan umgesetzt und ihre Tochter zur Beihilfe gezwungen hatte, musste auf Carola abgefärbt haben. In kürzester Zeit war klar, wie es weitergehen sollte. Die Schwestern gingen zu Nachbarn. Es sollte so aussehen, als seien sie nicht in der Wohnung gewesen, als es passierte. »Ich wollte meine Hilfe verschleiern«, gab Carola bei der Vernehmung zu. Deshalb seien sie eine Zeit lang bei den Nachbarn geblieben, bevor sie zurückgegangen seien. Sie habe dann so getan, als wolle sie im Keller nach dem Rechten sehen, weil dort Licht brannte. »Dann habe ich meinen Vater gerufen.« Fragen stellte er keine.

Die Mutter wurde vom Strick abgeschnitten und gemeinsam nach oben getragen. Aus dem Kleiderschrank holten sie das schönste Kleid der Toten und zogen es ihr an. Um den Hals legte der Vater einen Schal, um die Spuren der Strangulation zu verstecken. Seine fromme Frau sollte das christliche Begräbnis bekommen, das sie sich gewünscht hätte, und nicht eine unehrenhafte Bestattung mit einem um Worte ringenden Pfarrer. Eine Selbstmörderin musste mit ewiger Verdammnis rechnen. Der Pfarrer wurde gerufen, nachdem sie die Leiche aufgebahrt hatten. Karoline bekam die letzte Ölung. Danach holten sie den Arzt, der den Tod feststellte und auf dem Totenschein »Herzversagen« als Todesursache vermerkte. »Ob der Arzt oder der Pfarrer die Spuren der Schlinge am Hals gesehen haben, weiß ich nicht.« Keiner habe nachgefragt. Bis zu ihrer Beerdigung auf dem Südfriedhof lag Karoline Winterscheid im Wohnzimmer. Die Räumung blieb der Familie erspart.

DER PROZESS

Eine hohe Lebensversicherung, wie von den Nachbarn behauptet, gab es nicht. 500 Mark habe der Vater erhalten. Die drei Töchter bekamen jeweils ein Schmuckstück der Mutter. Das hatte Karoline für den Fall ihres Todes so festgelegt. Carola bekam den Trauring, den sie später versetzte.

Das Polizeiprotokoll dokumentiert die letzten Worte des Geständnisses von Carola Winterscheid in wörtlicher Rede: »Durch all die Umstände war ich mit meinen Gedanken so fertig, dass ich einen ernstlichen Widerstand gegenüber dem Bitten meiner Mutter nicht mehr leisten konnte. Ich kann mir heute noch nicht erklären, wie ich es überhaupt fertigbrachte«, heißt es da. »Der Tod meiner Mutter hat sie selbst vor manchem Unbill und Elend bewahrt. Wäre meine Mutter nicht gestorben, hätte die Gestapo sie in ein Lager gebracht und sie wäre bestimmt von dort aus auch nicht mehr zurückgekommen. So hat sie einen kurzen und schmerzlosen Tod gehabt.«

Nach ihrer Aussage wurde Carola festgenommen und in den Klingelpütz gebracht. Für Polizei und Staatsanwaltschaft war die Sache klar: Carola war eine Mörderin. Spätere Kollegen, die sich mit der Aufarbeitung der Ermittlungen befassten, kritisierten die Voreingenommenheit der Beamten. »Es macht sehr betroffen, wie in diesem Fall, zwei Jahre nach Ende des ›Dritten Reiches‹, von Staatsanwaltschaft und Polizei ermittelt wird.« Der zuständige Polizist, der bereits 1939 eingestellt worden war, attestierte Carola in seinem Schlussbericht fehlende Gewissensbisse und keinerlei Reue, obwohl sich sein Protokoll ganz anders liest. Die Staatsanwaltschaft klagte sie wegen Mordes an, obwohl eigentlich hätte klar sein müssen, dass es sich höchstens um eine »Tötung auf Verlangen« handeln konnte.

Es dauerte fast ein Jahr, bis der Prozess begann. Die lange Wartezeit ließ die Ankläger offenbar umdenken. Die Staatsanwaltschaft ließ den Mordvorwurf fallen und beantragte drei Jahre Gefängnis. Das Gericht folgte dem nicht. Die Fünfte Strafkammer sprach Carola Winterscheid frei. »Der Zuhörerraum atmet erleichtert auf«, schrieb die *Kölnische Rundschau*, »aber das drückende Gefühl bleibt, dass man die wahren Schuldigen nicht vor die Schranken des Gerichts ziehen kann.«

n Anwendung
zu 2 ccm
n 1 Ampulle)
TIN
BAYER
Spasmolyticum
BFN
usen

FLUCHT AUS DER WIRKLICHKEIT

Alles verschwand. Die Schmerzen, die Erinnerungen, die Kälte. Er konnte wieder laufen, richtig rennen und springen. Alles bekam einen Sinn; nichts geschah, was er nicht wollte. Er fühlte, wie ihn Wärme durchdrang und er sich langsam entspannte. Manchmal spazierte er über eine scheinbar endlose Wiese, manchmal war er am Meer. Freunde von früher waren bei ihm, aber keiner sprach ein Wort. Es war einfach gut, wie es war. Es gab nichts mehr zu besprechen. Keine lästigen Fragen, keine Ausreden mehr. So könnte es sein, wenn man tot ist. Aber das war er nicht. Das war das Leben. Ein schönes Leben. Der Gutachter in der Bonner Heil- und Pflegeanstalt hatte geschrieben, dass man ihm nichts vorwerfen könne. Er sei schuldunfähig. Genau so war es: Er hatte sich nichts zuschulden kommen lassen, weil er dazu gar nicht fähig war. Der Rest des langen Textes interessierte ihn nicht.

Der Gutachter hatte ihm auch »eine krankhafte Störung der Geistesfähigkeit« bescheinigt. Diese habe ihn »unfähig gemacht, trotz vorhandener Einsicht für das Unerlaubte der Tat einsichtsgemäß zu handeln«. Eine hübsche Formulierung, fand Anton Hamacher. Er war sich nicht ganz sicher, ob der Gutachter richtig lag. Die Polizei hatte eine Akte über ihn angelegt, die immer umfangreicher wurde. Mit einem dicken roten Bleistift hatte ein Polizist »Morphinist« auf den Aktendeckel geschrieben. Wie eine Warnung an alle, die nach ihm diese Akte wieder zur Hand nehmen müssten. Dolantin war eigentlich kein Morphium. Dolantin war vielmehr eine Errungenschaft fleißiger deutscher Wissenschaftler in der NS-Zeit, ein synthetisch hergestelltes Zaubermittel, von der IG Farben 1937 auf den Markt gebracht.

Als ihn die Polizei das erste Mal mit auf die Wache nahm, hatte er noch getobt und gebrüllt. Ein Arzt in Sülz hatte ihn angezeigt. Die Polizisten hatten alles vor ihm ausgebreitet, was sie gefunden hatten, darunter auch die gläserne Injektionsspritze. Als er die blöden Fragen leid war, griff er nach der Spritze und schmiss sie mit voller Wucht gegen die Wand des Zimmers. Die Splitter verteilten sich im ganzen Raum. Das Theater hier wollte er sich nicht bieten lassen. Er war schließlich nicht irgendein Dahergelaufener, wie sie sonst bei den für das Opiumgesetz zuständigen Beamten ein und aus gingen. Das hatten auch die Polizisten schnell verstanden. Tünn Hamacher war ein wichtiger Mann für den Wiederaufbau, ein Kaufmann für Obst und Gemüse, der 1948 den Großhandel des Vaters übernommen hatte. Solche Leute wurden gebraucht. Er wusste, wie man sich zu kleiden hatte, um etwas herzumachen. Ein bisschen Schminke sollte sein Gesicht sonnengebräunt wirken lassen. Das lenkte den Blick ab von seiner offensichtlichen Kriegsverletzung. »Im suchtfreien Zustand dürfte es sich bei ihm um einen ordentlichen und intelligenten Menschen handeln«, vermerkte später ein Staatsanwalt. Mit einer Strafe musste er nicht rechnen. Man empfahl die Unterbringung in einer Heil- und Pflegeanstalt. Das Amtsgericht folgte der Empfehlung.

Anton Hamacher war 1921 in Kalk geboren worden. Nach der Schule wurde er im Betrieb des Vaters zum Kaufmann ausgebildet. Als 19-Jähriger zog man ihn zum Kriegsdienst ein, ein Jahr später war er in vorderster Front dabei, als die Wehrmacht in Russland einmarschierte. Im November 1941 wurde er das erste Mal schwer verletzt. Nach fünf Monaten im Lazarett sollte er weiterkämpfen. Zurück an der Ostfront traf ihn ein Granatsplitter im Hals. Der zweite Lazarettaufenthalt dauerte etwas länger als der erste. Wieder musste er zurück an die Front, diesmal trafen ihn Granatsplitter in der rechten Hüfte und im Rücken. Wahrscheinlich hätte das gereicht, um nach dem dritten Lazarettaufenthalt im Januar 1944 zurück nach Köln kommen zu dürfen. Doch er wollte nicht. Nach dem Tod eines Freundes war er in eine tiefe Depression gefallen. Er meldete sich freiwillig zurück zum Fronteinsatz, und man schickte ihn gleich in das umkämpfte und bitterkalte Witebsk in Weißrussland. Die Soldaten schliefen bei minus fünf Grad unter freiem Himmel, wenn die Rote Armee sie schlafen ließ. Es dauerte nur wenige Wochen, bis Hamacher wieder im Lazarett lag. Als er zum Leutnant befördert wurde, war er nicht bei Bewusstsein.

Diesmal hatte es ihn noch schlimmer erwischt als bei den drei vorherigen Verwundungen. Er wurde in der linken Kniekehle getroffen. Weil er nicht schnell genug versorgt werden konnte, hatte sich die Wunde durch die Sporen im Matsch infiziert. »Gasbrand« nennt man das, weil die Infektion durch gasbildende Bakterien ausgelöst wird. Als Anton wieder aufwachte, hatte er nur noch ein Bein.

Er kam als »Schwerkriegsversehrter« zurück nach Köln. Am Tag seiner offiziellen Entlassung aus dem Wehrdienst heiratete er. Was als Neuanfang gedacht war, ging schnell daneben. Die Ehe hielt nur sieben Monate. Hamacher wurde Vater, aber sein Kind bekam er nicht zu sehen. Die Konsequenzen daraus beschrieb der Gutachter als schwere »seelische Erschütterungen«. Der Beinstumpf verheilte schlecht, was zu weiteren Operationen führte. Erste Versuche mit einer Prothese scheiterten, immer wieder brach die Wunde auf und eiterte.

Nach der Oberschenkelamputation war Hamacher zum ersten Mal mit Opiaten in Kontakt gekommen. Ein Arzt verordnete Dolantin. Das Medikament sollte helfen, die körperlichen Schmerzen in den Griff zu bekommen, doch Hamacher merkte schnell, dass die Wirkstoffe gegen alle Arten von Beschwerden halfen. Das Leben wurde leichter. Die Wirkung setzte schnell ein. Ein kleiner Rausch als Atempause, danach konnte es weitergehen. Irgendwann konnte er ohne Dolantin nicht mehr arbeiten, nicht mehr einschlafen, nicht mehr wachbleiben. Aber das machte ihm keine Sorgen. Problematisch war nur, immer mehr davon zu bekommen. Das, was ihm der Arzt verschrieb, reichte schnell nicht mehr. Also begann er, mehrere Ärzte aufzusuchen, die nichts voneinander erfuhren. Um nicht aufzufallen, löste er die Rezepte in verschiedenen Apotheken in Köln und Bonn ein. Noch leichter war es, wenn er Ärzte fand, die sich bestechen ließen. Dann bekam er Rezepte mit falschen Namen, die er zusätzlich einlösen konnte.

Geld war für Anton Hamacher kein Problem. Und wenn es hart auf hart kam, wusste er seinen Vater im Rücken. Der schaffte es sogar, ihn aus der Bonner Heil- und Pflegeanstalt rauszuholen, in die ihn das Gericht geschickt hatte. Richter und Staatsanwalt ließen sich von der Idee beeindrucken, dass eine Behandlung in einem privaten Sanatorium in Dellbrück doch viel erfolgversprechender sein würde als der Aufenthalt in einer Klinik für ganz gewöhnliche Süchtige. In Dellbrück erschien er jedoch nie.

UNZÄHLIGE NARBEN

Über solch finanzielle Spielräume und familiäre Unterstützung verfügte Marianne Kayser nicht. Und mit Frauen wie ihr wollte ein Mann wie Hamacher nichts zu tun haben. Als sie im April 1948 verhaftet wurde, lebte sie immer noch in einem Bunker in der Beethovenstraße. Der Krieg war lange vorbei, aber sie wusste nicht, wohin. Alles, was die 48-Jährige bis dahin erlebt hatte, schien man ihrem Körper voller Narben anzusehen. Jeder Schnitt und jede Naht eine Leidensgeschichte mehr. Akribisch listete ein Gutachter nach ihrer Zwangseinweisung in die Heil- und Pflegeanstalt alle äußerlichen Makel auf, wohl um dem Nachdruck zu verleihen, was er in Kopf und Seele der Frau vermutete. Von einer »höckerigen Warze« im Gesicht bis zu zwei amputierten Zehen. »Die übrigen Zehen sind als Hammerzehen entartet«, war im Gutachten über die viel zu früh ergraute und völlig ermattete Marianne Kayser zu lesen. Unzählige Narben bezeugten schwere Operationen.

Das erste Mal war sie mit Dolantin in Kontakt gekommen, als sie sich um ihren pflegebedürftigen Ehemann gekümmert hatte. Zunächst nahm sie sich ein bisschen von dem, was ihr Mann gegen die Schmerzen bekam. Weil auch ihr Mann nach immer mehr verlangte, musste sie illegale Wege finden. 1940 folgte ihre erste Verurteilung. 1942 musste sie für vier Monate ins Gefängnis. Nach dem Ende des Kriegs hatte man sie zweimal beim Klauen erwischt, was ihr eine Geldstrafe einbrachte. Da hatte sie sich schon lange von ihrem Ehemann getrennt, mit dem sie gemeinsam süchtig geworden war.

Der Wirt der Gaststätte am Flugplatz Butzweilerhof war bereits ihr dritter Mann gewesen. Zu ihrer ersten Ehe im Alter von 19 Jahren hatte ihr Vater sie gezwungen. Die Familie war in Not, nachdem ihre Schwester bei einem Zugunglück beide Arme verloren hatte. Der Patenonkel der schwerstbehinderten Schwester bot dem Vater sehr viel Geld. Als »Gegenleistung« verlangte er, dass Marianne seinen Neffen heiratete. Der Vater willigte ein, Marianne machte mit. Es funktionierte natürlich nicht. Die Ehe wurde ein Jahr später für ungültig erklärt, wie es sich für eine gute christliche Familie gehörte. Marianne sollte es noch mal versuchen dürfen. Diesmal ganz freiwillig. Doch auch die zweite Ehe ging schief. Zwei Bauchhöhlenschwangerschaften nahmen sie nicht nur körperlich mit. Während sie litt, betrog ihr Mann sie mit einer anderen. Marianne beantragte die Scheidung.

Es folgte 1939 der dritte Versuch mit dem Gastwirt aus Ossendorf, der bald so krank wurde, dass sie ihn pflegen musste. Als Dank für die aufopfernde Fürsorge warf er sich nach seiner Genesung einer anderen Frau an den Hals. So sollte auch die dritte Ehe scheitern. Hinzu kamen immer neue Krankheiten, die sie ins Krankenhaus brachten. Das Leben, das es nicht gut mit ihr meinte, hätte 1944 enden können, als sie nach einem Angriff britischer Bomber unter Trümmern verschüttet wurde. Sie überlebte. Der Luftschutzbunker wurde zu ihrer festen Bleibe. Als ihr jemand kurz nach dem Ende des Kriegs in dem stinkenden Gemäuer den letzten Rest ihres kümmerlichen Besitzes gestohlen hatte und sie nur noch das besaß, was sie am Leib trug, war das Maß voll. Sie wollte es so machen wie ihre Cousine und ihrem Leben ein Ende setzen. Als sie am Rhein aufgegriffen wurde, hatte sie bereits ihren Mantel abgelegt. Ein paar Minuten später wäre sie im Wasser gestorben.

»FLUCHT IN DAS VERGESSENWOLLEN«

Es ist ein wenig überraschend zu lesen, mit wie viel Empathie die Süchtigen der 1940er-Jahre von Gutachtern beschrieben und von der Kölner Staatsanwaltschaft begleitet wurden. Auch im Fall von Marianne Kayser lässt der »Facharzt für Geistes- und Nervenkrankheiten« keinen Zweifel an der Schuldunfähigkeit. Im Gegensatz zu anderen, die im Krieg ebenfalls alles verloren hatten, würde sie keinen »rechten Weg« finden, damit umzugehen. Sie nehme geradezu ohnmächtig wahr, wie sie an den Herausforderungen scheitere, die andere offensichtlich bewältigen konnten. Die Sucht sei »nur eine Flucht in das Vergessenwollen«, schreibt der Gutachter. Sie habe den Wunsch, aus der »harten und enttäuschenden Wirklichkeit zu fliehen«. Wenn sie sich die Spritze gesetzt hatte, »wurde es ihr leicht«. Sie hätte »nicht mehr alles so schwergenommen, wozu sie sonst neigte«. Die Patientin wurde im Bericht mit den Worten zitiert: »Wenn ich die Spritze hatte, habe ich den Hunger nicht mehr so gespürt.« Das Fazit des Gutachtens würden heutige Kollegen sicher anders formulieren, aber die Botschaft könnte dieselbe sein: Kayser sollte nicht bestraft werden. »Wir haben es mit einem sensiblen, innerlich schlaffen, zum Ausweichen von Lebenswirklichkeiten bereiten und depressiv veranlagten Psychopathen zu tun.«

Marianne Kayser hatte nicht die Möglichkeiten von Anton Hamacher, um an die Drogen zu kommen. Und so geriet sie neben der Abhängigkeit von Dolantin auch noch in die einer Ärztin aus Lindenthal. Die promovierte Medizinerin war ebenfalls süchtig. Es fehlte ihr nicht an Geld, aber selbst durch die Apotheken zu ziehen, war zu riskant. Vor Gericht scheinen ihr später ein paar Ausreden und sicher ihr sozialer Status zu einem Freispruch verholfen zu haben. Die Aktenlage ergab ein ziemlich eindeutiges Bild: Nachdem Marianne Kayser die Ärztin das erste Mal aufgesucht hatte – sie hatten sich 1946 bei einer kurzen und gescheiterten Entziehungskur flüchtig kennengelernt – wurde sie von ihr immer wieder in verschiedene Apotheken der Stadt geschickt. Die Medizinerin stellte mehrere Rezepte mit der erlaubten Höchstmenge an Ampullen auf falsche Namen aus, die Kayser dann einlöste. Von den zehn Ampullen, die sie zurückbrachte, durfte sie als Lohn eine behalten. Die Treffen der beiden wurden aus der Praxis in den Stadtwald verlegt, um keinen Verdacht zu erregen. Aus einem Rezept pro Tag wurden drei. Nach ihrer Verhaftung gab die Ärztin ihre »schlechte allgemeine Verfassung«, »hochgradige Schlaflosigkeit« und eine Infektionskrankheit als Grund dafür an, süchtig geworden zu sein.

Im August 1948 stand Marianne Kayser zusammen mit ihrer Ärztin und einem weiteren Angeklagten vor Gericht. Der Mann – ein selbsternannter Mediziner ohne Praxis und ohne Unterlagen, die ein abgeschlossenes Studium oder eine Approbation hätten nachweisen können – hatte von der Ärztin nicht nur Dolantin-Rezepte mit falschen Namen bekommen. Sie schenkte ihm auch einen Blanko-Rezeptblock, um die Zahl der lästigen Arztbesuche zu reduzieren. Der Mann sollte die Polizei später noch jahrelang beschäftigen. In ganz Westdeutschland tauchte er immer in Apotheken auf, um mit falschen Rezepten das Suchtmittel zu bekommen.

Während er vom Gericht zu einer Gefängnisstrafe verurteilt wurde, konnte sich Kaysers Ärztin über einen Freispruch freuen. Die Staatsanwaltschaft hatte für sie eine kurze Freiheitsstrafe gefordert. Dem folgte der Richter nicht, denn die Angeklagte befinde sich »im Zustand verminderter Zurechnungsfähigkeit«. Um eine längere Unterbringung in einer geschlossenen Anstalt, die »zur Entziehung und zur charakterlichen und willensmäßigen Festigung unbedingt erforderlich« war, kam sie jedoch nicht herum.

Im Fall von Marianne Kayser urteilte das Gericht noch großzügiger: Ihr blieben nicht nur eine Strafe, sondern auch ein Anstaltsaufenthalt erspart. Der Gutachter hatte der geschundenen Frau bescheinigt, dass die viermonatige Untersuchungshaft schon den gewünschten Effekt einer Entwöhnung erzielt habe. Die Einweisung in eine Klinik sei nicht mehr nötig. »Besser als ein weiterer Aufenthalt« sei es, »die Geschwister zu veranlassen, sich ihrer anzunehmen.« Die Familie als Therapieersatz – es ist nicht bekannt, ob es funktioniert hat. In jedem Fall finden sich keine weiteren Aufzeichnungen über Marianne Kayser in den Akten der Ermittler wegen Vergehen gegen das Opiumgesetz. Sie konnte das Gerichtsgebäude als freie Frau verlassen.

»FÜRCHTERLICHE WUT«

Anders sah es im Fall von Anton Hamacher aus, dem Obst- und Gemüsegroßhändler aus Deutz. Seine Akte füllte sich Jahr für Jahr um weitere Seiten. Auch er wurde zusammen mit zwei Ärzten angeklagt, denen Rezeptbetrug und Urkundenfälschung vorgeworfen wurde. Das Verfahren wurde abgetrennt, weil Hamacher wegen einer Nachamputation nicht teilnehmen konnte. Das Drama des schwer verwundeten und traumatisierten Weltkriegssoldaten schien kein Ende zu nehmen. Als das Gericht entschied, ihn in die Klinik nach Bonn einzuweisen, fand es viel Verständnis für den Angeklagten, über den man nicht urteilen wollte. »Dessen Geschick muss in jedem, der die Geschichte der letzten Leidensjahre liest, nur das tiefste Mitleid auslösen.«

Die folgenden Jahre waren geprägt von immer neuen Entzugsversuchen, auf die immer neue Rückfälle folgten. Ein weiterer Zwangsaufenthalt in einer Klinik wurde unter der Auflage verkürzt, dass sich Hamacher einmal pro Monat beim Kölner Gesundheitsamt melden und sich halbjährlich in einer Klinik zu einer dreitägigen Kontrolluntersuchung einfinden müsse. Das klappte zumindest eine Zeit lang gut. Doch ab Juli 1951 wartete man im Gesundheitsamt vergebens auf ihn. Hamacher stieg von Dolantin auf Polomidon um. Das 1949 auf den Markt gebrachte Mittel fiel zwar nicht wie Dolantin unter das Opiumgesetz, aber um es zu bekommen, musste Hamacher weiter Straftaten begehen. Er stahl Rezepte und fälschte sie.

Wieder entging er einer Gefängnisstrafe und musste stattdessen zurück in die Klinik. Als er Anfang 1953 erneut entlassen wurde, gaben ihm die Ärzte beste Prognosen für die Zukunft mit auf den Weg. Doch schon im Juli wurde der angeblich »suchtfreie« Gemüsegroßhändler wieder in Apotheken gesichtet. Bei der nächsten Verhaftung gab er an, dass er nur eine kleine Menge an flüssigem Dolantin eingenommen habe, weil er unter den Schmerzen einer Gallenoperation leide. Keiner müsse sich sorgen. »Ich bin nicht rückfällig geworden«, erklärte er den Vernehmungsbeamten.

Im Dezember 1953 wurde Anton Hamacher im Bonner Hotel »Zum Franziskaner« bewusstlos aufgefunden. Er hatte 40 Tabletten des Schlafmittels Phanodorm genommen. Seine Schwester hatte ihn zuvor als vermisst gemeldet. Hamacher überlebte. Der Bonner Arzt, der ihn untersuchte, meinte, keine Anzeichen für eine erneute Sucht feststellen zu können. Er entließ ihn schon nach einem Tag ohne Bedenken.

Kurz darauf rief ein Kölner Arzt die Polizei, weil ein beinamputierter Mann brüllend durch Weiden zog, mit seinen Krücken an

Wohnungstüren hämmerte und Ärzte in der Nachbarschaft dazu bringen wollte, ihm Rauschmittel zu verschreiben. Als ihm das verweigert wurde, geriet dieser »in fürchterliche Wut«, so der Arzt aus Weiden. Der offensichtlich verzweifelte Mann hatte sich selbst Wunden aufgekratzt, um seiner Forderung Nachdruck zu verleihen. Er habe sich bei einem Unfall mit einer Straßenbahn verletzt und brauche deshalb starke Schmerzmittel. Der Arzt war sich sicher, dass er es mit einem Rauschgiftsüchtigen zu tun hatte.

Am 5. März 1953 ging erneut eine Vermisstenmeldung bei der Polizei ein. Diesmal hatte sich Anton Hamachers besorgter Anwalt gemeldet. Der Aufenthaltsort von Hamacher sei unbekannt, die Polizei solle nach ihm suchen. Drei Tage später war Anton Hamacher tot. Eine kurze mit Schreibmaschine getippte Notiz beschließt die Akte der Staatsanwaltschaft. Der Kölner Kaufmann sei »durch Selbstmord in München verstorben«.

Da die Akten noch gesperrt sind, wurden die Namen der Betroffenen durch Pseudonyme ersetzt.

TOD EINES HITLERJUNGEN

Über die Todesursache des Jungen, der in einer Leichenhalle im bergischen Ründeroth aufgebahrt war, gab es keinen Zweifel. Eine kleine Schusswunde am Hinterkopf und eine große Austrittswunde an der Stirn belegten klar, dass er aus knapper Distanz von hinten erschossen worden war. Eine eiskalte Hinrichtung ohne Vorwarnung. Ein paar Wochen vor dem Selbstmord Hitlers und Deutschlands endgültiger Kapitulation war die Leiche Anfang April 1945 im Wald in der Nähe der Ortschaft Drabenderhöhe gefunden worden. Der Junge lag auf Bauch und Gesicht, auf dem Rücken hatte er einen Rucksack. Eine Hand steckte in der Manteltasche. Spuren, die auf einen Kampf hindeuteten, fanden sich ebenso wenig wie Schleifspuren. Der 16-Jährige war unbewaffnet. In der Innentasche des Mantels fand man ein Kinderfoto und Lebensmittelkarten.

Die Identität des Jungen war schnell geklärt: Wolfgang Mays war Mitglied der Hitlerjugend und bei der Dienststelle der NSDAP des Gaus Köln-Aachen in Wiehl-Atzenhagen beschäftigt. Er hatte allerlei niedere Dienste zu verrichten, musste Autos waschen und Botendienste erledigen. Bei seiner Mutter hatte er sich über zu viel Arbeit und eine schlechte Versorgung beklagt. Und auch die Täter waren schnell ermittelt. Als ein Polizist die Parteidienststelle aufsuchte, um sie über den Tod des Hitlerjungen zu informieren, überraschte ihn deren Leiter Willi Hessmer mit einem Geständnis. »Den habe ich erschossen«, erklärte der SS-Oberscharführer, nachdem er die Axt beiseitegelegt hatte, mit der er Holz gehackt hatte. Der Junge sei ein Dieb gewesen, außerdem vermutlich Jude. So einer sei nicht »lebensfähig«. Davon verstünden er und sein Kollege Ulrich Funke etwas, da sie aus der Jugendpflege kämen. Zusammen mit Funke habe er beschlossen, dass der Junge sterben müsse.

Der Bericht liest sich wie eine nüchterne Dokumentation eines alltäglichen Ereignisses. Aber die Hinrichtung eines 16-jährigen Hitlerjungen ohne ein Urteil, nur aufgrund der Einschätzung zweier weniger bedeutender Parteifunktionäre, war auch im Chaos der letzten Kriegstage nicht alltäglich. Schon gar nicht auf dem Land. Dennoch wurde erst einmal niemand verhaftet. Schließlich hatte man es mit NS-Funktionären zu tun, die sich bislang nichts zuschulden hatten kommen lassen. Beide waren an der Front gewesen und hatten ihre Aufgaben für die Deutsche Arbeitsfront und die Partei gewissenhaft erfüllt.

Der 38-jährige Willi Hessmer war Unteroffizier und Kaufmann. Er war Vater von vier Kindern und zeitweise Mitglied der Kölner Kreisleitung der NSDAP. Ulrich Funke hatte evangelische Theologie und Pädagogik studiert und in Bonn promoviert – ein gebildeter Mann, der ganz im Sinne der Partei aus der Kirche ausgetreten war. Vor 1933 hatte er als Jugendpfleger und Sozialfürsorger beim evangelischen Jugendamt in Köln gearbeitet und danach in Marienburg ein Heim für »sittlich gefährdete« männliche Jugendliche aufgebaut. Der 38-jährige Vater von fünf Kindern war mittlerweile unter die Kunstmaler gegangen.

Der Polizist nahm die Schilderung von Hessmer zur Kenntnis, forderte die beiden Parteifunktionäre aber auf, bis zum nächsten Tag einen Bericht zu schreiben. Die Kameraden hatten Zeit, sich gemeinsam eine plausible Geschichte auszudenken. In ihrem Bericht präzisierten sie die Vorwürfe gegen Wolfgang Mays. Der Junge habe eingemachtes Obst und andere Lebensmittel aus den Wohnungen von Hessmer und Funke gestohlen. Bei einer Durchsuchung der Habseligkeiten des Jungen hätten sie auch eine Flasche Obstsaft, eine Flasche Wein, Kleidungsstücke aus der SS-Ordensburg Vogelsang und ein Scheckformular sowie Blanko-Marschbefehle der Gauleitung gefunden. Außerdem habe er eine Pistole unter seinem Bett versteckt. Der Junge habe zunächst geleugnet, dann aber alles zugegeben. Zu Hessmers Behauptung, dass der Hitlerjunge seine jüdische Herkunft vertuscht haben könnte, kam noch ein Spionageverdacht. Genug Gründe für eine Bestrafung.

Hessmer hatte Mays bei einer Dienststelle der Hitlerjugend gemeldet, um dem Jungen in einem Wehrertüchtigungslager Manieren beizubringen. Auch ein Jugenderziehungsheim hatte er angeblich benachrichtigt. Weil niemand auf ihr Ansinnen reagiert habe, hätten sie die Bestrafung selbst übernommen. Schließlich rückte die Front immer näher, da müsse man auch mal selbst Verantwortung übernehmen. Mays wurde eingesperrt und geschlagen. Dann hätten sie beschlossen, dass er sterben müsse. Zu dritt seien sie mit einem Dienstwagen zu dem Waldstück gefahren, wo man Mays später gefunden hatte. Hessmer habe den Jungen mit einem Kopfschuss getötet.

Dass der 16-Jährige in den letzten Monaten des Kriegs Lebensmittel gestohlen hatte, schien unstrittig. Genau wie Hessmers Selbstjustiz. Der Täter verschwieg jedoch ein wichtiges Detail, das erst später ans Licht kam: Wolfgang Mays musste sterben, weil er Hessmer und Funke bei einem Gespräch belauscht hatte. Die beiden hatten abfällig über Kölns Gauleiter Josef Grohé gesprochen.

Es ging um Korruptionsvorwürfe und den Lebenswandel des NS-Spitzenfunktionärs, der das Durchhalten in den Trümmern Kölns propagiert, selbst aber das Weite gesucht hatte. Grohé war Anfang März 1945 mit einem Motorboot über den Rhein geflohen und hatte sich im Bergischen Land niedergelassen.

Seine Flucht vor der heranrückenden US-Armee war ein offenes Geheimnis. Hessmer und Funke konnten jedoch nicht wissen, dass Anfang April auch die Reichsleitung in Berlin zu einem ähnlichen Urteil über den einst so mächtigen Mann in Köln gekommen war. Durch Grohés Flucht habe die »Partei im Westen ziemlich ausgespielt«, notierte Joseph Goebbels am 4. April in sein Tagebuch. Die Parteifunktionäre in Wiehl mussten aber davon ausgehen, dass Kritik am Gauleiter tödliche Folgen haben könnte.

Sie hatten sich schon häufiger über die Gauleitung ausgelassen. Angestellte von Grohé würden sich lieber besaufen und »mit Weibern herumtreiben«, anstatt zu arbeiten. Die Frage, ob man nicht den einen oder anderen an der Spitze beseitigen müsste, wurde diskutiert. Ob ernst gemeint oder nicht, solche Reden über Grohé, dessen Stellvertreter Richard Schaller und den Propagandachef im Gau Köln-Aachen, Richard Ohling, waren sehr gefährlich, wenn sie nicht unter verschwiegenen Freunden blieben. Der Hitlerjunge wollte das Aufgeschnappte offenbar zu seinen Gunsten nutzen und drohte damit, Hessmer und Funke bei der Gauleitung anzuzeigen. Deshalb musste er sterben.

HÖCHSTSTRAFE

Als der Fall 1946 vor ein deutsches Gericht kam, schien es zunächst um die Aufarbeitung eines NS-Verbrechens zu gehen. Doch schnell wurde klar, dass es um kompliziertere Zusammenhänge ging, die nichts mit dem skrupellosen Wüten und Töten einer Diktatur während ihres Untergangs zu tun hatten. Hessmer und Funke hatten als Funktionäre auf mittlerer Ebene nicht im Auftrag des Systems und auch nicht aus ideologischen Motiven gehandelt. Sie hatten allerdings gehofft, dies als Ausrede nutzen zu können, um straffrei zu bleiben, solange die Regeln der Diktatur noch galten. Was sie vor Kriegsende vertuschen wollten, wurde nach 1945 das wichtigste Argument ihrer Verteidigung: Der Hitlerjunge habe sie als Kritiker der NS-Führung belasten wollen. Hätten sie ihn nicht aus dem Weg geschafft, wären sie wohl getötet worden. In Zeiten, in denen Gerichte bei sogenannten Endphasenverbrechen eher milde Urteile sprachen, hätte das verfangen können. Erst recht, wenn es ihnen gelungen wäre, sich als Regimekritiker darzustellen.

Doch es kam anders. Das Kölner Landgericht ließ sich darauf gar nicht erst ein. Im Gegenteil: Es verhängte am 23. Januar 1946 die Höchststrafe. Hessmer und Funke wurden wegen Mordes zum Tode verurteilt. Beide Angeklagten legten Revision ein, doch bestätigte das Oberlandesgericht das Urteil der ersten Instanz. Es sei angemessen, »denn die Tat ist angesichts der ganzen Art ihrer Planung und überlegten Ausführung und angesichts der Persönlichkeit der beiden Angeklagten, die beide eine höhere Bildung genossen und sich früher sogar in der Jugendpflege betätigt haben, eine so verwerfliche, dass sie gebieterisch die Verhängung der Todesstrafe verlangt«. Ein Mord wie dieser wäre auch in der Zeit vor der nationalsozialistischen Diktatur mit der härtesten aller möglichen Strafen geahndet worden. »Das angefochtene Urteil ist zu Recht ergangen.«

Doch damit war die Geschichte und die juristische Aufarbeitung der Ermordung des Hitlerjungen Wolfgang Mays noch nicht zu Ende. Das Verfahren ging in eine dritte Runde, weil Funke kurz vor der Vollstreckung des Urteils in Ohnmacht fiel. Bewusstlose durfte man nicht köpfen, und so gewann der Verurteilte Zeit, die er zur Vorbereitung eines Wiederaufnahmeverfahrens nutzen konnte.

Nach der Ablehnung der Revision durch das Kölner Oberlandesgericht waren die beiden Männer ins Dortmunder Gefängnis gebracht worden, wo die Urteile vollstreckt werden sollten. Beide hatten noch ein Gnadengesuch gestellt – ohne Erfolg. Hessmers Urteil wurde wie geplant vollstreckt, doch als man Funke mitteilen wollte, dass er in wenigen Stunden hingerichtet würde und er »vorher noch seine Sachen mit der Welt und Gott ordnen« solle, war er nicht ansprechbar. Am Abend zuvor sei er »noch gesund und geistesgegenwärtig« gewesen, wurde protokolliert. Nun aber war »die Bewusstlosigkeit so tief, dass es dem Arzt nicht möglich war, mit dem Kranken Kontakt aufzunehmen«.

Der Zustand des Verurteilten überraschte die Beteiligten, weil man ihm vorher nicht gesagt hatte, dass der Weg zum Schafott unmittelbar bevorstand. Er hätte nichts von seinem Hinrichtungstermin wissen dürfen. Doch natürlich war nicht ausgeschlossen, dass er doch davon erfahren hatte. Als Funke später nach der Ursache für seine Bewusstlosigkeit gefragt wurde, gab er zu Protokoll, dass ihn »innerliche Dinge bestürmt« hätten. Die Ablehnung des Gnadengesuchs, von der er am Vorabend erfahren hatte, habe er als »Keulenschlag« empfunden.

Der studierte und promovierte Theologe und Pädagoge, der sich vor Gericht als »Kunstmaler« bezeichnet hatte, wusste die Umstände seines Zusammenbruchs mit vielen Worten auszuschmücken. Er habe sich mit dem Tod abgefunden, da ihn ein Priester zu einer »Vereinigung mit Gott« geführt hätte, berichtete er später. Doch dann habe »plötzlich eine andere Macht von ihm Besitz ergriffen und sich auf seine Seele gelegt, die er bis dahin infolge anderer Seelennöte nicht so recht empfunden habe«, heißt es später im Urteil nach der Wiederaufnahme seines Verfahrens. »Urplötzlich« habe »vor seiner Seele das Bild seiner Familie gestanden«, formulierte der Richter. »Es habe ihn erdrückt, welch unermessliches Leid durch seinen Tod über seine Frau, die ihn einige Tage vorher noch besucht hatte und dabei sich ›tapfer‹ nicht hatte ansehen lassen, dass sie – wie Funke von den Beamten des Gefängnisses erfuhr – von der Ablehnung des Gnadengesuches schon Kenntnis hatte, und auch über seine fünf kleinen Kinder sowie über seine sonstigen Angehörigen kommen werde. Diese seien doch ›glasklar‹ unschuldig gewesen, das sei auch nicht ›gerecht‹. Diese Vorstellung habe ihn dann auch in tiefe Bewusstlosigkeit geführt, da sie ihm den letzten Glauben an Recht und Gerechtigkeit genommen und ihn daher habe vollkommen zusammenbrechen lassen.« Vielleicht war die Erklärung für den Kollaps aber auch viel simpler: Er könnte einfach aus Angst Schlaftabletten genommen haben. Die Umstände blieben mysteriös.

WUNDERSAME ZUFÄLLE

Nachdem ein Arzt den Aufschub der Hinrichtung empfohlen hatte, kam Funke in ein Gefängnislazarett in Düsseldorf. Es ist nicht überliefert, warum die Behörden nicht auf einen schnellen Vollzug des Todesurteils drängten, nachdem Funke aus seiner ominösen Bewusstlosigkeit erwacht war. Der Delinquent hatte jedenfalls Zeit gewonnen – und er hatte offenbar einen äußerst fähigen Anwalt, der umgehend damit begann, Informationen zu sammeln und Zeugen zu suchen, um ein Wiederaufnahmeverfahren zu erreichen.

Im Gegensatz zum Revisionsverfahren und zum Gnadengesuch hatte er dieses Mal Erfolg. Es kam zu einem Wiederaufnahmeverfahren vor dem Kölner Landgericht, und im Juni 1948 wurde Ulrich Funke vom Vorwurf des Mordes freigesprochen. Die Kammer sah nicht nur Zweifel im Sinne des Angeklagten, die den Freispruch rechtfertigten. Sie war sich sogar zweifelsfrei sicher, dass Funke kein Mörder war.

Dies war umso überraschender, als kein neuer Beweis vorlag, der wirklich überzeugend gewesen wäre. Außer Hessmer, Funke und dem todgeweihten Hitlerjungen hatte auf dem Weg zum Wald niemand im Auto gesessen. Zeugen der Erschießung gab es keine. Das neue Urteil stützte sich vor allem auf Aussagen von Zeugen, die etwas zur Einschätzung der Glaubwürdigkeit der Beteiligten beitragen konnten, aber fast alle im April 1945 noch nichts mit Hessmer und Funke zu tun gehabt hatten.

Zwei Geistliche übernahmen eine zentrale Rolle. Ein Priester, der beide Verurteilte im Gefängnis kennengelernt hatte, trat in den Zeugenstand und bezeichnete Hessmer als »Opfer der Ideologie« und Funke als »unschuldig«. Der Dortmunder Gefängnispfarrer berichtete, wie sehr ihn Funkes Unschuldsbeteuerungen beeindruckt hätten. Er sprach von »einer verschrobenen Auffassung von Kameradschaftlichkeit bis zum Tod«. Funke sei von Hessmer zu Unrecht und »aus falschen Motiven hineingezogen« worden.

Das Gericht folgte den rührseligen Beschreibungen der Zeugen von filmreifen Szenen, in denen Hessmer Funke um Verzeihung gebeten haben soll. Über Tote lässt sich leicht vieles sagen. Nach Angaben der Pfarrer litt Hessmer furchtbar darunter, dass er die Hinrichtung Funkes zu verantworten habe, weil er ihn zu Unrecht als Mittäter belastet habe. Funke habe sich »naturgemäß« zunächst dagegen gesträubt, eine Entschuldigung anzunehmen. »Sein Inneres begehrte auf, da er sich unschuldig fühlte«, ist im Urteil zu lesen. »Schließlich aber haben die Pfarrer es erreicht, dass Funke über sich und aus sich heraus ging und dem Hessmer verzieh.« Und weiter: »Beide Pfarrer sind nach der Überzeugung des Gerichts gute, kluge Seelenkenner. Wenn sie in halbjährigem beziehungsweise vierteljährigem ständigen Umgang mit Hessmer und Funke, die beide als Todeskandidaten nichts mehr zu verheimlichen hatten, sich restlos von der Unschuld des Funke überzeugten, so kann dem nicht entgegengetreten werden.«

Ein weiterer Zeuge war durch Zufall aufgetaucht. Als Funke ins Gefängnislazarett verlegt worden war, hatte man einen anderen Gefangenen damit beauftragt, sich um den Patienten mit dem unerklärlichen Bewusstseinsverlust zu kümmern. Dieser Mann war wiederum – ebenfalls zufällig – mit dem Fahrer eines Wehrmachtsfahrzeugs bekannt. Und dieser Fahrer habe an jenem Tag, an dem Wolfgang Mays sterben musste, wegen eines Anlasserschadens einen Stau verursacht – zufällig genau auf der Straße, auf der Hessmer und Funke mit Mays unterwegs waren. Dort habe er gesehen, wie ein Mann in der Uniform eines Flakleutnants – »das war Funke« – auf der verstopften Straße im Wagen geblieben sei, während ein anderer Mann aus dem Auto ausgestiegen, mit einem Jungen fortgegangen und dann nach einer gewissen Zeit allein zurückgekommen sei.

Eine geradezu wundersame Aneinanderreihung von Unwahrscheinlichkeiten. Den Fahrer des Wehrmachtsfahrzeugs, von dem der Zeuge berichtete, konnte man nicht finden. Und auch der Zeuge, der von den Beobachtungen des verschwundenen Zeugen berichtete, erschien nicht vor Gericht – »infolge eines Gipsverbandes«. So konnten ihn weder Verteidiger noch Staatsanwalt befragen. Der Kammer war es egal: Auch dieser Zeuge verdiene »vollen Glauben«, heißt es im Urteil. Es reichte, dass ihn ein Beisitzer und der Vorsitzende der Kammer vor der Verhandlung gesprochen hatten.

Blieb die nicht unwichtige Frage, warum Hessmer nach dem Krieg bei der Version der gemeinschaftlich begangenen Tat geblieben war. Wenn Funke tatsächlich nicht mitverantwortlich gewesen wäre, hätte Hessmer vor Gericht die Schuld allein auf sich nehmen und Funke entlasten können. Und nun ließ sich der mutmaßlich wichtigste Entlastungszeuge nicht mehr befragen. Wieder konnten die Kirchenmänner helfen, indem sie eine abenteuerliche Begründung lieferten: Hessmer habe erzählt, dass sein Freund sowieso keine Chance gehabt habe, denn man habe bei ihm eine geladene Waffe gefunden. Und weil die britischen Militärbehörden bei solchen Vergehen überhaupt keinen Spaß verstanden, habe Hessmer geglaubt, dass sie Funke wegen verbotenen Waffenbesitzes sowieso hinrichten würden. Es sei daher nicht erforderlich gewesen, seine Darstellung der Ermordung des Hitlerjungen zu korrigieren.

BEMERKENSWERTE INTERPRETATION

»Diese Erklärung des Hessmer kurz vor dessen gewissen Tode wiegt schwer«, heißt es in der Begründung für Funkes Freispruch. »Sie lässt sich nicht damit abtun, dass Hessmer aus Freundschaft seinen Freund doch noch retten wollte. Dann hätte Hessmer vor den psychologisch geschulten Pfarrern trotz der Todesgewissheit noch ›Theater‹ gespielt, was aber bei der langen Dauer der Prüfung den Seelenkennern kaum entgangen wäre.« Zudem habe Hessmer bei seinen letzten Beteuerungen kurz vor seinem Tod nicht wissen können, dass Funkes Hinrichtung aufgeschoben werden würde. Vielmehr habe er damit gerechnet, dass sein Freund kurz nach ihm unter das Fallbeil musste.

»Mit dem Zufall, dass Funke einige Zeit später in bewusstlosem Zustand angetroffen würde, konnte Hessmer schlechterdings nicht rechnen. Darüber hinaus mochte er als Laie auch gar nicht erkennen, dass eine Bewusstlosigkeit die Vollstreckung hindert. Es ist nämlich eine Erfahrungstatsache, dass dies von Laien nicht erkannt wird, weil sie nicht wissen, dass die Strafe nur bei Bewusstsein erlitten werden soll, damit sie als Strafe empfunden wird.« Das Gericht sah keinen Grund, warum der Mörder in diesem Moment hätte lügen sollen. Und am Wort der Pfarrer gab es ohnehin keine Zweifel.

Alles, was Hessmer noch zu Lebzeiten ausgesagt hatte, spielte keine belastende Rolle mehr. Sogar die Aussage, dass man sich gemeinsam entschlossen habe, Mays »auf jeden Fall zu beseitigen«, wurde vom Gericht in bemerkenswerter Weise interpretiert: »Jemanden zu beseitigen« bedeute nicht, dass man ihn umbringen wolle, so die Einschätzung der Kammer. Dabei hatte Hessmer vor dem ersten Prozess ausgesagt, dass es »eigentlich nur eine Lösung gab, nämlich: er oder wir«. Man habe die »Beseitigung« gemeinsam geplant, auch wenn man Einzelheiten zur Ausführung der Tat nicht festgelegt habe.

Der Hitlerjunge sei getäuscht worden, um sich ins Auto zu setzen und gemeinsam zu dem Waldstück zu fahren. Dort seien sie alle ausgestiegen, so Hessmer. Über die Rolle von Funke bei der Erschießung hatte er zu Protokoll gegeben: »Er hatte seine Waffe jedenfalls schussbereit in der Hand. Ich bin ihm aber wahrscheinlich zuvorgekommen.« Die Richter im Wiederaufnahmeverfahren erkannten in diesen nicht immer klaren Aussagen »Unsicherheit«, was sie als deutliches Indiz für eine erfundene Geschichte sahen. Dafür spreche auch, dass Hessmer trotz Nachfragen des Ermittlers nähere Einzelheiten zur Beteiligung von Funke nicht nennen konnte oder wollte. »Es ist eine alte Erfahrungsregel, dass ›erdichtete‹ Behauptungen dadurch entkräftet werden können, dass Einzelheiten und zwar bis ins unwesentliche Einzelne verlangt werden, wobei sich dann häufig die Haltlosigkeit der a priori gegebenen Behauptung herausstellt«, so die Kammer in ihrem Urteil.

Die Richter gingen davon aus, dass Hessmer und Funke an jenem Tag zunächst versuchten, Mays auf andere Weise zu »beseitigen«. Auch Hessmer hatte ausgesagt, dass man mit dem Jungen zuerst nach Bielstein gefahren sei, um dort mit den Verantwortlichen der Hitlerjugend zu sprechen. Dort hätten sie aber niemand mehr angetroffen, der eine Entscheidung hätte treffen können. Nach Ansicht des Gerichts bedeutete dies, dass man nicht zur Tötung entschlossen war, denn die Hitlerjugend hätte Mays in einem Lager in Westfalen unterbringen können, »also bei den damaligen Verhältnissen weit genug von der Gauleitung entfernt«.

Was den weiteren Verlauf der Autofahrt anging, unterschieden sich die Aussagen. Funke berichtete von einem weiteren Zwischenstopp: Man habe den Jungen über eine seichte Stelle der Sieg zu den Amerikanern hinübertreiben wollen. Wie man sich das genau vorzustellen hatte, blieb offen – wie viele andere naheliegende Fragen. Die Fahrt zur Sieg sei dann durch die »Straßenverstopfung« unterbunden worden. Daraufhin sei Hessmer ohne Rücksprache mit Funke mit dem Jungen ausgestiegen. Dagegen hatte Hessmer ausgesagt, nachdem man in Bielstein niemand angetroffen habe und es Abend geworden sei, habe »irgendetwas geschehen« müssen: »Wir sind uns nun darüber klar geworden, dass wir sofort handeln müssen.«

Im Gegensatz zur Staatsanwaltschaft folgte das Gericht Funkes Darstellung, während es in den früheren Aussagen Hessmers eine zunehmende »Unklarheit hinsichtlich der Beteiligung Funkes« sah. Die Kripo wurde für ihre Ermittlungsarbeit gerüffelt: Sie habe sich nur mit Hessmer, aber nicht mit Funke befassen wollen. Deshalb könnten »die polizeilichen Angaben des Hessmer über Funkes Beteiligung – erst recht bei ihrer Unklarheit – keine Urteilsgrundlage bilden«. Die polizeilichen Angaben seien »restlos erschüttert«.

Juristische Laien können einiges lernen beim Lesen dieses Urteils. So zum Beispiel, dass etwas, was »nicht unbedingt glaubwürdig« ist, nicht dasselbe ist wie »unglaubwürdig«. Ganz offensichtlich fiel es dem Gericht nicht ganz leicht, zu erklären, wie es denn nach der Rückkehr Hessmers aus dem Wald weitergegangen war. Sollte Funke im Auto geblieben sein und nichts von der Mordabsicht gewusst haben, läge es nahe, zumindest nachzufragen, wo denn der Junge geblieben sei. Auch das Gericht meinte, dass es doch »auf der Hand lag, argwöhnisch zu sein«. Laut Funke kam auf dem Weg zur Sieg unvermittelt eine Erklärung ins Spiel: Er habe Hessmer gefragt, ob er den Jungen an eine durch die Landschaft ziehende Wehrmachtskolonne übergeben habe. Sein Freund und Vorgesetzter habe das bejaht. Was eine auf dem Rückzug befindliche, wahrscheinlich aufgeriebene Gruppe Soldaten mit einem Hitlerjungen, der des Diebstahls beschuldigt war, anfangen sollte, erklärte weder Funke noch das zuhörende Richterkollegium.

Auf der Fahrt zurück nach Wiehl wurde Funke zufolge sonst nichts gesprochen. Ja, er sei misstrauisch gewesen. Der Gedanke, dass Hessmer »eine Schweinerei« mit dem Jungen gemacht habe, sei ihm schon gekommen. Er habe aber nicht nachfragen wollen, denn Hessmer sei aufbrausend, jähzornig und wild geworden, wenn ihm eine Frage »querkam«. Es sei »das Beste« gewesen, ihn ganz in Ruhe zu lassen. In Wiehl angekommen hätten sich beide wortlos in ihre Wohnungen zurückgezogen. Das Fazit des Gerichts: »Diese Darstellung ist zwar nicht unbedingt glaubwürdig, sie ist aber bei dem Ergebnis der übrigen Beweisaufnahme nicht als unglaubwürdig abzutun.«

Funke und seine Ehefrau hatten bei der Befragung durch die Polizei von einem Gespräch mit Hessmer beim Abendbrot berichtet, bei dem er Papiere und ein Foto von Wolfgang Mays ins Kaminfeuer geworfen habe. »Der kann uns nicht mehr schaden, dafür trage ich die Verantwortung«, soll Hessmer dabei gesagt haben. Erst da sei er sich sicher gewesen, dass sein Freund den Jungen erschossen habe, so Funke. Er habe sich vorgenommen, mit ihm zu brechen. Angeblich hatte er erst mit Hessmer über den Fall gesprochen, nachdem die Polizei sie über den Fund der Leiche informiert hatte. Ein Zeuge, der damals in der Wiehler NSDAP-Dienststelle arbeitete, bestätigte eine lautstarke Auseinandersetzung zwischen seinen Vorgesetzten. Die Heftigkeit des Streits habe ihn überrascht, weil die beiden doch zuvor in bestem Einvernehmen miteinander gelebt hätten. Viel verstanden hatte der Zeuge nicht. Angeblich hatte Hessmer gedroht: »Ich lege euch alle um.«

Am Ende der Beweisaufnahme war sich das Gericht sicher: Funke war kein Mittäter, es gab keinen gemeinsamen Mordplan. Der Angeklagte war glaubwürdig, genau wie Hessmers Einlassungen über die Unschuld seines Freundes. Dass man gemeinsam verabredete, den Jungen zu beseitigen, habe nicht bedeutet, ihn zu töten. Damit sei die Abschiebung in ein Wehrertüchtigungslager der Hitlerjugend oder in amerikanisch besetztes Gebiet gemeint gewesen, so das Gericht. Dass Hessmer den Jungen erschossen hatte, konnte Funke zwar vermuten. Aber er habe es auch nach der Tat nicht mit Sicherheit wissen können.

Das Landgericht sprach Funke nicht nur vom Vorwurf des Mordes frei, es sah auch keine Grundlage für eine Verurteilung wegen Beihilfe. Es blieb die Frage nach einer Begünstigung. Hatte Funke seinem Kameraden dabei geholfen, das Motiv für die Erschießung zu verschleiern und so »die Vorteile der Tat zu sichern«, wie es Juristen ausdrücken würden? Hier befand das Gericht auf »schuldig«, weil Hessmer den Kripo-Mitarbeiter belogen hatte, als er die Erschießung des Hitlerjungen begründet hatte. Den Bericht, den sie am nächsten Tag abgeben mussten, hatten sie gemeinsam geschrieben. Neben den Diebstahlvorwürfen war vom angeblich jüdischen Aussehen des Jungen die Rede. Und einen Spionageverdacht hatten sie auch noch gemeinsam erfunden. Funke habe da mitgemacht, um seinen Freund vor einer Bestrafung zu schützen, nicht wegen eines eigenen Vorteils, befand das Gericht und verhängte eine einjährige Gefängnisstrafe. Weil Funke die Qualen einer bevorstehenden Hinrichtung erdulden musste und »viel

Furchtbares in diesem Verfahren erlitten« habe, wurde ihm die Untersuchungshaft auf die Strafe angerechnet. Funke verließ das Landgericht als freier Mann.

»MISSBRAUCHTER IDEALIST«

Die juristische Aufarbeitung der Ermordung des Hitlerjungen Wolfgang Mays lässt viele Fragen offen. Das wäre nichts Besonderes, hätte das Landgericht beim Wiederaufnahmeverfahren 1948 nach dem Grundsatz »Im Zweifel für den Angeklagten« entschieden. Irritierend ist die Sicherheit der Richter, mit der sie jeden möglichen Einwand vom Tisch fegten. Ihre Kollegen am selben Gericht hatten zwei Jahre zuvor völlig anders entschieden. Sie sahen für beide Angeklagte den Mordvorwurf klar bestätigt. Die Heimtücke bei der Tat blieb unstrittig, zumindest, was Hessmer anging. Sicher waren sich die Richter auch, dass beide Täter von »niederen Beweggründen« angetrieben waren.

Die erste Urteilsbegründung liest sich so, als habe es überhaupt keine Zweifel gegeben. Dabei gab es tatsächlich keine echten Beweise für Funkes Mittäterschaft. Die Richter folgten dem Naheliegenden und den ersten Aussagen Hessmers. Im neuen Prozess konnte der inzwischen hingerichtete Hessmer Funke nicht mehr belasten. Er wurde vielmehr post mortem zu dessen wichtigstem Entlastungszeugen. Das Gericht stützte sich vor allem auf Aussagen Dritter, die selbst nichts gesehen oder gehört hatten. Besonders verwegen ist die Ernsthaftigkeit, mit der die Richter die Zeugenaussage eines Mitgefangenen von Funke würdigten, der die Beobachtung eines Mannes wiedergab, der nicht mehr aufzufinden war. Die mindestens genauso plausible Annahme, dass sich hier zwei Männer im Gefängnis eine Geschichte ausgedacht hatten, wurde nicht weiter überprüft. Es ist nicht der einzige Punkt, der einen im Rückblick staunen lässt.

Die Mordermittlungen, die Gerichtsprozesse und die widersprüchlichen Urteile illustrieren den schwierigen und ambivalenten Umgang der deutschen Nachkriegsjustiz mit NS-Verbrechen und

Straftaten aus der Schlussphase des Kriegs, die ohne Bezug zu den politischen Rahmenbedingungen nicht zu erklären waren. Die Ermordung von Wolfgang Mays war keine politisch motivierte Nazi-Gräueltat, aber sie war ein grauenhaftes »Verbrechen der Endphase« – motiviert durch egoistischen Selbstschutz, der sich nur erklärt, weil die zusammenbrechende Diktatur kleinste Verbrechen mit dem Tode bestrafte.

Mit solchen Ausflüchten versuchten nicht wenige nach dem Krieg, die eigene Schuld zu relativieren und ihr Gewissen zu beruhigen. Gerichte folgten dieser Argumentation oft, wenn es um die sogenannten Endphasenverbrechen ging. Hessmer und Funke waren beide bereits 1929 in die NSDAP eingetreten. Beide hatten Funktionen in der Partei, Hessmer war bei der SS, Funke trat noch 1944 in die Reichskulturkammer ein. Beide waren zeitweise für Jugendarbeit im Nazi-Staat zuständig. Welchen Beitrag sie zur Stabilisierung der Diktatur und ihres Vernichtungsapparats geleistet haben, wurde nie untersucht – auch nicht im Entnazifizierungsausschuss, dem sich Funke nach seiner Freilassung stellen musste.

Es gelang ihm vielmehr, den Tod des Hitlerjungen zu einem Beleg für seine Regimekritik umzudeuten. Schließlich hätte Wolfgang Mays nicht mit einer Erpressung drohen können, wenn er nichts in der Hand gehabt hätte, führte er vor den Gesinnungsprüfern aus. Nachdem man ihn wegen eines Herzleidens aus dem Kriegsdienst entlassen habe, sei er zur besonderen Verwendung dem Standort Köln zugeteilt worden, um sich unter anderem um die Luftabwehr am Westwall zu kümmern. Ab diesem Zeitpunkt sei er nicht mehr in Parteiuniform, sondern nur noch in Offiziersuniform aufgetaucht. Das sei ein Ausdruck seiner »erfolgten Wandlung in seiner Einstellung zur NSDAP und deren führenden Persönlichkeiten«, heißt es in der Akte zur Entnazifizierung des Dr. Ulrich Funke. Dass er auf die Drohung des Hitlerjungen habe reagieren müssen, sei nachvollziehbar. Schließlich sei »seine gegnerische Einstellung zu den damaligen Machthabern« offenbar geworden.

Der Ausschuss bescheinigte ihm, dass außer den im Fragebogen angegebenen Daten zur Parteimitgliedschaft und zur Arbeit als Gauabteilungsleiter der Deutschen Arbeitsfront »nichts Nachteiliges gegen Dr. Funke bekannt« sei. Zeugen hätten ihn »übereinstimmend als ruhigen und anständigen Menschen« geschildert, »der politisch nicht hervorgetreten ist«. Für die Zeit nach seinem frühen NSDAP-Eintritt im Jahr 1929 attestierte ihm der Entnazifizierungsausschuss eine »von Idealismus getragene politische Einstellung«, für die er sich voll und ganz eingesetzt habe. Das Bild des »missbrauchten Idealisten« findet sich häufiger in den Akten über die frühen Kämpfer. Demnach war nicht die »Idee des Nationalsozialismus« das Problem, schuld waren vielmehr diejenigen, die all die »Idealisten« ausgenutzt hätten. Die »Führenden« hätten die Idee »für ihre selbstsüchtigen Ziele und zur Begehung von Verbrechen missbraucht«, wurde auch in Funkes Akte notiert.

Nach den geltenden Bestimmungen hätte Funke in die Kategorie 3, also als »Minderbelasteter«, eingestuft werden müssen, was zumindest eine Kontosperrung zur Folge gehabt hätte. Doch die Ausschussmitglieder sahen in ihm nur einen »Mitläufer«. Man habe auch die »durch die vorausgegangene Verurteilung ausgestandenen seelischen Leiden« berücksichtigen müssen.

DER LIEBE ONKEL

Eine Doppelhaushälfte am Stadtrand in ruhiger Lage: Mit seinen drei Stockwerken ist das Haus ein bisschen zu groß für diese Gegend. Eine missglückte Bauhaus-Imitation. Die meisten Gebäude in der Nachbarschaft, erbaut in den 1930er-Jahren, sehen mit ihren Giebeldächern anders aus. Hinter einer etwa einen Meter hohen, akkurat beschnittenen Hecke wachsen getrimmte Sträucher. Grüne Friedhofsbotanik vor einer freundlichen Fassade. Hier lebte ein freundlicher, hilfsbereiter und netter Mann, weiß die Verwandtschaft zu berichten, ein »lieber Onkel« und Familienmensch, selbstlos, fair und kinderlieb.

Der gelernte Kaufmann hatte bis zu seinem Ruhestand als freiberuflicher Handelsvertreter Werbe- und Geschenkartikel verkauft. Firmen konnten bei ihm Ringbücher, Geldbörsen, Armbanduhren oder Spielkarten bestellen, auf die dann Reklame gedruckt wurde. Er muss ein erfolgreicher Vertreter mit guten Kontakten gewesen sein, sonst hätte er sich dieses Haus nicht leisten können. Ein Mann mit Überzeugungskraft und Durchsetzungswillen, eine »Respektsperson«, der man zuhört, wenn sie spricht, wie es der Ehemann einer Nichte ausdrückte. »Wenn der geredet hat, haben die anderen geschwiegen.« Im Familienkreis war er das unangefochtene Oberhaupt, manchem Verwandten ein Vorbild. So präsent wie im Privatleben war der Mann in seinem Viertel keineswegs. »Wir haben ihn nie gesehen«, erinnern sich Nachbarn. »Niemand hatte Kontakt. Der lebte völlig zurückgezogen.«

Eine schöne Wohngegend wie diese am östlichen Stadtrand mit bester Verkehrsanbindung ist begehrt. Mit seinem Haus in Brück hat der »liebe Onkel« der Familie etwas von Wert hinterlassen. Die A4 ist nicht weit entfernt, aber eine Lärmschutzwand schützt das beschauliche Viertel vor Belästigungen. Hier trifft man nur diejenigen, die hier wohnen. Eine kleine Brücke führt über die A4, nach wenigen Metern ist man im Königsforst. Auch bis zum schönen Ostfriedhof ist es nicht weit. Ebenso schnell ist man im Ortskern dieses dörflichen Stadtteils, wo nicht nur bei Pfarr- und Schützenfesten oder an Karneval das Leben pulsiert. Dahin hat es den Mann, der hier wohnte, aber offenbar nie gezogen.

»WIE KANN DAS SEIN?«

Man sah ihn selten im Viertel. In der Kölner Innenstadt konnte man ihn schon eher antreffen. Zum Beispiel im Brauhaus Sion. Irgendwann Anfang der 1950er-Jahre besuchte der Kölner Sänger und Karnevalist Ludwig Sebus mit Freunden aus dem Altermarktspielkreis nach einer Probe das Lokal, um ein Bier zu trinken. Sebus versuchte nach der Rückkehr aus fast fünfjähriger russischer Kriegsgefangenschaft Fuß zu fassen und Anschluss zu finden.

Er hatte sein eigenes Grab schaufeln müssen und war dem Tod nur knapp entronnen. Um ihn herum hatten jahrelang Tod und Elend geherrscht.

An einem Tisch im Brauhaus herrschte großes Aufsehen, erinnerte sich Sebus. Man sprach laut, witzelte und prostete einander zu. Der kölsche Entertainer traute seinen Augen nicht, als er den Mann erkannte, der da die Unterhaltung einer gut gelaunten Runde bestimmte. Es war der ehemalige NS-Gauleiter Josef Grohé: Hitlers Statthalter im Rheinland. Nur wenige Jahre nach dem Zusammenbruch der Diktatur war er ein freier Mann, zeigte sich öffentlich und genoss das Leben in Freiheit.

Aus heutiger Sicht ist kaum vorstellbar, wie eine Gesellschaft nach einer Diktatur, einem Krieg mit Millionen Opfern und grausamen Verbrechen des NS-Regimes wieder zueinanderfinden konnte. Alle hatten Angehörige verloren – an der Front, im Bombenkrieg oder im KZ. Opfer und Täter, Mitläufer und Regimegegner – sie alle trafen in der zerstörten Stadt aufeinander und wollten miteinander auskommen. Im Zweifelsfall ging man sich aus dem Weg. Selbst wenn man im selben Viertel wohnte. So wie im Brücker Oberdorf.

Fast gegenüber vom Wohnhaus der Grohés war der ehemalige Dominikaner-Pater Heribert Christian Scheeben eingezogen, nachdem er der Liebe wegen aus dem Orden ausgetreten war. Der Albertus-Magnus-Biograf gehörte in der NS-Zeit zum sogenannten »Kölner Kreis«, einer katholischen Widerstandsgruppe um das Kettelerhaus im Kölner Agnesviertel. Nach dem Krieg wurde Scheeben zum Vorsitzenden der Entnazifizierungskommission des Regierungsbezirks Köln ernannt. In Brück wohnte er dann später fast Tür an Tür mit dem Mann, der in Köln das Regime vertreten hatte, das der »Kölner Kreis« hatte stürzen wollen. Es ist nicht überliefert, ob sich die beiden auf der Straße trafen oder je ein Wort wechselten.

Das beste Rezept, um miteinander auszukommen, war, das Vergangene beiseitezuschieben. Statt schmerzhafter Reflektion herrschte kollektive Verdrängung vor. Auch der beliebte Kölner

Erzbischof Josef Kardinal Frings wollte bereits Anfang der 1950er-Jahre einen Schlussstrich ziehen. Er setzte sich sehr engagiert für die Begnadigung ehemaliger Nazis ein – auch für den Katholiken-Hasser Josef Grohé. Und NRW-Ministerpräsident Karl Arnold, der zum linken Flügel der CDU gehörte und selbst unter den Repressionen der Nazis gelitten hatte, folgte der Empfehlung von Frings und der Stimmung in der Bevölkerung, als er den Verbrecher Josef Grohé 1950 begnadigte. »Wie konnte das sein, dass so einer wieder frei rumläuft«, fragte sich Sebus im Sion. Grohé und diejenigen zu sehen, die sich ihm anbiederten, sei »widerlich« gewesen.

Heimgekehrte Kriegsgefangene wie Sebus waren Anfang der 1950er-Jahre noch nicht so weit wie andere. Sie hatten nicht mitbekommen, was in den ersten Jahren nach dem Einmarsch der Alliierten geschehen war. Die Stadtgesellschaft hatte sich in rasantem Tempo neu sortiert, Politik und Verwaltung hatten ihre Arbeit aufgenommen. Und die Kölner feierten in den Trümmern im großen Stil Volksfeste wie das 700-jährige Domjubiläum, den Karneval oder das 1900-jährige »Stadtjubiläum«. Doch nicht nur das: Das krampfhafte Bemühen, möglichst nur noch nach vorn und nicht mehr zurückzublicken, bedeutete auch, dass sich keiner groß darüber aufzuregen schien, dass zentrale Stützen des Terrorregimes unbestraft oder nach milden Urteilen freigelassen große Reden im Brauhaus schwingen konnten.

STEILE KARRIERE

Der 1902 geborene Josef Grohé war schon zu den Zeiten ein radikaler Nazi, als Hitler von den allermeisten noch als Spinner angesehen wurde und die NSDAP nur eine kleine Splitterpartei war. Bereits als 18-Jähriger gehörte er zu den wenigen überzeugten Begründern der NS-Bewegung. Seitdem wirkte er »ohne Schwankung und Unterbrechung als aktiver Kämpfer für den Führer«, wie Peter Schmidt 1941 in einem Buch mit dem Titel »Zwanzig Jahre Soldat Adolf Hitlers. Zehn Jahre Gauleiter – Ein Buch von Kampf und Treue« schrieb. Der Biograf lobte unter anderem das

»mannhafte Auftreten« Grohés bei Saalschlachten in der Zeit der Weimarer Republik sowie dessen »unerschütterliche Treue zu Adolf Hitler«.

Ab 1925 war Grohé hauptamtlich für die NSDAP tätig. Offenbar war er sehr überzeugt von der Sache, denn er nahm damit einen deutlichen Einkommensverzicht im Vergleich zu seinem früheren Beruf in Kauf. Auf Dauer sollte sich das auszahlen. Josef Grohé wurde nicht nur ein sehr mächtiger, sondern auch ein sehr reicher Mann – mit einer riesigen Villa in Lindenthal samt Hauspersonal, Kindermädchen und Chauffeur.

1925 war er Mitgründer des Parteiorgans *Westdeutscher Beobachter*. Die Texte für die ersten Ausgaben wurden in seiner Wohnung in der Kempener Straße in Nippes erstellt, weiß Biograf Schmidt zu berichten. Die Schreibmaschine soll auf Grohés Nachttisch gestanden haben. Egal, ob das stimmt oder nicht: Der Mann war ein Hetzer gegen Juden, Katholiken und Demokraten. Mehrfach musste er sich bereits vor 1933 für seine Äußerungen in der Nazi-Zeitung vor Gericht verantworten.

Auf der parteiinternen Karriereleiter ging es steil nach oben. 1929 in den Kölner Stadtrat gewählt, wurde er dort Fraktionsführer der NSDAP, 1931 übernahm er die Leitung des Gaus Köln-Aachen: Als »Vertreter des Führers« war er damit »für die gesamte politische, kulturelle und wirtschaftliche Gestaltung aller Lebensäußerungen nach nationalsozialistischen Grundsätzen verantwortlich«, wie es im Organisationshandbuch der NSDAP hieß.

Nach 1933 verschmolzen Parteifunktionen mit staatlichen Aufgaben. Man kann davon ausgehen, dass in Köln und im Rheinland nichts Wichtiges ohne Wissen von Grohé geschah. Nach Kriegsbeginn erweiterte sich die Machtfülle weiter. Wie andere Gauleiter wurde auch Grohé Reichsverteidigungskommissar und war somit Chef der Militärverwaltung. Besonders loyale Gauleiter wurden von Hitler zudem zu Reichskommissaren ernannt. Als solcher sollte sich Grohé ab 1944 um die besetzten Gebiete Belgien und Nordfrankreich kümmern. Das Korps der Gauleiter war eine stabile und verlässliche Konstante in Hitlers Machtapparat. Man traf sich regelmäßig in Berlin. Grohé war fast immer dabei. Mit dem Kollegen im Gau Niederschlesien, in dem das Vernichtungslager Auschwitz lag, war er befreundet.

Als die militärische Niederlage Hitler-Deutschlands absehbar war, hielt er noch eine flammende Durchhalterede und ordnete die »Rundumverteidigung« der Stadt an. Vor der anrückenden US-Armee floh er mit einem Motorboot über den Rhein und versteckte sich einige Zeit auf einem Bauernhof in Hessen, wo ihn die Briten im Sommer 1946 verhafteten. Sie überstellten ihn nach Belgien, um dem ehemaligen Reichskommissar den Prozess zu machen. Die Versuche, den Kölner Nazi dort zu verurteilen, erwiesen sich jedoch als Rohrkrepierer. Eine Anklage wegen der Erschießung von Geiseln wurde fallen gelassen, weil man ihm nicht nachweisen konnte, dass er persönlich die Anweisung dazu gegeben hatte. Die Idee, ihn in Belgien wegen Landesverrats zu belangen, war ebenfalls wenig überzeugend, weil man einen Vertreter einer Besatzungsmacht nicht wegen Verrats des besetzten Lands belangen konnte. Folglich kam es im zweiten Verfahren noch nicht einmal zur Anklageerhebung.

»HEILIGSPRECHUNG DES ANGEKLAGTEN«

1949 wurde Grohé an Deutschland ausgeliefert und vor ein Spruchgericht der britischen Besatzungszone gestellt. Hier galten andere Regeln als vor anderen Gerichten. Die Besatzungsmächte hatten zur Aufarbeitung der NS-Verbrechen ein Grundprinzip des bürgerlichen Rechts ausgehebelt, das sonst stets den Nachweis von persönlicher, individueller Schuld verlangt und für den Fall, dass dies nicht gelingt, im Zweifel für den Angeklagten entscheidet. Vor dem Spruchgericht konnte man wegen der Zugehörigkeit zu Organisationen angeklagt werden, die nach den Nürnberger Prozessen als grundsätzlich »verbrecherisch« und »belastet« galten. Außerdem galt hier nicht die Unschuldsvermutung: Nicht die Anklage musste die Schuld beweisen, sondern der Angeklagte seine Unschuld.

Das war keine gute Ausgangslage für ein Mitglied des Führerkorps der NSDAP, doch war inzwischen schon viel Zeit vergangen. Die Bevölkerung hatte nur noch wenig Interesse an der Bestrafung der Täter, und der Elan der von den Briten eingesetzten deutschen Juristen war begrenzt. Im beginnenden Kalten Krieg mit der Sowjetunion änderten sich die Schwerpunkte der Westmächte, was ganz gut zur Mehrheitsmeinung in Deutschland passte, dass allmählich Schluss sein solle mit dem Nazi-Thema. Bis auf eine Ausnahme waren alle Sondergerichte zur Entnazifizierung bereits aufgelöst. Deshalb fand der Prozess nicht in Köln, sondern in Bielefeld statt.

Weil die Akten- und Beweislage schlecht war, wurden Zeugen über Zeitungsannoncen gesucht. Doch meldeten sich nur wenige Opfer der NS-Zeit. Stattdessen boten sich Zeugen an, die Grohé als »immer korrekt«, »bescheiden« und »anständig« charakterisieren wollten. Nicht wenige ehemalige Repräsentanten des NS-Staates traten an, um den Gauleiter zu entlasten. Sie lobten seine Leistungen, die Vollendung des neuen Universitätsgebäudes, seine besonnene Personalpolitik, seine Arbeit für die Stadt im Bombenkrieg. Überhaupt der »Luftkrieg« – der habe ihn so in Anspruch genommen, dass für Politik gar keine Zeit gewesen sei, behauptete der 47-jährige Angeklagte. Von Vernichtungslagern habe er nichts gewusst, nur »Dachau« habe er »dem Namen nach gekannt«.

Nachdem ein Zeuge berichtet hatte, Grohé habe bei einer Versammlung in der Kölner Parteizentrale in der Mozartstraße zu schweren Misshandlungen von politischen Gegnern aufgerufen, bezichtigte der ehemalige stellvertretende Regierungspräsident diesen Zeugen der Lüge. »Völlig ausgeschlossen« sei das. »Grohé sprach stets in wohlangemessener gesetzter Rede.« Das Gericht lehnte es ab, die beiden Zeugen ihre widersprüchlichen Aussagen unter Eid wiederholen zu lassen.

Eine ehemalige Angestellte beschrieb den Demagogen und Hetzer als Mann mit »ruhigem Wesen« und »bewundernswerter Ausgeglichenheit«. Der frühere Landgerichtspräsident sagte, Grohé habe sich »niemals in die Rechtspflege eingemischt«. Richard Schaller, einst stellvertretender Gauleiter und wie sein Förderer

Grohé NSDAP-Mitglied der ersten Stunde, außerdem Mitglied bei SA und SS, durfte unwidersprochen ausführen, wie gut die »Fremdarbeiter« im Gau behandelt worden seien. Zur Bestätigung trat Franz Binz in den Zeugenstand, ein NSDAP-Mitglied seit 1927. Ab 1939 war der vorbestrafte SA-Ehren-Standartenführer und SS-Mann als »Reichstreuhänder für Arbeit« auch der regionale Vertreter Robert Leys bei der Deutschen Arbeitsfront. Der ehemalige Kölner Polizeipräsident Walter Hoevel, lange vor 1933 NSDAP-Mitglied und Ex-SA-Gruppenführer, lobte den »langen, zermürbenden Kampf« des Gauleiters für zusätzliche Feuerlöschgeräte in der Trümmerstadt.

Gauleiter Grohé bestritt, von Verbrechen gewusst zu haben. Er behauptete sogar, von dem Pogrom gegen die Juden im November 1938 erst im Nachhinein erfahren zu haben. Auch für diese freche Behauptung gab es einen prominenten Zeugen, der eine geradezu abenteuerliche Geschichte zum Besten gab. Hofrat Professor Dr. Hans von Haberer, Rektor der Kölner Universität von 1935 bis 1938, berichtete von einer Verabredung mit seinem Förderer Grohé am »Morgen nach der Walpurgisnacht«. Der Wiener Mediziner erinnerte sich daran, dass der sonst immer pünktliche Gauleiter auf sich habe warten lassen. Als er schließlich gekommen sei, habe er von einem Anruf berichtet. Angeblich brenne die Synagoge, habe ihm der ahnungslose Grohé gesagt und dies als »Karnevalsscherz« abtun wollen. Er habe ihn dann erstaunt gefragt: »Wie das wissen Sie nicht?« Erst in diesem Augenblick sei Grohé über die tatsächlichen Vorgänge »ins Bild gekommen«, zitierte der *Kölner Stadt-Anzeiger* den einstigen Rektor. Die Zeitung kommentierte den dritten Verhandlungstag in Bielefeld mit den Worten, er sei fast einer »Heiligsprechung des Angeklagten« gleichgekommen. Das war anscheinend selbst dem ansonsten recht wohlwollend über Grohé berichtenden Journalisten zu viel.

Der ehemalige NS-Gauleiter sei bestens vorbereitet gewesen, schrieb der Berichterstatter. Auf jede Frage habe er eine Antwort gehabt. Warum er sich in einem Boot aus dem Staub gemacht habe, wollte der Staatsanwalt wissen. »Hätten Sie als Reichsverteidigungskommissar nicht an die Front gehört?« Da hätte er nichts mehr bewirken können, antwortete der einstige Nazi-Funktionär. Die amerikanischen Panzer hätten doch schon in der Stadt gestanden. »Es konnte gewiss nicht meine Aufgabe als Reichskommissar sein, mich gefangen nehmen zu lassen.«

»EINER DER MENSCHLICH BESTEN GAULEITER«

Zum Ende des Prozesses mussten der Angeklagte, sein Verteidiger und die vielen freundlich gestimmten Zeugen nichts Entlastendes mehr sagen. Das übernahmen die Ankläger, ein Oberregierungsrat aus dem Zentraljustizamt in Hamburg und ein leitender Staatsanwalt des Bielefelder Landgerichts. Man habe es mit einem ehemals mächtigen Mann zu tun, aber dieser habe seine »Machtfülle« eher zum Wohle vieler Einzelfälle und »gegen wildgewordene SS-Führer« genutzt. Josef Grohés Lebensführung sei »anständig« gewesen, er habe seine Stellung niemals »zum Nutzen seiner Familienangehörigen« ausgenutzt. Er sei als »Idealist« von der »Staatsmacht« missbraucht worden. Anrechnen müsse man ihm, dass er die »blutrünstigen Reden«, die er vor 1933 gehalten habe, nicht in die Wirklichkeit umgesetzt habe. »Ein offenes Wort« sei stets geduldet worden. »Er war einer der menschlich besten Gauleiter.« Das alles müsse bei der Strafzumessung beurteilt werden, so die Anklage. Sie beantragte fünf Jahre Haft.

Das Gericht sah sich nicht in der Lage zu klären, ob Grohé persönliche Verantwortung für Verbrechen trug. Allerdings konnte der Funktionär aus der zweiten Reihe des NS-Machtapparats auch seine Unschuld nicht beweisen, was nötig gewesen wäre, um freigesprochen zu werden. So wurde er im September 1950 zu einer Gefängnisstrafe von vier Jahren und sechs Monaten verurteilt. Kein Freispruch also, aber doch ein sehr mildes Urteil, das unmittelbare Folgen hatte.

Grohé hatte nach seiner Enttarnung 1946 vier Jahre und einen Monat in Haft verbracht. Die Ankläger wollten fünf Jahre Freiheitsstrafe für den Angeklagten, um zu verhindern, dass er nach

Anrechnung seiner Haftzeit direkt freikam. Er glaube nicht, »dass es gerecht ist, wenn er jetzt die Freiheit schon wieder sieht«, hatte der Staatsanwalt in seinem Plädoyer gesagt. Das sah das Gericht anders. Weil Grohé in Einzelhaft gelitten habe und seine Familie alle Ersparnisse aufgebraucht und keinerlei Einkommen mehr habe, solle er sofort freigelassen werden. Die fünf Monate Reststrafe wurden ihm erlassen. So war der örtliche Stellvertreter des Führers im Rheinland im September 1950 ein freier Mann, konnte sich mit alten Kameraden im Brauhaus treffen und damit beginnen, sich eine neue Existenz als freiberuflicher Kaufmann aufzubauen.

Gelassen dürfte er dem Abschluss des parallel laufenden, offiziellen Entnazifizierungsverfahrens sowie zwei weiteren Prozessen in Köln entgegengesehen haben. Tatsächlich – man glaubt es kaum – hinterließ das Bielefelder Urteil einen so nachhaltigen Eindruck, dass das Entnazifizierungsverfahren einfach eingestellt wurde. Auch der vierte Prozess gegen Grohé 1952 war erfolglos, weil die Beweise fehlten. Vor dem Kölner Landgericht ging es um ein Verbrechen gegen die Menschlichkeit: Grohés Verantwortung für die Erschießung von 70 noch nicht verurteilten Häftlingen der Gestapo in einem Gefängnis in Siegburg. Wieder fehlten Beweise und Zeugen, um eine direkte Verbindung zum Gauleiter herzustellen. Stattdessen kam es vor Gericht offenbar zu einer weiteren »Versammlung günstiger Leumundszeugen«, die den Eindruck vermittelten, dass »in Köln alles in bester Ordnung gewesen sei«, wie ein Zeitzeuge berichtete. Erst Jahrzehnte später tauchte ein Fernschreiben auf, das Grohé im März 1945 an das Führerhauptquartier in Berlin geschickt hatte. Darin hatte er Reichsleiter Martin Bormann mitgeteilt, dass alle Häftlinge auch ohne Urteil »sofort erschossen« würden.

Der fünfte und letzte Prozess gegen Grohé führte zu keiner weiteren Verurteilung, obwohl es diesmal sehr konkret wurde. Ein Bürger hatte Anzeige wegen der Deportation von Hedwig Walzel erstattet, die von Köln aus ins Konzentrationslager Theresienstadt gebracht worden war und dort ums Leben kam. Grohé hatte im Oktober 1944 öffentlich gemacht, dass sein Gau völlig »judenrein«

werden solle. Ab diesem Zeitpunkt richtete sich die Verfolgung auch gegen alle »Halbjuden« und »privilegierte«, also mit »Ariern« verheiratete Juden. Davon betroffen war auch das Ehepaar Oskar und Hedwig Walzel.

Der Literaturwissenschaftler Oskar Walzel war unter nicht geklärten Umständen bei einem Bombenangriff ums Leben gekommen. Die Anzeige gegen den ehemaligen NS-Gauleiter berief sich auf das Nachwort in Walzels Lebenserinnerungen. Bei der Vernehmung des Verfassers des Nachworts stellte sich jedoch heraus, dass sich auch in diesem Fall keine direkte Beweiskette zu Grohé herstellen ließ. Das Gericht vertrat die Ansicht, für die Deportation von Hedwig Walzel sei die Gestapo und nicht die Gauleitung verantwortlich gewesen. Es gebe keine Anhaltspunkte dafür, dass sich Grohé um die praktische Umsetzung eines »judenfreien« Rheinlands gekümmert habe. Im Mai 1957 wurde auch dieses Verfahren eingestellt.

ALTE KONTAKTE

Zu diesem Zeitpunkt lebte Grohé, der Hitler auch später noch als »fürsorglichen Vater« bezeichnet haben soll, völlig unbehelligt in seiner Doppelhaushälfte in Brück. Nach dem Bielefelder Urteil hatte er zunächst in einem Mehrfamilienhaus in der Stuppstraße in Ehrenfeld gewohnt. Bei seiner neuen Tätigkeit als Handelsvertreter für bedruckte Werbeartikel und Spielwaren nutzte er alte Kontakte und half, wenn er helfen konnte. Manch altem Parteifreund habe er einen Arbeitsplatz vermitteln können, sagte er einmal.

Der Aufbau einer bürgerlichen Existenz wurde auch nicht durch einen spektakulären Coup der britischen Behörden aufgehalten, die im Januar 1953 führende Köpfe der sogenannten »Naumann-Gruppe« verhafteten. Werner Naumann, einst Staatssekretär im Reichspropagandaministerium und von Hitler in seinem Testament als Nachfolger von Joseph Goebbels vorgesehen, hatte mehrere alte Nazis um sich geschart. Ziel der Gruppe war es, den nordrhein-westfälischen Landesverband der FDP zu unterwandern, um wieder Einfluss zu gewinnen und eine Generalamnestie für alle Kriegsverbrechen durchzusetzen. Weil sich die deutschen Behörden weigerten, gegen die alten Nazis vorzugehen, wurden die Briten selbst aktiv.

Grohé gehörte zu diesem Kreis, wenn auch nicht an vorderster Stelle. Anstatt sich zu distanzieren oder Reue zu zeigen, hatte er den Kampf gegen die verhassten demokratischen Strukturen wieder aufgenommen. Er wurde aber nicht verhaftet, und die Enttarnung des Nazi-Komplotts hatte für ihn keine Folgen. Vielleicht agierte er zurückhaltender als andere, weil mit seiner Begnadigung eine dreijährige Bewährung verbunden war. Doch kann man davon ausgehen, dass der Mann bis zu seinem Tod 1987 ein Nazi blieb.

In Brück sprach man eher hinter vorgehaltener Hand über ihn. Manch Jugendlicher, der vielleicht mal etwas über die gestutzte Hecke geworfen hätte, wuchs in den 1970er- und 80er-Jahren in dem beschaulichen Veedel auf, ohne etwas von dem Nazi-Führer zu wissen. Auch die Tatsache, dass Grohé Geld aus öffentlichen Kassen bezog, schien nicht der Rede wert: Alle Versorgungsansprüche, die er vor und während des Kriegs erworben hatte, blieben unangetastet – einschließlich einer Pension als ehemaliger Reichskommissar im Dienste des NS-Regimes.

Wie hätte ein Protest auch aussehen sollen? Und vor allem: Gegen wen hätte er sich richten müssen? Alle gescheiterten Prozesse, die milde Strafe des Spruchgerichts sowie das Nachkriegs-Arrangement mit den alten Kadern in Gesellschaft, Wirtschaft und Politik waren Ausdruck einer Grundhaltung der überwiegenden Mehrheit der deutschen Bevölkerung. Der Protest hätte sich also mehr gegen sie als gegen den alten Mann am Stadtrand richten müssen.

HELD DER FAMILIE

Mehr als 20 Jahre nach Josef Grohés Tod ermöglichte sein Großneffe Helge Jonas Pösche einen beeindruckenden Einblick in die Familie. Als Abiturient des Deutzer Thusnelda-Gymnasiums nahm er 2009 an einem Geschichtswettbewerb des Bundespräsidenten zum Thema »Helden – verehrt, verkannt, vergessen« teil. Für sein Projekt wollte Pösche Nachfahren der Familie interviewen, doch viele Verwandte lehnten dies ab. Nur eines der vier Kinder Grohés stand für ein Gespräch zur Verfügung. Hinzu kamen Gespräche mit einigen Neffen und Nichten. Auch aus diesem Kreis hatte es Absagen gegeben. Pösches zwei Jahre später veröffentlichter Beitrag »Ein Gauleiter als ›Held‹ der Familie« ist ein Bericht aus einer Parallelwelt. Der junge Autor beschönigte darin nichts. Die von der Verwandtschaft bestaunte Erfolgsgeschichte eines sozialen Aufsteigers aus einer armen, kaisertreuen, deutschnational gesinnten Familie aus dem Hunsrück entfaltete auch nach dem Krieg weiter ihre Wirkung.

Über die Verbrechen der NS-Zeit wurde in der Familie wenig gesprochen. Und wenn, dann hatte das Familienoberhaupt die Deutungshoheit. Die Nachfahren übernahmen Grohés Sicht der Dinge, so Pösche. Sie schafften es, den Nazi-Funktionär der ersten Stunde von »den Nazis« zu trennen. Ein »guter Gauleiter« konnte doch nicht verantwortlich gemacht werden für die Gräuel und den Krieg. Die Trennung war offenbar auch psychologisch wichtig, vermutete Pösche, weil Kölns einstiger Oberbürgermeister Konrad Adenauer, den Grohé aus dem Amt und aus der Stadt gejagt hatte, nach dem Krieg Bundeskanzler geworden war.

Die Familie machte für Adenauers Entmachtung andere verantwortlich. Der Gauleiter, der 1933 die Parole »Adenauer an die Mauer« plakatieren und skandieren ließ, habe Adenauer nicht schaden wollen, sondern ihn vielmehr unterstützt, so die familiäre Lesart. Die Familienmitglieder übernahmen Anekdoten, Lügen und Geschichten bis hin zu der Behauptung, Grohé habe in Wahrheit auch den Juden geholfen. Er habe »die Juden verhältnismäßig gut behandelt«, zitierte Pösche, der später Geschichte studierte und promovierte, eine Nichte von Grohé.

Aus dem »buchstäblich mit Menschenblut befleckten erbärmlichen Zeitgenossen«, wie der Präsident des belgischen Journalistenverbands 1949 Grohé bezeichnet hatte, wurde im Familienkreis jemand, der Achtung verdiente. »In Köln gab es niemanden, der ein schlechtes Wort über meinen Vater verloren hätte. Auch nach dem Krieg nicht«, gab die Tochter zu Protokoll. Eine Nichte sagte: »Die Menschen mochten den Josef. Er war ein guter Gauleiter.« Und eine andere Nichte legte noch einen drauf: »So jemand wird nur einmal in einem Jahrhundert geboren, haben wir immer gesagt.«

Aufschlussreich ist auch, wie der Ehemann einer Nichte sein erstes Familienfest schilderte: »Der stach irgendwie heraus«, sagte er über Grohé. Nach dem Essen habe er ihm dann »Geschichten von früher« erzählt. »Der war überhaupt nicht mehr zu bremsen. Ich hatte den Eindruck, der lebt in diesen alten Zeiten. Geschichten aus der Nazi-Phase, immer so nach dem Motto ›Damals, als ich ein langes Gespräch mit Dr. Goebbels in der Reichskanzlei führte‹.« Dann habe Grohé ihm noch mit auf den Weg gegeben, dass die Berichte über den Holocaust Übertreibungen und Erfindungen seien. Das »mit den Juden« müsse man nicht glauben. »Das wird alles übertrieben. Keine sechs Millionen, sicher nicht. Alles Lügen.« Grohé habe solche Aussagen nicht geflüstert. Jeder im Familienkreis habe sie hören können. Widerspruch gab es keinen, so Pösche, der seinen Großonkel selbst nie erlebt hat, weil er erst drei Jahre nach dessen Tod geboren wurde. Als »wichtige Figur in meiner Familie« habe sich das Bild des guten Gauleiters ins Familiengedächtnis eingeprägt.

DORTMANNS UNGLAUBLICHE GESCHICHTEN

Der 20. Juni 1951 war ein warmer Tag, Gewitterwolken waren im Anmarsch. Der Papst empfing Kanzler Adenauer, in Paris wurde über Deutschlands Wiederbewaffnung diskutiert, und das Kölner Amtsgericht verhandelte die Frage, ob der Hit »Wer soll das bezahlen?« wirklich aus der Feder von Jupp Schmitz stammte. Die Meldungsspalten der Zeitungen waren zu klein, um jedem Altmetalldiebstahl ein paar Zeilen zu widmen. Es sei denn, sie waren außergewöhnlich: So hatten in Sülz zwei Metalldiebe ihre Jacken mit Ausweispapieren am Tatort liegen lassen. Und auf der Südbrücke hatten Unbekannte ganz dreist elf Meter Draht aus einem Fernsprechkabel herausgeschnitten. Der spektakuläre Fund von Schrottsammlern auf einem Trümmergrundstück an der Richard-Wagner-Straße hätte es sicher auch in die Zeitungen geschafft, doch die Polizei hielt es für angemessen, erst einmal ohne größere öffentliche Aufmerksamkeit zu ermitteln.

Weil Firmen aus der Nachbarschaft auf dem Trümmergrundstück ihren Müll entsorgten, hatten sich dort zwei Brüder aus der Ehrenfelder Körnerstraße auf die Suche nach Brauchbarem gemacht. An der Rückseite eines stark beschädigten Gebäudes, von dem nur noch die Grundmauern standen, ragte aus dem Erdreich eine Eisenstange heraus. Als der Ältere der beiden versuchte, die Stange herauszuziehen, kam das Erdreich ins Rutschen, ein Stück Mauer brach ein, und von der Decke lösten sich Betonstücke. Da hatte jemand offensichtlich unter der eigentlichen Betondecke eine Zwischendecke eingezogen und den Hohlraum mit Sand, Steinen und Erde verfüllt. Die beiden Brüder machten einen grausigen Fund: In der Erde lagen zwei Beinknochen. Sie fanden weitere Teile eines menschlichen Skeletts und schließlich einen Schädel. Außerdem stießen sie auf Reste von Schuhen und Handschuhen sowie eine zerfledderte Geldbörse. Die Überreste des Skeletts legten sie etwas abseits aufs Gras und deckten sie mit Blättern zu.

Vielleicht hätten die beiden es dabei belassen. Doch ein Elfjähriger aus der Nachbarschaft ließ sie nicht so einfach ziehen. Der Schüler aus der fünften Klasse der Volksschule in der Zwirnerstraße hatte die Schrottsammler entdeckt. Die hätten »so erschrockene, leichenblasse Gesichter« gehabt, dass er sie gefragt habe, was denn passiert sei, gab er zu Protokoll. Er benachrichtigte die Polizei und führte sie in den Hof. Schnell war klar, um wen es sich bei dem Toten handelte. Im Oktober 1944 hatte die Ehefrau eines Revisors eine Vermisstenanzeige gestellt, nachdem sie wochenlang auf ein Lebenszeichen von ihrem Mann gewartet hatte. Die gerichtsmedizinische Untersuchung des Gebisses des Skeletts brachte nun Gewissheit: Über die Goldzähne ließ sich der Zahnarzt finden. Der einbetonierte Tote war der seit fast sieben Jahren vermisste Johann Kobier. Die Untersuchung der Schädelverletzungen ergab, dass der Mann von hinten mit einem stumpfen Gegenstand erschlagen worden war.

Nur neun Tage nach dem Leichenfund vermeldeten die Zeitungen, dass der Mordfall aufgeklärt sei. Die Ermittler waren sich sicher: Der Kölner Architekt und Bauunternehmer Hans-Alf Dortmann war der Mörder von Johann Kobier. Dortmann war ihnen nicht nur wegen eines langen Vorstrafenregisters bekannt. Es gab auch viele Vorwürfe und Ungereimtheiten, was sein Leben in Zeiten der Diktatur anging.

NS-VERFOLGTER ODER LÜGNER?

Britische und deutsche Behörden hatten sich nach dem Krieg jahrelang mit ihm herumgeschlagen. Dortmann sah sich als Verfolgter des NS-Regimes; die britischen Besatzungsbehörden wie auch die Kölner Polizei waren jedoch ganz anderer Meinung. Die Ermittler vermuteten sogar, dass er in den letzten Monaten der NS-Zeit als Gestapo-Spitzel aktiv war. Die Zeugenaussagen aus dem Umfeld des Ermordeten ließen kein gutes Haar an Dortmann. Zusammen mit Johann Kobier gehörte er zu einer Gruppe, die sich 1944 in dem Haus in der Richard-Wagner-Straße getroffen hatte. Von dem Skelett in der Zwischendecke führte eine direkte Verbindung zu einer Razzia der Gestapo gegen diese Gruppe: Kurze Zeit nach dem Verschwinden Kobiers waren im Opernviertel 20 Männer festgenommen worden. Anlass war ein Schnapsdiebstahl. In den Räumen, die offensichtlich heimlich zu einem Bunker ausgebaut werden sollten, fand die Polizei allerlei, das auf bewaffnete Raubzüge und Plünderungen hinwies.

Mit der Razzia und ihren Folgen hatte sich die Kölner Polizei bereits 1946 beschäftigt. In einer anonymen Anzeige war Dortmann beschuldigt worden, für den Tod eines weiteren Mannes verantwortlich zu sein. Denn der mutmaßliche Kopf der Gruppe, Willi Balwinski, war nach der Razzia während seiner Haft im Klingelpütz ums Leben gekommen. Dem gingen schwere Misshandlungen voraus, unter anderem von Mithäftlingen. Einer der Schläger war Hans-Alf Dortmann. Auch wenn bei den Ermittlungen nach dem Krieg schnell klar wurde, dass er keine direkte Schuld am Tod Balwinskis trug, blieb er doch verdächtig. Jemand hatte die Hehler- und Diebesbande in der

Nachbarschaft des Opernhauses verraten. Es deutete viel darauf hin, dass die Gestapo den entscheidenden Tipp von einem Mitglied der Gruppe bekommen hatte.

Der 1912 geborene Dortmann hatte studiert und seine Prüfung als Architekt 1932 mit sehr guten Noten abgeschlossen. Danach arbeitete er als Werbeassistent, Grafiker und Bauzeichner. Da war es nicht ganz einfach zu erklären, warum er trotz guter Ausbildung und gut bezahltem Beruf gleich mehrfach wegen verschiedener Eigentumsdelikte vorbestraft war. Die Liste war lang: Untreue nach einem Konkurs, Körperverletzung, Diebstahl und Fundunterschlagung. Siebenmal war Dortmann bereits in der Vorkriegszeit verurteilt worden. Er hatte in Bad Dürkheim, Stuttgart und zweimal in Düsseldorf eingesessen. Sechzehn Monate Haft waren insgesamt zusammengekommen; dazu kamen drei Geldstrafen. 1939 folgte eine weitere Verurteilung wegen Diebstahls, die ihm eine achtmonatige Haftstrafe einbrachte. Als er diese verbüßt hatte, empfing ihn die Gestapo am Gefängnisausgang, nahm ihn in »Schutzhaft« und schickte ihn ins KZ.

Nach dem Krieg erklärte Dortmann immer wieder, er sei wegen seiner politischen Gesinnung ohne Gerichtsbeschluss für dreieinhalb Jahre in den Lagern in Oranienburg und in Neuengamme eingesperrt worden. Auch die Verhaftungen nach der Razzia im Opernviertel sah er in einem politischen Kontext. Er habe dort einen Bunker für den Endkampf gegen die SS ausbauen wollen. Hier habe sich die Widerstandsgruppe »Opernhaus« getroffen. Außerdem sei der Keller ein Versteck für Juden und andere Verfolgte gewesen.

Es gab nur wenige, die ihm glaubten. Alle, die nach dem Krieg gegen ihn ermittelten, hielten ihn – genau wie die Ermittler während der NS-Zeit – für einen Gewohnheitsverbrecher und Lügner. Auch vor dem Entnazifizierungsausschuss hatte Dortmann einen schweren Stand. Eine positive Beurteilung des Ausschusses war wichtig, um Aufträge für den Wiederaufbau der Stadt zu bekommen. Auch Baumaterial gab es in den ersten Jahren nach dem Krieg nur mit einer möglichst sauberen Weste. Dortmann kämpfte jahrelang für seine Ehre und gegen ein Berufsverbot. Als es ihm schließlich gelang, in zweiter Instanz an den nötigen »Persilschein« zu kommen, hätte Ruhe in sein Leben einkehren können – wären nicht die zwei Metallsammler bei der Durchsuchung des Trümmergrundstücks auf das Skelett von Johann Kobier gestoßen.

»BEFEHLSBUNKER MIT WAFFENARSENAL«

Was war wahr, was gelogen? Alle protokollierten Aussagen von und über Dortmann aus den Jahren 1939 bis 1951 sind so abenteuerlich und widersprüchlich, dass man im Rückblick nur sicher sein kann, dass nichts gesichert ist. Wenn man schon heute mit viel Abstand Schwierigkeiten hat, Akten und Aussagen aus der Zeit der Diktatur zu bewerten, wie mag es dann erst in der komplizierten Gemengelage der Nachkriegsjahre gewesen sein? Wie sollte eine tief verunsicherte Gesellschaft voller Verstrickter und Mitläufer über Schuld und Sühne entscheiden? Was sollten die Maßstäbe zur Beurteilung individuellen Verhaltens sein? Was ein paar Monate zuvor noch als Schwerverbrechen gegolten hatte, konnte nun ein Beleg für aufrechte Gegenwehr sein. Und andersherum: Dieselbe Person, die sich mit vielen Zeugnissen den besten Leumund verschaffen konnte, wurde von anderen als kriminell angesehen. Alte Feindschaften, späte Racheaktionen, üble Nachrede – für Redliche lauerten überall Gefahren, während es sich viele der Unredlichen wieder satt und feist bequem machten.

Bei der Suche nach der Wahrheit gab es viele Jahrzehnte später, im Jahr 2018, Hinweise von Renate Dortmann, der Ehefrau des Architekten. Sie war von seiner Aufrichtigkeit und Unschuld überzeugt. Nach einem Bericht im *Kölner Stadt-Anzeiger* über sogenannte »stille Helden« in der NS-Zeit schrieb sie dem Autor dieses Buchs einen Brief. Anlass war ein Bericht über eine sensationelle Erbschaft: Elizabeth Reichert aus den USA schenkte dem Kölner Zoo 22 Millionen Euro – als Dank an ihre alte Heimatstadt. Die 93-jährige Spenderin berichtete, sie habe ihren inzwischen verstorbenen Mann Arnulf im zerstörten Köln in einem Versteck in der Nähe der Aachener Straße kennengelernt. Ihr Ehemann habe die Nazi-Diktatur nur überlebt, weil es in Köln und im Umland ein paar Menschen gegeben habe, die ihm geholfen hätten.

Die vage Ortsangabe des letzten Verstecks in der Innenstadt ließ Renate Dortmann vermuten, dass ihr Mann dem verfolgten Arnulf Reichert geholfen haben könnte. Vielleicht sei ja der Bunker, den ihr Mann gebaut habe, Reicherts Unterschlupf gewesen. Ihr Mann habe dort Widerstandskämpfer, Deserteure, Juden, Ausländer und andere versteckt. Die viel zu späte Spurensuche konnte nicht klären, ob es tatsächlich eine Verbindung zwischen den beiden Männern gab. Alles, was Renate Dortmann wusste, hatte ihr Ehemann berichtet. »Er hat wenig von der Zeit erzählt«, sagte sie am Telefon. Ihr Mann war 22 Jahre älter als sie, kennengelernt hatten sie sich erst lange nach Kriegsende. Sie glaubte ihm.

Das galt auch für die Umstände seiner Inhaftierung im KZ. Die Nazis hätten ihn bestraft, weil er Juden zur Flucht verholfen habe. Nach seiner Freilassung habe man ihn nach Russland an die Front geschickt, berichtete die Rentnerin. Eine Verwundung in Stalingrad 1942 habe ihn vom weiteren Kriegsdienst befreit. Er sei nach Köln zurückgekehrt und habe in der Richard-Wagner-Straße ein Büro eröffnet, um wieder als Architekt zu arbeiten. Den Keller des zerstörten Nachbarhauses soll er dann ab 1944 zu einem Bunker ausgebaut haben. Unter den Dokumenten, die Renate Dortmann verwahrte, befanden sich zahlreiche eidesstattliche Erklärungen, die ihr Mann nach dem Krieg dem Entnazifizierungsausschuss vorgelegt hatte. Darin beschrieben einige Zeitzeugen den Keller nicht nur als Versteck für Verfolgte, sondern als Zentrale des Widerstands. »Ein Befehlsbunker mit Waffenarsenal« sei das gewesen, ist in einem Schreiben zu lesen – unterschrieben von einem Mann aus Deutz, der sich selbst als »Halbjuden« bezeichnete.

Weitere Zeugen, die Hans-Alf Dortmann Anstand und Moral bescheinigten, bestätigten die Existenz der Widerstandsgruppe »Opernhaus«. »Für die Organisierung des Widerstands in der Stadt wurde unter seiner Leitung der Bunker in der Richard-Wagner-

Straße errichtet, der gleichzeitig Flüchtlingen und Verfolgten zur Aufnahme diente«, hielt ein Mann aus Braunsfeld fest. Ein Jude bescheinigte dem Architekten, dass dieser ihn versteckt habe. »Mir ist bekannt, dass Herr Dortmann in der Richard-Wagner-Straße verfolgte Ausländer verborgen hielt und in der Widerstandsbewegung tätig war.«

IN DEN FÄNGEN DER GESTAPO

Doch was ist von solchen Aussagen zu halten, wenn über den Besagten auch eine 192 Seiten dicke Gestapo-Akte existiert, in der an keiner Stelle von politischem Engagement, von Hilfe für Juden oder vom Aufbau einer Widerstandsgruppe die Rede ist? Die Geheime Staatspolizei hatte Hans-Alf Dortmann im Visier und ihn 1939 ins KZ geschickt. Daran gab es keinen Zweifel, wohl aber an den Gründen für die »Schutzhaft«. Wenn die Gestapo ihn für einen Regimegegner gehalten hätte, hätte sie dies wohl kaum verschwiegen. Für sie war Dortmann ein Gewohnheitsverbrecher. Der Schutzhaftbefehl listete seine Vorstrafen auf, um dann festzustellen, dass Dortmann »auf freiem Fuß belassen eine dauerhafte Gefahr für die öffentliche Sicherheit« darstelle.

Die Schutzhaft im KZ wurde mehrfach verlängert. Als Dortmanns Mutter im März 1942 beantragte, ihn aus dem Konzentrationslager zu entlassen, wurde dies mit dem Hinweis auf seine »verbrecherische Neigung« abgelehnt. Er sei eine »Gefahr für die Allgemeinheit«, man müsse davon ausgehen, dass er nach einer Freilassung sofort wieder straffällig werde. Frei kam er kurz darauf nur, weil er sich für den Einsatz an der Front meldete. Die Gestapo empfahl einer Dienststelle der Wehrmacht, Dortmanns »Gesuch« anzunehmen und ihn einzuberufen. Das letzte Blatt der Akte ist eine von Dortmann unterschriebene Erklärung zur Entlassung aus dem KZ. Über die Umstände seiner Verhaftung im Opernviertel im Jahr 1944 ist in der Akte nichts vermerkt. Auch die Tatsache, dass die Gestapo den Fall unmittelbar nach der Razzia gegen »Wirtschaftsdelikte und Schwarzmarktgeschäfte«

an das Einbruchsdezernat der Kripo abgab, spricht nicht für eine Aktion gegen kampfbereite Regimegegner.

Nach dem Krieg musste sich Dortmann gleich an mehreren Fronten gegen Anschuldigungen wehren. Der anonyme Vorwurf, für den Tod von Willi Balwinski verantwortlich zu sein, brachte 1946 Ermittlungen in Gang, die ein furchtbares Kapitel der Kölner Polizeigeschichte aufdeckten. Während die meisten der Männer, die bei der Razzia im Opernviertel festgenommen worden waren, nach kurzer Zeit wieder freikamen, standen Balwinski, Dortmann und zwei weiteren Gefangenen grausame Wochen im Klingelpütz bevor, wo in den letzten Monaten der Diktatur die totale Verrohung herrschte. Polizisten zwangen die Gefangenen, sich gegenseitig zu verprügeln.

Balwinski war von Anfang an schlimmer traktiert worden als die drei anderen. Die Misshandlungen verfehlten ihre Wirkung nicht: Der Mann schwärzte seine Mitgefangenen an, woraufhin die Gestapo alle vier an Heiligabend 1944 ins El-De-Haus am Appellhofplatz bringen ließ. Im Zimmer eines für seine Brutalität gefürchteten Kriminalkommissars sahen sie sich zum ersten Mal nach der Razzia wieder. Balwinski sollte seine Anschuldigungen gegen die anderen wiederholen, und diese sollten ihn dafür mit Schlägen bestrafen. Balwinski nahm alles zurück. Verprügeln mussten ihn die drei anderen trotzdem. Der Polizist habe sie gezwungen, sich gegenseitig mit einem Tischbein Hiebe zu verpassen, berichteten die Gefolterten nach dem Krieg. Als Balwinski sich geweigert habe, mitzumachen, sei alles noch schlimmer geworden. Schließlich habe der Kommissar so heftig mitgeprügelt, dass Balwinski bewusstlos zusammenbrach. Immer wieder wurde er aufgerichtet und weiter geschlagen. Zurück im Klingelpütz konnte Balwinski nicht mehr laufen, doch die Misshandlungen gingen weiter, bis man ihn schließlich an das Eisengitter seiner Zelle band und totschlug.

Der Abschlussbericht der Nachkriegsermittlungen von Januar 1947 nennt zwei SS-Männer als Täter: Josef Dahmen, Oberscharführer und Kommissar bei der Gestapo, war demnach der Haupttäter. Sein Vorgesetzter Winand Weitz, ein SS-Offizier und Chef der Aufsicht über den Gestapo-Flügel im Gefängnis, habe die Taten erlaubt und gedeckt, so die Ermittler. Unbewiesen blieb, ob auch eine weibliche Gefangene beteiligt war. Zeugen hatten ausgesagt, Dahmen habe unter den weiblichen Häftlingen zwei »Geliebte« gehabt. Eine könnte bei der Ermordung Balwinskis geholfen haben. Dahmen konnte nach dem Krieg nicht mehr befragt werden, weil er im März 1945 an Fleckentyphus gestorben war. Weitz wurde erst 1968 verhört und bestritt alle Vorwürfe. Lediglich die Liebschaft seines Untergebenen mit einer Gefangenen räumte er ein. Die Ermittler ließen ihn wieder gehen.

IN DER POGROMNACHT AKTIV

Die Frage, warum Balwinski anders behandelt wurde als die drei anderen, konnte nie geklärt werden. Natürlich war auch Dortmann ein Opfer der Gestapo. Doch der Spitzelverdacht blieb an ihm kleben. Mehr noch: Während seines langen Entnazifizierungsverfahrens wurde er immer wieder beschuldigt, kein Gegner, sondern ein Sympathisant der Nazis gewesen zu sein. Bei dem Versuch, die Vorwürfe zu widerlegen und seinen Ruf zu retten, tischte er den Behörden eine abenteuerliche Geschichte nach der nächsten auf. Plausibel waren die wenigsten. Dass ihm kaum einer glauben wollte, lag nicht zuletzt an ihm selbst.

Unliebsame Konkurrenten und seine damalige Ehefrau, mit der ein Scheidungskrieg tobte, befeuerten den Verdacht, der selbsternannte Regimegegner habe seine Geschichten erfunden. Der ehemalige KZ-Häftling musste sich sogar anhören, selbst ein prügelnder Nazi gewesen zu sein. Dortmanns Gegner erstatteten Anzeigen und schrieben böse Briefe. Er sei bei der SS gewesen und habe sich tatkräftig an Aktionen in der »Reichskristallnacht« im November 1938 beteiligt, hieß es da. Ein anonymer Briefeschreiber ließ die britische Militärregierung 1947 »im Namen alteingesessener Bauunternehmer« wissen, dass es »die Kölner Bauunternehmen alten Formats und auch die Behörden nur begrüßen«

würden, wenn Dortmanns Firma »das Handwerk endlich gelegt würde«. Auch dieser Schreiber behauptete, Dortmann sei in der SS gewesen. Nach dem Krieg habe er sich in seiner Firma mit einem »führenden Propagandaleiter« der NSDAP zusammengetan, der »zuweilen heute noch in SA-Hemden« herumspaziere.

Als der Brief bei den Behörden eintraf, hatte sich dieser Geschäftspartner genau wie ein dritter Gesellschafter in Dortmanns Firma längst mit ihm überworfen. Beide bezeichneten Dortmann als Betrüger und Hehler. Sie warfen ihm Untreue vor und hatten ihn im Verdacht, mit einer Einbrecherbande zusammenzuarbeiten, die die Firma bestehle. Seiner Reputation dürfte dies nicht zuletzt deshalb geschadet haben, weil der zweite Mitgesellschafter exakt jener jüdische Zeuge war, der Dortmann ein Jahr zuvor noch eidesstattlich Edelmut im Bunker bescheinigt hatte.

Hinzu kamen Vorwürfe der Militärbehörde. Sie ließ den Entnazifizierungsausschuss wissen, dass Dortmann sich als ihr Mitarbeiter ausgegeben und unberechtigt Fahrzeuge beschlagnahmt habe. Die Briten betrachteten ihn als einen Straftäter, der auch in der NS-Zeit »aus rein kriminellen Gründen« inhaftiert worden sei. Deshalb sei auch sein Antrag auf Anerkennung als politisch Verfolgter abgelehnt worden. Als Strafe sei ein Berufsverbot angemessen. Dem Entnazifizierungsausschuss empfahlen sie, sein Vermögen zu sperren und weitere Maßnahmen gegen ihn zu beschließen.

FILMREIFE ERKLÄRUNGEN

Den stärksten Beleg, der Dortmanns Verfehlungen beweisen sollte, lieferte Dortmann selbst. Unfreiwillig wurde er zum wichtigsten Zeugen für diejenigen, die in ihm einen Lügner sahen. Wie aus dem Nichts war nach dem Krieg das Protokoll seiner Aussage im Prozess aus dem Jahr 1939 aufgetaucht. Es belegte nicht nur die Anklage wegen Diebstahls; Dortmann hatte die Straftat sogar gestanden. Mehr noch: Bei dem Versuch, den Richter milde zu stimmen, hatte er sich als aktiven Nazi beschrieben. Schon vor der »Reichskristallnacht« habe er bei Aktionen gegen Juden mitgemacht, Schaufenster eingeworfen und Läden zerstört. Ein Zeuge im damaligen Prozess schilderte ihn als »alten Kämpfer« und SS-Fördermitglied.

Nach der Vorlage dieses Protokolls war für den Entnazifizierungsausschuss klar, dass man Dortmann nicht glauben konnte. Er wurde 1946 als »Belasteter« eingestuft und durfte keine Geschäfte machen. Der Beschuldigte wollte das nicht akzeptieren und strengte ein zweites Verfahren an. Dortmann und sein Anwalt überschütteten die Zuständigen mit ausführlichen Briefen und Erklärungen. 100 Schriftstücke umfasst seine Entnazifizierungsakte. Das ist ungewöhnlich. Eine solche Akte enthält sonst meist nur wenige Blätter: einen Fragebogen zu Mitgliedschaften, einige persönliche Daten, ein paar Protokollnotizen. Auf dieser Grundlage wurde damals entschieden, ob jemand als »Belasteter«, »Minderbelasteter«, »Mitläufer« oder »Entlasteter« einzustufen war.

Die Art und Weise, wie sich der Architekt und Bauunternehmer gegen seine negative Beurteilung sowie die damit verbundenen beruflichen Einschränkungen wehrte, ist beachtlich. »Nicht genug, dass ich dreieinhalb Jahre lang schwerste körperliche Leiden in einem Nazi-Konzentrationslager erdulden musste, bin ich heute an den Rand meines wirtschaftlichen Ruins gebracht«, schrieb Dortmann. Beeindruckend ist der Schriftverkehr auch, weil er ständig neue unglaubliche Geschichten präsentierte, für die er weitere Leumundszeugen benannte. Wie er seine Aussage und sein Geständnis im Prozess von 1939 erklärte, war geradezu filmreif.

Dortmann berichtete, seine damalige Braut habe aus einer Familie überzeugter Nazis gestammt und er sei von seinen zukünftigen Schwägern unter Druck gesetzt worden, weil diese von seiner kritischen Einstellung wussten. Sie hätten ihn zu einer Spende an die SS gezwungen, die ihn später fälschlicherweise als Fördermitglied erscheinen ließ. Tatsächlich habe er aber nur magere neun Reichsmark gespendet. Die »mit einer Nummer versehene Anstecknadel« sei ihm »aufgedrängt« worden. Gleichzeitig vertrauten ihm die Schwäger aber offenbar so stark, dass sie ihm über die Vorbereitungen der »Judenaktion« im November 1938 berichteten: Als »Sühne« für die Ermordung des deutschen Diplomaten Ernst vom Rath in Paris solle »auf Befehl der obersten SS-Führung aller jüdischer Besitz zerstört werden«. Im ganzen Reich würden »als Auftakt zu diesem Vergeltungswerk um Mitternacht die Synagogen in Flammen aufgehen«. SA und SS wollten die Aktion in Zivil als »Volksaufstand« durchführen. Ein Schwager habe Dortmanns Auto leihen wollen, um damit Benzin als Brandbeschleuniger zu transportieren. Er habe einen Motorschaden vorgegeben, um seinen Wagen dafür nicht hergeben zu müssen.

Natürlich sei der Architekt in der Pogromnacht aktiv gewesen, heißt es in einem Schreiben seines Anwalts: »Dortmann hat sich gewiss beteiligt, aber nicht auf Seiten der Nazis, sondern auf Seiten der verfolgten Juden, indem er sie warnte, ihre Habe retten half und mit ihnen in Verbindung blieb.« Er habe vor Gericht gelogen, um sich zu schützen. Das gelte auch für den Funddiebstahl, den er gestand und für den er verurteilt wurde. Richtig sei vielmehr, dass ihm ein Jude zum Dank für seine Hilfe ein kleines Aquarell geschenkt habe. Dortmanns Darstellung, er habe das Bild während der »Judenaktion« in einer Wohnung gefunden und einfach behalten, sei 1939 Teil seiner Verteidigungsstrategie gewesen, um der Gestapo zu entgehen. Dortmann schrieb, er habe sich des Funddiebstahls bezichtigt, denn sonst »wäre mein Leben sofort verwirkt gewesen. So hatte ich wenigstens die geringe Chance, in reguläre Justizhaft zu kommen«. Er behauptete, seine Braut habe ihn bei ihrer Familie angeschwärzt, woraufhin deren Brüder ihn bei der Gestapo angezeigt hätten.

In der Gestapo-Akte liest sich das anders: Demnach schaffte Dortmann während der Pogromnacht insgesamt 15 Bilder beiseite, von denen nur jenes Aquarell wieder auftauchte. Außerdem wurde ihm Amtsanmaßung vorgeworfen, weil er sich mit einem gefälschten Ausweis als Gestapo-Mitarbeiter ausgegeben habe. Man wundert sich beim Lesen der Berichte. Die Geheime Staatspolizei ermittelte gegen Dortmann wegen »räuberischer Erpressung gegenüber Juden« und des »Verdachts der Ausschreitung bei der Judenaktion«.

Die Gestapo-Akte dokumentiert Dortmanns Antworten auf die Frage, woher er das Bild habe. Zunächst gab er an, er habe es von seiner Braut bekommen, die es in »einer Rumpelkammer der Eltern« gefunden habe. Später sagte er, das Aquarell sei ein Geschenk gewesen. Schließlich behauptete er, es gefunden zu haben. Man darf sich weiter wundern: Die Gestapo lud sogar den bestohlenen Juden als Zeugen vor, der Dortmanns Darstellung widersprach. Das Bild sei ihm von einem Mann mit Gestapo-Ausweis gestohlen worden. Weil er sich aber bei der Frage, ob er Dortmann wiedererkenne, nicht zu 100 Prozent sicher war, wurden die Ermittlungen wegen räuberischer Erpressung eingestellt. Angeklagt wurde Dortmann nur noch wegen Funddiebstahl.

»POLITICALLY NOT CHARGED«

Als der Entnazifizierungsausschuss 1947 in zweiter Instanz über Hans-Alf Dortmann zu entscheiden hatte, konnten die Prüfer nicht auf die Gestapo-Akte zugreifen. Ihn zu fragen, wie seine Aussagen nach dem Krieg zu seinen damaligen Angaben passten, wäre interessant gewesen. Wenig glaubwürdig ist auch der Teil von Dortmanns Bericht, den er mit »Schilderung der tatsächlichen Begebenheiten im Jahre 1938 als Vorgeschichte zu meiner Gestapo Haft 1939 bis 1942« überschrieb. Demnach habe seine verräterische Braut ihren Fehler eingesehen, und sie seien gemeinsam untergetaucht. Der Vater der Braut habe ihn daraufhin wegen Entführung einer Minderjährigen bei der Kripo angezeigt und für weiteren Fahndungsdruck gesorgt. Als sein Anwalt ihm empfohlen habe, seine Flucht zu beenden, ließ er sich in Düsseldorf festnehmen.

Die Gesinnungsprüfer nahmen auch Dortmanns Darstellung der Gründe für seine KZ-Inhaftierung unwidersprochen hin. Im Schutzhaftbefehl habe man ihm den »verbotenen Umgang mit Juden und seine judenfreundliche Einstellung« vorgeworfen. Außerdem habe man ihm die »Beiseiteschaffung jüdischen Vermögens ins Ausland« zur Last gelegt. »Er ist als Volksschädling und Staatsfeind zu betrachten«, zitierte Dortmann den Befehl. Der Gestapo-Kommissar vor dem Gefängnistor habe ihn unter anderem als »Rotkehlchen«, »Pestbeule am Volkskörper« und »bolschewistisches Schwein« bezeichnet.

Heute weiß man manches, was man damals nicht wissen konnte oder wollte. So konnte Dortmann auch behaupten, dass man mit seinen Vorstrafen gar nicht ins Konzentrationslager kommen konnte. Nur politische Gegner seien nach Oranienburg gebracht worden. »Da ich dorthin ging, wohin alle dem 3. Reich unbequemen Volksgenossen hinwanderten, muss ja wohl einleuchtend sein, dass ich dem Nazi-System aktiven Widerstand entgegengesetzt hatte.« Das war falsch.

Man kann den Akten nicht entnehmen, welche Bedeutung die langen Briefe Dortmanns im zweiten Entnazifizierungsverfahren hatten. In jedem Fall bewies der nun zuständige Entnazifizierungshauptausschuss Unabhängigkeit, als er sich selbstbewusst über die Einschätzungen und Empfehlungen der britischen Militärbehörden hinwegsetzte. Er blendete alle Ungereimtheiten aus und ließ die Frage nach Dortmanns Glaubwürdigkeit offen. Er konzentrierte sich auf die Frage nach Mitgliedschaften in NS-Organisationen, für die die Ausschüsse ursprünglich gegründet worden waren. Und die war eindeutig zu beantworten: Dortmann war kein Mitglied der NSDAP oder irgendeiner anderen NS-Organisation gewesen.

Der Vorwurf, er sei durch eine möglicherweise erzwungene Spende von neun Reichsmark an die SS zu deren Fördermitglied geworden, ließ sich leicht widerlegen. Im Abschlussdokument des Ausschusses heißt es somit nur kurz und knapp: »Aus den vorliegenden Unterlagen ist nicht ersichtlich, dass D. sich an der Judenaktion beteiligt hat, er kann deshalb vom Unterausschuss politisch nicht belastet werden. Die weiteren Unterlagen, fast alle krimineller Art, unterliegen nicht unserem Urteil.« Im August 1947 bekam Dortmann, wofür er so erbittert gestritten hatte: eine Einstufung in die Kategorie 5 als »Entlasteter«, er sei »politically not charged«.

Doch die Vergangenheit holte ihn ein weiteres Mal ein, als 1951 die Überreste von Johann Kobier in der Kellerdecke gefunden wurden und ihn die Polizei kurz darauf verhaftete. Die Frage, warum Dortmanns Bekannter sterben musste, wurde in den Vernehmungen von Zeugen mit verschiedenen Spekulationen beantwortet. Da war von einem Streit um eine wertvolle Briefmarkensammlung die Rede, die Dortmann Kobier gestohlen haben soll. Die Witwe des Ermordeten sagte aus, ihr Mann habe mit Dortmann und anderen regen Schwarzhandel betrieben. Das habe sie 1944 nicht aussagen können, als sie ihren Mann als vermisst gemeldet hatte. Doch sei ihr nun klar, dass ein Streit über die Aufteilung des Diebesguts zur tödlichen Eskalation geführt habe. Ihr Mann habe eine »sehr ernste Auseinandersetzung mit Dortmann« erwartet, als er die Wohnung am Duffesbach am 25. September 1944 verließ. Weil er Dortmann »das Schlimmste« zutraute, habe er eine alte Militärpistole eingesteckt, bevor er mit dem Fahrrad in die Richard-Wagner-Straße gefahren sei.

Andere Aussagen zeichneten ein finsteres Bild einer versprengten Gruppe, in der einer den anderen erpresste und mindestens einer ein Verräter gewesen sein musste. Eine Zeugin wollte gesehen haben, dass sich Dortmann mit lokalen NS-Größen zu Saufgelagen getroffen hatte. »Der spielt nur den politisch Verfolgten.« Der Tote hätte auch ein Spitzel sein können, den man gemeinsam beseitigen musste, um die Gruppe im Bunker zu schützen. Ein ehemaliger Gestapo-Beamter aus Höhenberg sagte aus, dass man mehrere V-Leute auf die Gruppe angesetzt habe.

Als die Polizei am 30. Juni 1951 ihren Schlussbericht vorlegte, hatten die Ermittler eine ziemlich klare Vorstellung von dem Tag, an dem Johann Kobier verschwand. Dass sich Dortmann und Kobier an jenem Septemberabend getroffen hatten, stand unzweifelhaft fest. Der Architekt hatte das bei der Vernehmung zwar zunächst geleugnet, dann aber zugegeben. Täter und Opfer hätten zusammen mit anderen »seit dem Sommer 1944 fortlaufend

Wohnungs- und Geschäftseinbrüche während der Fliegerangriffe auf Köln ausgeführt« und das Diebesgut auf dem Schwarzmarkt verkauft, hält der Bericht fest.

»Äußerst unwahrscheinlich« fand die Polizei Dortmanns Darstellung, in dem Bunker, den er damals für eine »angebliche Widerstandsgruppe« ausgebaut habe, sei ohne sein Wissen eine Leiche einbetoniert worden. Dortmann habe weder eine Erklärung für den Toten in der Bunkerdecke noch ein einwandfreies Alibi gehabt. Er habe vielmehr versucht, den Mord dem toten Willi Balwinski in die Schuhe zu schieben. Das fand die Polizei »verständlich, da dieser sich nicht mehr verteidigen kann«. Selbst in dem unwahrscheinlichen Fall, dass Dortmann nicht selbst der Mörder gewesen sei, habe er zumindest vom Verschwinden Kobiers gewusst und stehe mit der Beseitigung der Leiche in Verbindung. Zwei Tage später erweiterte die Polizei ihren Schlussbericht. Demnach hielt sie Dortmann nun auch für dringend verdächtig, der Gestapo-Spitzel gewesen zu sein, der Balwinski und die gesamte Gruppe verraten habe.

Der Staatsanwaltschaft und dem Gericht reichte das nicht. Es kam zu keinem Prozess. Der Verdächtige wurde schon nach wenigen Tagen aus Mangel an Beweisen aus der Untersuchungshaft freigelassen. 1967 beschäftigte sich noch einmal ein Ermittlungsteam mit dem Fall. Es ging davon aus, dass auch Willi Balwinski ein Mitwisser des Mordes war, weil Kobier ihm und Dortmann nach einer Festnahme hätte gefährlich werden können. Ob Dortmann noch einmal vernommen wurde, ist nicht bekannt. Die Ermittlungen verliefen im Sande – der Fall blieb ein Cold Case. Welche der vielen Geschichten um und von Hans-Alf Dortmann stimmen und welche er erfunden hat, wird sich nie mehr herausfinden lassen. Er starb 1994 und nahm die Wahrheit mit ins Grab.

DER METZGER IN DER JAUCHEGRUBE

Es erstaunt, dass sich nie ein Filmemacher der Sache angenommen hat: Liebe, Intrigen und Leidenschaft an einem Ort, der dem Untergang geweiht war. Rache, Schuld und Sühne zwischen einer Grefrather Jauchegrube und einer in Trümmern liegenden Großstadt. Die erste Einstellung könnte ein Schwenk über das Kopfsteinpflaster der Dorfstraße sein, um dann Änne Hensgens in Großaufnahme einzufangen. Schon das erste Bild der attraktiven dunkelblonden Frau würde den Eindruck vermitteln, dass sie und dieser Ort irgendwie nicht zusammenpassen. Änne Hensgens würde die Augen zusammenkneifen, weil die Sonne ein wenig zu kräftig schien für diesen Junimorgen. Sie würde tief einatmen. Das Gefühl, nicht mehr richtig Luft zu bekommen, war in den vergangenen Wochen zu einem bedrückenden Begleiter geworden. Eine Nachbarin ginge grußlos vorbei. Ob die Unfreundlichkeit Änne gilt oder der schlechten Stimmung im Dorf geschuldet ist, bliebe unklar. Die Grefrather fürchten nämlich, dem Braunkohletagebau weichen zu müssen. Doch Änne Hensgens ist das egal. Sie würde ohnehin nicht bleiben.

So könnte es gewesen sein im kleinen Grefrath im Jahr 1953. Es gibt ein paar Fotos von dem verschwundenen Ort und Porträts der gutaussehenden, sehr selbstbewusst wirkenden Metzgerin, die allen trotzt. Vor allem ihrem verhassten Schwager Heinrich. Der Häute- und Darmhändler aus Weiden scheint jede freie Minute zu nutzen, um nach Grefrath zu kommen und Stimmung gegen sie zu machen. Änne müsse den Ort verlassen, verkündet er jedem, den er trifft. Mehr noch: Aus der Bundesrepublik werde sie fliehen müssen. »Und irgendwo auf der Welt wird der Pole schon auf sie warten.« Da ist sich Heinrich Hensgens ganz sicher.

Man kann sich nicht nur die Metzgerin vor ihrem Geschäft an der gepflasterten Hauptstraße leicht ausmalen, sondern auch das Toben ihres Gegners an gleicher Stelle: Heinrich mit einem Pflasterstein vom lockeren Straßenbelag in der Hand, mit hasserfülltem Gesicht vor dem Ladenfenster, hinter dem zwei Blumentöpfe stehen und die Würste baumeln. Sie könnte die Ladentür aufgerissen und ihn angebrüllt haben, worauf er unverrichteter Dinge gegangen wäre. Heinrich konnte es offensichtlich nicht ertragen, dass sich die Aufregung im Dorf über Ännes Rückkehr aus dem Klingelpütz nach und nach gelegt hatte. Die Leute gewöhnten sich an vieles. Es hatte nicht lange gedauert.

EXPERTIN FÜR RECHTSFRAGEN

Was für Heinrich schlimm war, machte es ihr leichter. Die Wochen im Kölner Stadtgefängnis dürften ziemlich unangenehm gewesen sein. Frisch war auch noch die Erinnerung an den schrecklichen Tag, als Dutzende Grefrather Frauen Änne vor den Augen britischer Militärpolizisten verprügeln durften. »Vorstellung« hatten die Briten das genannt, weil sie der Polizei eine ziemlich dreiste Lüge aufgetischt hatte, die schnell aufflog. Der britische Distriktoffizier in Bergheim, Captain Hemmert, sah sich durch die Metzgerin übel verleumdet. Ihm und seinen Leuten Willkür vorzuwerfen, ging gar nicht.

Es liegt nahe, sich Änne Hensgens als ehrgeizige Frau vorzustellen, die ihr Leben nicht dem Schicksal überließ. Ob es tatsächlich ein britisches Gesetz gab, dass jenem Captain erlaubt hatte, sie öffentlich verprügeln zu lassen, dürfte sie nicht herausbekommen haben, obwohl sie gezwungenermaßen zu einer Expertin für britisches und alliiertes Recht geworden war. Und nicht nur das: Änne Hensgens las jeden Artikel über die aktuellen politischen Entwicklungen. Das Besatzungsrecht, die Verhandlungen über einen Generalvertrag, den Bundeskanzler Konrad Adenauer »Deutschlandvertrag« nannte, die komplizierten Gespräche über die Gründung einer Europäischen Verteidigungsgemeinschaft, kurz EVG – über alles musste sie Bescheid wissen, weil sie von der großen Politik ganz unmittelbar betroffen war. Seit einigen Monaten profilierte sie sich offensichtlich auch als Expertin in Sachen Erbrecht. Mit Erfolg war sie gegen eine sogenannte »Vormerkung« im Grundbuchamt der Gemeinde Türnich vorgegangen. Denn Heinrich Hensgens hatte das Testament seines Bruders Josef angefochten, das sie zur Alleinerbin gemacht hatte. Es könne doch nicht sein, dass eine Mörderin ihr Opfer beerbe, meinte Heinrich.

»Aber was zählen schon die Meinungen von Leuten, die keine Ahnung haben«, könnte Änne gedacht haben, als sie vor ihrer Metzgerei die frühen Sonnenstrahlen genoss. Schön war es hier nicht. Grefrath war ein Dorf mit einfachen, kleinen Wohngebäuden. Ein paar schiefe Fachwerkfassaden lockerten die Reihe von dicht aneinander gebauten Häuschen in der Nachbarschaft der Metzgerei auf. Für einen Bürgersteig war auf der Straße »Auf dem Driesch« kein Platz.

Änne Hensgens hatte den Geschwistern ihres toten Mannes mit einer Klage gedroht, falls sie sich gegen die Löschung der Vormerkung im Grundbuch gesträubt hätten. Schließlich gab es kein Gerichtsurteil gegen sie, auf das sich Heinrich hätte berufen können. Natürlich durfte sie alles erben. Welches Gericht hätte ihr das verwehren können? Der ungeliebte Schwager hatte sich einen wirkungslosen Anwalt geleistet; sie brauchte keinen, um sich durchzusetzen. Nachdem keine Zweifel mehr an ihrer Erbwürdigkeit bestanden hatten, konnten die Verhandlungen über den Verkauf ihres Besitzes zu Ende gebracht werden. Denn die

Metzgerin mit juristischem Fachwissen hatte sich auch zu einer äußerst cleveren Geschäftsfrau entwickelt. Sie verkaufte den Betrieb für rund 30.000 Mark an einen Pferdehändler und pachtete ihn zurück. Zum Erbe gehörten außerdem ein Wohnhaus mit Garten und ein modernes Kühlhaus.

»SO GEPFLEGT WIE DIE WURSTWAREN«

Doch ganz so souverän, wie das alles nach außen wirkte, war sie wohl nicht, hatte unter anderem das Nachrichtenmagazin *Spiegel* spekuliert. Es muss sie gegeben haben – die Momente, in denen ihr alles zu viel wurde, in denen sie etwas zu erdrücken schien und ihr plötzlich das Atmen schwerfiel. Nur mit größter Mühe konnte sie ein Zittern unterdrücken, das ihr durch den ganzen Körper fuhr. Wenn es gut lief, erwischte sie diese Attacke, wenn sie allein war.

So könnte es auch am Morgen des 10. Juni 1953 gewesen sein, kurz bevor sie die Metzgerei öffnete. Vielleicht hatte sie die frischen Mettwürstchen aus dem Kühlschrank geholt, die Auslagen in der Verkaufstheke geprüft, Presswurst und Sülze neu ausgezeichnet. Für ihre Mettwürste war die Metzgerei nicht nur in Grefrath bekannt. Da konnten sie sich im Dorf das Maul über sie zerreißen, zum Einkaufen kamen doch fast alle. Vor allem, wenn die Würste im Sonderangebot waren. Die Menschen vergessen schnell, wenn's ums Essen geht.

Die Geschäfte liefen prima, auch weil immer wieder mal etwas über sie in irgendeiner Zeitung stand. Im März hatte der *Spiegel* über sie berichtet, der Artikel war allerdings nicht nur erfreulich gewesen. Der Schreiberling hatte ihr ein »nervös-unstetes Wesen« bescheinigt. Er berief sich auf irgendjemand, der behauptet hatte, sie laufe manchmal ohne ersichtlichen Grund aus dem Laden und kehre erst nach einer Weile wieder zurück. Fahrig und zerstreut sei sie dann. Doch hatte der Artikel sie auch als hübsche und anziehende Frau mit zwei wunderbaren Grübchen im Gesicht beschrieben. Fast alle, die über sie schrieben und berichteten, erwähnten ihre Grübchen. »Sehr vorteilhaft« sehe Änne aus, war im *Spiegel* zu lesen, »ebenso gepflegt wie die mit Recht gerühmten Wurstwaren des Hauses Hensgens«. Das war eine ausgezeichnete Werbung. Wenn solche Artikel erschienen, kamen die Neugierigen aus Köln, Bedburg, Jülich und anderen Orten der Umgebung. Von nah und fern reisten die Leute an, um eine »makabre Sensation« zu sehen, hieß es in einer anderen Zeitung. Sie kämen auch, »um nachzusehen, ob die Änne nicht schon getürmt ist«. Wahrscheinlich hatte der Autor dieser Zeilen Heinrich getroffen, als der wieder einmal seine Runde durch Grefrath drehte, um alle gegen sie aufzuhetzen. Aber es war ja etwas Wahres dran. Die Koffer standen zum Packen bereit.

Wir stellen uns vor, wie sich Änne Hensgens nach ein paar Minuten wieder fasst. Vor der Ladentür werden sich bereits Kunden angestellt haben. Wer früh kam, durfte sich über die größte Auswahl freuen. Sie könnte die Kundschaft lächelnd begrüßt haben, als sie die kleine Markise ausfuhr, die das Fleisch in der Auslage vor den Sonnenstrahlen schützte. Ein paar Tage noch, vielleicht ein paar Wochen, wird sie gedacht haben. Das eine oder andere wollte sie noch besorgen.

IM BÜNDNIS MIT DER FRANZÖSISCHEN NATIONALVERSAMMLUNG

Änne hatte in den vergangenen Jahren einige Erfahrungen mit der Politik gesammelt. Die wichtigste war, dass alles sehr lange dauerte. So hatte sie ganz entspannt Artikel und Radiobeiträge über die heftigen Debatten im Bundestag über den »Deutschlandvertrag« zur Kenntnis genommen. Ja, da wurde auch über ihre Zukunft entschieden. Die SPD polterte heftig gegen die Politik der Bundesregierung: Sie sah die deutsche Wiedervereinigung in Gefahr, wenn sich Westdeutschland mit den USA, England oder Frankreich zusammentat und in einem Bündnis gegen den Osten eigene militärische Beiträge leisten würde. Wer dem Vertrag zustimme, höre auf, ein Deutscher zu sein, hatte der SPD-

Parteivorsitzende Kurt Schumacher erklärt. Wer bei einem westlichen Militärbündnis mitmache, gebe die deutsche Einheit auf. Das war auch jetzt wieder überall zu hören.

Der Kanzler sah das anders. Man müsse sich mit dem Westen verbünden, weil sonst »Sklaverei und Ausbeutung« durch die Sowjetunion drohten, so Konrad Adenauer. Und außerdem würde die Bundesrepublik Deutschland durch die vertraglichen Regelungen mit den Alliierten endlich wieder halbwegs unabhängig über ihre inneren Angelegenheiten bestimmen können. Das war der Teil der Angelegenheit, der Änne Hensgens interessierte. Zu den außenpolitischen Fragen hatte sie keine Meinung. Doch wenn die Alliierten die Gewalt über Recht, Gesetz und Ordnung an deutsche Behörden, Parlamente und Gerichte abgaben, würde sich ihr Leben schlagartig ändern.

Noch war etwas Zeit, dachte die Metzgerin. Verträge werden verhandelt und unterschrieben, hatte sie gelernt. Danach müssen noch alle Parlamente zustimmen. Ratifizierung nennt man das. Und dann gab es ja noch die verlässliche Unzuverlässigkeit der Franzosen. Ob die bei all dem mitmachen würden, war längst nicht ausgemacht. Den ersten Anlauf, Deutschland mehr Freiheiten zu geben, hatte die französische Nationalversammlung scheitern lassen. Der »Deutschlandvertrag« fand in Paris keine Mehrheit, weil den Abgeordneten die Idee einer »Europäischen Verteidigungsgemeinschaft« nicht gefiel. Änne Hensgens im Bündnis mit dem stolzen französischen Parlament – der Gedanke könnte ihr Spaß gemacht haben. Gerade war in den Zeitungen wieder ausführlich über das Durcheinander in Frankreich berichtet worden, wo ein potenzieller Ministerpräsident nach dem nächsten am fehlenden Rückhalt im Parlament scheiterte. Änne Hensgens hätte ihren Kunden beim Verkauf der Fleischwaren wahrscheinlich die Welt erklären können. Aber niemand wird die informierte Metzgerin nach solchen Dingen gefragt haben. »Irgendwann wird Euch hier jemand anderes das Fleisch verkaufen«, wird sie gedacht haben, während sie für die erste Kundin des Tages sechs Mettwürstchen in fettdichtes Einpackpapier einrollte. Was Änne Hensgens nicht ahnen konnte, war, dass auch die prinzipientreuen und strengen britischen Behörden mit Flexibilität überraschen konnten.

Bereits vor mehr als drei Jahren, im April 1950, hatte der Oberstaatsanwalt in Köln beim zuständigen »Land Legal Department« in Düsseldorf um eine Genehmigung gebeten, die Frau verhaften zu dürfen. Damals war der Wunsch abgelehnt worden, was die Ermittler nicht sonderlich überrascht hatte. Doch wollte man ein bisschen Aktivität in der Sache zeigen, um möglichen Verjährungsfristen vorzubeugen. Als 1951 die Verhandlungen über einen »Deutschlandvertrag« zwischen den Westmächten und der Bundesrepublik begannen, lag die Akte Änne Hensgens griffbereit ganz oben in der Ablage der offenen Fälle. Die Ermittler hatten die Metzgerin seit 1945 auf dem Schirm, nicht nur weil ihr Schwager Heinrich Hensgens immer wieder vorstellig wurde und nach dem Stand der Dinge fragte. Sie wussten auch, dass sie es mit einer schlauen Frau zu tun hatten, der Reue oder ein schlechtes Gewissen offensichtlich fremd waren. Die schöne Metzgerin würde über alle Berge sein, sollte der Vertrag mit den USA, Großbritannien und Frankreich das Besatzungsstatut ablösen.

Weil im Juni 1953 einiges darauf hindeutete, dass er bald in Kraft treten würde, versuchte es der Oberstaatsanwalt erneut. Und tatsächlich: Diesmal konnten die britischen Behörden der Argumentation der Kölner Strafverfolgungsbehörden folgen. Weil man davon ausgehen könne, dass Westdeutschland in Kürze wieder ein weitgehend souveräner Staat sein werde, erlaube man, das Verfahren gegen Änne Hensgens wieder aufzunehmen – acht Jahre nach der Ermordung ihres Mannes Josef am 8. Juli 1945.

ATTRAKTIVER GESELLE

Josef Hensgens war ein einfacher Mann, liebenswert und verlässlich, ein bisschen naiv, vielleicht auch deshalb ein zufriedener Mensch. Über das, was er im Krieg erlebt hatte, sprach er nicht viel. Darin unterschied er sich nicht von den meisten anderen, die zurückkehrten. In Jugoslawien war er in Kriegsgefangenschaft gekommen und dann auf abenteuerlichen Wegen entflohen. Nach einer wochenlangen Odyssee kehrte er 1945 nach Grefrath zurück – zu seiner Frau, seinem Haus und seiner Metzgerei. Der kleine Ort ließ ihm keine Zeit, sich wieder einzuleben. Schnell wurde er darüber informiert, was sich in seiner Abwesenheit zugetragen hatte. Seine Frau hatte einen Liebhaber, den schönen Polen Walter Sadovski.

Der in England geborene gelernte Metzgergeselle mit besten Zeugnissen war Änne im Frühjahr 1942 vom Arbeitsamt zugeteilt worden, um den auf dem Balkan kämpfenden Ehemann zu ersetzen. Es blieb nicht bei der beruflichen Unterstützung am Wurstkessel und im Kühlhaus. Der gutaussehende Mann beeindruckte Änne. Er hatte vieles, was sie bei ihrem Ehemann vermisst hatte. Der Helfer in der Not war jünger, größer und kräftiger, außerdem attraktiv und lustig. Der zur Wehrmacht eingezogene Metzgermeister war dagegen eher schmächtig und etwas langweilig. Seinen Beruf, dem er sich mit mehr Leidenschaft gewidmet hatte als seiner Ehefrau, hatte er als das Wichtigste empfunden. Das war bei Walter ganz anders. So wurde aus Änne und dem zugeteilten »Fremdarbeiter« ein Paar, das nicht nur in der Metzgerei gut harmonierte.

Was zu Beginn noch eher im Verborgenen lief, wurde bald zum offenen Geheimnis. Josef war nur einmal für einen kurzen Heimurlaub in Grefrath, danach erreichte Änne kein Lebenszeichen mehr von ihrem Mann. Stattdessen hörte sie, dass seine Einheit in Jugoslawien von Partisanen aufgerieben worden sei. Sie musste davon ausgehen, dass Josef gefallen war und nicht mehr heimkommen würde. Von da an sah sie keinen Grund mehr, das Verhältnis mit Walter Sadovski zu verheimlichen. Doch sie hatte sich getäuscht. Josef lebte. Und so änderte sich die Lage schlagartig, als der verschollene Soldat völlig überraschend wieder vor der Tür stand. Der Geselle aus Polen verdrückte sich, während die Grefrather in nicht geringer Zahl meinten, dem gehörnten Mann die Wahrheit über seine Frau sagen zu müssen. Josef nahm es gelassen hin, erzählte man sich hinterher nicht ohne Verwunderung.

Ob er dem geschwätzigen Dorf nicht glauben wollte oder ob ihm die Liaison der Gemahlin nach den erlebten Kriegsgräueln schlicht egal war, blieb offen.

Geschichten wie diese gab es unzählige: Vermisste Soldaten kamen nach Jahren im Krieg und in der Gefangenschaft ohne Vorankündigung zurück zu ihren Familien und trafen auf eine Welt, in der sie keinen Platz mehr hatten. Wer in russischer Kriegsgefangenschaft war, verbrachte nicht selten mehrere Jahre ohne jeden Kontakt zur Heimat. Als Adenauer 1955 nach Moskau reiste, um über die Kriegsgefangenen zu verhandeln, befanden sich immer noch fast 10.000 ehemalige Wehrmachtssoldaten in sowjetischen Lagern. Die heimkehrenden Vermissten trafen auf eine Gesellschaft, aber nicht selten auch auf Familien, die sich ohne sie eingerichtet hatten. Auch bei den Hensgens, wo die Abwesenheit des Ehemanns deutlich kürzer ausgefallen war als bei russischen Kriegsgefangenen, war die Situation kompliziert: Änne und Walter wollten ihre Beziehung nicht beenden, nachdem Josef zurückgekehrt war. Ob und wie sich die Beteiligten arrangierten, ist nicht bekannt. Der Liebhaber besuchte die Hensgens weiterhin in Grefrath, sein Verhältnis zu Josef soll gut gewesen sein. Gleichzeitig traf der Metzgergeselle, der mittlerweile als Dolmetscher bei den britischen Behörden arbeitete, Änne regelmäßig in Köln. Nach dem Einmarsch von Amerikanern und Briten hatten sich für ihn neue Jobmöglichkeiten aufgetan. Sadovski konnte angeblich besser Englisch als Deutsch.

SECHS SCHNAPSFLASCHEN

Die Geschichte von Änne und Walter unterschied sich jedoch insofern von anderen Paaren und komplizierten Dreiecksbeziehungen, als es nicht bei den heimlichen Verabredungen bleiben sollte. Die Treffen in Köln reichten den beiden auf Dauer nicht. Vielleicht motivierte auch die Aussicht auf eine gesicherte Existenz in der Metzgerei Walter zu einer Verschwörung gegen Josef. Das Liebespaar beschloss, Ännes Ehemann zu töten und dann verschwinden zu lassen. Zunächst war der Plan offenbar, den arglosen Metzgermeister zu vergiften. Änne sollte ihm Gift in den Kaffee mischen, doch der erhoffte Erfolg blieb aus. Ob sie der Mut verließ oder das Gift versagte – man weiß es nicht. Später behauptete Änne in einer Vernehmung, sie habe dem Plan zwar zugestimmt, habe ihn aber nie in die Tat umsetzen wollen. Wie auch immer: Weil Josef nicht an einer Vergiftung starb, übernahm Walter Sadovski die Sache selbst.

Mit mehreren Schnapsflaschen im Gepäck – in einem Zeitungsbericht hieß es hinterher, es seien sechs Flaschen getrunken worden – kam er am 8. Juli 1945 zum sonntäglichen Frühschoppen nach Grefrath. Josef ließ sich auf das angekündigte Gelage ein. Stundenlang wurde im Wohnzimmer gezecht und gefeiert. Dabei entging Josef Hensgens offenbar, dass sein Saufkumpan deutlich weniger konsumierte als er. »Ich mache ihn voll. Und wenn er voll ist, mache ich ihn kaputt«, soll Walter seiner Geliebten angekündigt haben. Änne wies derweil den Schwager Heinrich, der etwas mit seinem Bruder besprechen wollte, an der Haustür ab. »Josef feiert ein bisschen«, soll sie zu ihm gesagt haben, wie dieser später zu Protokoll gab. Nachbarn, die kurz vorbeikamen, schilderten der Polizei, welcher Anblick sich ihnen im Wohnzimmer bot: Josef habe ziemlich besoffen inmitten leerer Schnapsflaschen gesessen, während Sadovski weitgehend nüchtern gewirkt habe.

Als es Abend wurde, half Sadovski dem Volltrunkenen auf, um ihn ins Bett zu bringen. Der vom Alkohol mehr oder weniger betäubte Josef Hensgens wird nicht viel gelitten haben, als ihm sein Mörder im Schlafzimmer einen Viehstrick um den Hals legte und ihn damit erwürgte. Änne sah durch den Türspalt dabei zu, wie der Mann, der auf dem Balkan dem Tod entkommen war, nun lautlos im kleinen Grefrath krepierte. Walter Sadovski verschnürte die Leiche, stärkte sich mit Schnaps aus einer Flasche, die noch nicht ganz leer war, und schleppte die Leiche in den Kohlenkeller. Am nächsten Tag werde er mit einem Auto wiederkommen und den toten Josef wegschaffen, sagte er der Geliebten zum Abschied.

Als jemand am nächsten Morgen nach dem Metzgermeister fragte, erklärte Änne zunächst, nach einem Schnapsgelage liege er mit einem heftigen Kater im Bett. Nachdem Josef aber auch am darauffolgenden Tag nicht im Laden stand, alarmierte sein Bruder die Ortspolizei. Es seien komische Gerüchte im Umlauf, sagte der Polizist zu Änne, bevor er das Haus durchsuchte. Der Metzger war verschwunden, und seine Ehefrau begründete dies mit einer abenteuerlichen Geschichte. Josef habe sie mitten in der Nacht aufgeweckt, weil er draußen ein seltsames Geräusch gehört habe. »Er ist dann vor die Haustür gegangen«, gab sie zu Protokoll. Vom Fenster aus habe sie ein Auto mit abgeblendetem Licht gesehen. »Plötzlich ist ein Mann aus dem Auto auf meinen Mann gestürzt und hat ihn hineingezerrt.« Nachdem der Wagen dann in rasendem Tempo weggefahren war, sei sie in Ohnmacht gefallen. Am nächsten Tag habe sie sich dann gedacht, dass Josef von der britischen Militärpolizei abgeholt worden sei. »Vielleicht wegen Kriegsverbrechen. So etwas kommt vor. Er war ja lange in Jugoslawien.«

WIE EINE SALAMIWURST

Das Märchen von den britischen Polizisten, die mitten in der Nacht ohne Erklärung Menschen in Autos zerren, um sie verschwinden zu lassen, veranlasste den Distriktoffizier Captain Hemmert zu der seltsamen Bestrafung der Lügnerin. Er hatte zuvor ein Rundschreiben verschickt, in dem er nachfragte, ob jemand Hinweise habe, wer den Metzgermeister in Grefrath mitten in der Nacht »abgeholt« haben könnte. Angesichts des Vorwurfs, er gehe mit ähnlichen Willkürmethoden vor wie die Geheime Staatspolizei des besiegten Nazi-Deutschlands, ordnete Hemmert eine mittelalterlich anmutende Bestrafung an: Die lügende Verdächtige Änne Hensgens wurde den Dorfbewohnern »vorgestellt«. Im *Spiegel* war davon die Rede, dass »etwa 200 Grefrather Frauen« auf die Metzgerin »losprügelten, so dass sie - außer dass sie zerkratzt und zerschlagen wurde - etliches von ihrem blonden Haarschmuck verlor«.

Die unglaubwürdige Erklärung für das Verschwinden des Metzgers war nicht die einzige Schwachstelle eines unausgegorenen Mordkomplotts. Der vermisste Josef Hensgens tauchte nämlich wieder auf. Weil das Auto, mit dem der Mörder sein Opfer abtransportieren wollte, kurz vor Grefrath einen Getriebeschaden hatte, musste die Leiche anders entsorgt werden. Sadovski entschied sich für eine naheliegende Lösung: Er schleppte sein Opfer aus dem Keller über den Hof und versenkte es in der Jauchegrube hinter dem Haus. Er hätte die Leiche zusätzlich beschweren müssen. So aber wurde der tote Hensgens nach einer Woche an die Oberfläche der dunkelbrauen Kloake geschwemmt.

Es waren dieselben Nachbarn, die ihn betrunken inmitten der Schnapsflaschen gesehen hatten, die ihn nun tot in der stinkenden Brühe entdeckten. Die zu Hilfe gerufenen Metzgersgesellen zogen ihren Chef aus der Grube. Wie eine Salamiwurst sei der Mann verschnürt worden, heißt es in einem Zeitungsbericht. In der Jacke des Ermordeten steckte seine Brieftasche, die er auch im Krieg immer bei sich hatte. Darin befanden sich von Jauche durchtränkte Fotos seiner Frau. Eines zeigte Änne im Badeanzug. Das Bild hatte sie ihm offenbar an die Front geschickt. »Mein Liebling, das sind Heimatklänge, nicht wahr?«, stand auf der Rückseite. »Liebst Du mich noch, mein lieber Junge?«

Sofort wurde Sadovski zur Fahndung ausgeschrieben und nach kurzer Zeit festgenommen. Sechs Wochen später stand er bereits vor dem britischen Militärgericht in Köln, angeklagt wegen Mordes an Josef Hensgens. Sadovski stritt alles ab. Überzeugende, klare Beweise gab es nicht. Ein Freispruch schien durchaus möglich. Doch die Hoffnung des Angeklagten platzte am letzten Verhandlungstag. Man kann sich unschwer vorstellen, was der Angeklagte gefühlt haben dürfte, als Änne Hensgens als letzte Zeugin aufgerufen wurde. Die Ankläger hatten es geschafft, der Metzgerin die Auswirkungen von »King's Evidence« schmackhaft zu machen. Der »Beweis des Königs«, auch bekannt als »Kronzeuge«, war eine Trumpfkarte, die alles stach. Und weil in Köln und Umgebung das Recht der britischen Besatzungsmacht galt, konnte die ebenfalls verhaftete Mittäterin Änne Hensgens ihren Geliebten bezichtigen und danach mit voller Straffreiheit rechnen.

Die Kronzeugin der Anklage berichtete von den Mordplänen und von dem, was sie gesehen hatte. Als ihr Geliebter den betrunkenen Ehemann ins Schlafzimmer begleitet habe, sei sie in das angrenzende Zimmer gelaufen und habe von nebenan alles beobachtet. Sadovskis Verteidiger versuchte noch, Zweifel an Ännes Glaubwürdigkeit zu wecken – schließlich sei sie Mittäterin –, konnte das Gericht aber nicht beeindrucken. Der Angeklagte wurde am 23. September 1945 wegen Mordes zum Tode verurteilt. Die bereits vorbereitete Anklage gegen seine Komplizin wurde fallen gelassen. Sie verließ den Gerichtssaal als freie Frau und kehrte zurück an den Ort der Tat, die Metzgerei in Grefrath.

»ICH KOMME GEGEN ABEND ZURÜCK«

Acht Jahre später drohte der Schutz, den der britische »Evidence Act« aus dem Jahr 1898 Änne gewährte, verloren zu gehen. Der »Deutschlandvertrag« sah vor, dass von den Alliierten gefällte Urteile in Strafsachen gültig blieben. Doch das bedeutete für Änne Hensgens nicht, dass sie ihr Leben lang unbehelligt weiter Würstchen verkaufen konnte. Denn über ihre Beteiligung an der Ermordung des Ehemanns war nie geurteilt worden, weil sie als Kronzeugin nicht angeklagt werden konnte. Im deutschen Recht war aber die Straffreiheit für Kronzeugen nicht vorgesehen. Ein deutscher Staatsanwalt konnte sie also sehr wohl anklagen. Somit war klar, dass sie ihre Koffer packen musste, sobald das Ende des Besatzungsstatuts näher rückte.

Warum das »Land Legal Department« in Düsseldorf das Schriftstück an die Kölner Staatsanwaltschaft schickte, obwohl Frankreich den Vertrag noch nicht ratifiziert hatte, ist nicht überliefert. Vielleicht wollte man einfach das penetrante Drängen der Verwandtschaft des Ermordeten oder der Kölner Ermittler beenden. Die Staatsanwaltschaft hatte zuletzt sogar einen renommierten britischen Juristen eingeschaltet und um ein Gutachten gebeten.

Der Universitätsprofessor aus Oxford hatte sich der Forderung der Kölner Ankläger angeschlossen. Die britische Behörde in Düsseldorf entschied jedenfalls, den Kölner Oberstaatsanwalt nicht länger warten zu lassen. Der Schutz der Kronzeugin würde so oder so fallen.

Am 10. Juni 1953 war es dann so weit. Kurz nachdem die Erlaubnis, gegen Änne Hensgens vorzugehen, eingetroffen war, schickte der Kölner Oberstaatsanwalt Kripobeamte nach Grefrath. Änne stand gemeinsam mit ihrer Schwester in der Metzgerei, weil wieder einmal viel zu tun war. Die Nachfrage nach den Sonderangeboten war offenbar groß. Als ihr der Polizist seinen Ausweis über die Ladentheke reichte und sie aufforderte, mitzukommen, war Änne nicht sonderlich überrascht. Ruhig sei sie dem Beamten zum Wagen gefolgt. Es konnte harmlose Gründe für den Besuch geben. Vielleicht hatten sie Walter gefunden und sie müsse ihn identifizieren, könnte sie gedacht haben. »Mach mal weiter, ich komme gegen Abend zurück«, sagte sie laut einem Zeitungsbericht zu ihrer Schwester, während sie die Schürze ablegte. Was sollte ihr als Zeugin der britischen Krone schon passieren? Der Polizist führte sie zu einem der Autos, die auf der Straße warteten.

Man wird ihr gesagt haben, dass sie wegen der Ermordung ihres Ehemanns verhaftet werde. Vielleicht hat sie nicht hingehört. Sie könnte darüber nachgedacht haben, wie Walter wohl heute aussehen würde. Damals im Gerichtssaal hatte sie sich nicht getraut, ihn anzuschauen. Angeblich hatte er sich irgendwann in den vergangenen Monaten bei Heinrich gemeldet. Ihr Schwager hatte sich in einer seiner vielen Hasstiraden vor ein paar Wochen verplappert, als er sie auf der Straße angebrüllt hatte. Der Hund habe es gewagt, ihm zu drohen. Einen Brief habe er geschrieben, natürlich in schlechtem Deutsch, angeblich aus Italien. Wie unberechenbar und gefährlich der Mann sei. »Wenn Ihr der Änne etwas antut, werde ich Euch holen und auch kaputtmachen«, habe Walter Sadovski geschrieben. »Der liebt dich immer noch«, hatte Heinrich getobt. »Obwohl du ihn an den Galgen geliefert hast.«

Die Umstände seiner Flucht waren nie ganz geklärt worden. Siebzehn Stunden vor seiner Hinrichtung war es Walter Sadovski 1945 gelungen, aus dem Klingelpütz abzuhauen. Auch wenn sich das Gefängnis nach dem Krieg in einem völlig desolaten Zustand befand und es an Wachpersonal fehlte, weil man nicht genug Unbelastete fand, war eine Flucht aus der Todeszelle eigentlich unmöglich. Der Fall des ermordeten Metzgermeisters wurde damit um eine skurrile Facette reicher. Angeblich hatte man Sadovski seine Kleidung gelassen, die ihn als Dolmetscher im Dienst der britischen Militärbehörden auswies. So habe er einen britischen Wachposten täuschen und unerkannt entwischen können. Seitdem war die Kölner Polizei auf der Suche nach dem entflohenen Mörder. Immer wieder gingen Hinweise ein. Dann schickte die Kripo Fernschreiben und Fahndungsfotos in alle Welt, bat um Amtshilfe und einen Abgleich von Fingerabdrücken. Als Änne Hensgens verhaftet wurde, wusste keiner, wo sich ihr ehemaliger Liebhaber befand. Dass sein Brief an Heinrich tatsächlich aus Italien kam, war unwahrscheinlich. Es hieß, Walter sei es gelungen, mithilfe eines polnischen Offiziers aus Europa zu fliehen.

SCHÖNE SCHULDIGE

1954 wurde Änne Hensgens der Prozess gemacht. Noch einmal konnte sich die prominenteste Bürgerin von Grefrath größter Aufmerksamkeit sicher sein. Die renommierte Kölner Anwältin Elsbeth von Ameln übernahm die Verteidigung und verlangte trotz der offensichtlichen Schuld ihrer Mandantin einen Freispruch. Sie verwies auf Artikel 3 des Grundgesetzes, der Gleichheit vor dem Gesetz garantiert, und fragte die Staatsanwaltschaft, wo denn die Anklagen gegen alle anderen Kron- und Belastungszeugen blieben, die seit 1945 vor Militärgerichten ausgesagt hätten. Eine Antwort bekam sie nicht. Ihre grundsätzlichen Einwände blieben folgenlos. Das Gericht ließ auch keinerlei mildernde Umstände gelten. Die Metzgersgattin bekam die Höchststrafe: lebenslängliche Haft.

Elsbeth von Ameln sah darin ein Fehlurteil. Ohne das Drängen der Angehörigen wäre der Fall des Ermordeten »wie viele andere einfach in Vergessenheit geraten«, schrieb sie. Man darf annehmen, dass es nicht nur das Insistieren der Geschwister des Metzgers war, das die Staatsanwaltschaft zur Anklage bewegte. Der Fall hatte bereits vor der Verhaftung von Änne Hensgens für große mediale Aufmerksamkeit gesorgt. Dass die Mörderin eines arglosen und betrogenen Ehemanns einfach Würstchen verkaufen konnte, als sei nichts geschehen, widersprach ganz offensichtlich der allgemeinen Vorstellung von Recht und Gerechtigkeit.

So wirkte der Titel einer »Bildreportage« der auflagenstarken Wochenzeitung *Revue* wie ein erleichterter Jubel: »Lebenslänglich!« stand in großen Buchstaben über einer Doppelseite mit großformatigen Fotos, auf der man nur wenig über den Prozess erfuhr. Den Zeitungsmachern ging es wohl eher darum, die reine Sensationsgier zu befriedigen. Änne Hensgens wurde als die schöne »Schuldige« abgebildet, dazu der »liebenswürdige und harmlose« Ermordete, der »blind hinein in sein furchtbares Schicksal« gelaufen war, und natürlich der flüchtige »Mörder«, »kaltblütig und ohne Gewissensbisse«.

Die Illustrierte hatte auch die Fotos abfotografiert, die der Tote in seiner Jacke hatte, als er aus der Jauchegrube gezogen worden war. »Diese Bilder sind Zeugen aus glücklichen Tagen. Sie begleiteten ihn als tröstliche Erinnerung und Hoffnung im Kriege, er rettete sie durch die Gefangenschaft«, schrieb die *Revue*. Ein »Gattenmord« habe nach neun Jahren »seine Sühne« gefunden, wurde aus dem »überfüllten Gerichtssaal« berichtet. »Es ist ein Sieg der Gerechtigkeit, dass sich die Zuchthaustüren doch noch für immer hinter dieser Frau schließen.« Änne Hensgens habe neun Jahre »unverdient« in Freiheit gelebt und mit dem Erbe ihres Mannes gute Geschäfte gemacht. Nun hätten die deutschen Richter endlich das Urteil sprechen können.

Die Texte und Bilder bedienten alle Klischees einer skrupellosen, eiskalten und dabei gutaussehenden Mörderin. Die Metzgersfrau als Vamp im Großformat, vor dem die Männerwelt der 1950er-Jahre

Angst haben musste. Das kleine Porträt des Ehegatten zeigte dagegen einen braven Mann in Wehrmachtsuniform. Das war der Mann, der nicht bemerkte, »was jeder im kleinen Grefrath wusste«, der »als Soldat an der Front stand«, während Änne »die Geliebte des polnischen Fremdarbeiters Walter Sadovski« wurde. »Dieses Paar hatte nur einen Wunsch: der Ehemann möge niemals aus dem Kriege zurückkehren«, konnte man lesen. Von Walter Sadovski hatte die Zeitung offenbar kein Foto gefunden, das der Klischeepflege gedient hätte. Anstelle eines »kaltblütigen Fremdarbeiters ohne Gewissensbisse« sahen die Leser und Leserinnen einen gepflegten, jungen Mann im Anzug mit Krawatte, zurückgekämmten Haaren und einem freundlichen Gesicht mit wachem Blick.

MIT TONY IM HOTEL ELROSE

Der Bericht der Illustrierten ist nicht nur ein bemerkenswertes Zeitdokument. Er sollte auch eine entscheidende Rolle bei der Fahndung nach dem Flüchtigen spielen. Irgendwie gelangte ein Exemplar dieser 44. Ausgabe der *Revue* über den Atlantik nach Kanada, in die Provinz Saskatchewan. Dort liegt ungefähr auf halber Strecke zwischen Calgary und Winnipeg mitten in der Prärie die kleine Ortschaft Elrose. In einem schlichten, dreistöckigen, weißen Gebäude befand sich damals das »Elrose Hotel« mit einem kleinen Café im Erdgeschoss. An Sommertagen trafen sich die älteren Männer des Städtchens auf der Veranda, wie ein ortsansässiger Chronist zu berichten weiß. Der Balkon mit seinen großen Glasfenstern über dem Hoteleingang sowie breite Ledersessel, schwere Eichenmöbel und Kristallleuchter in der Lobby vermittelten ein bisschen Luxus in diesem schmucklosen Ort mit seinen schnurgeraden Straßen, die an Einfamilienhäusern vorbeiführten.

Die Besitzer hatten ein Reklameschild am Ortsrand aufgestellt: Der Slogan »The poorest Hotel in Saskatchewan« sollte »neugierige Reisende« anlocken. Tatsächlich gab es jedoch keinen Grund, als Tourist hierher zu reisen. An Samstagabenden war das Hotel trotzdem ausgebucht, weil die einsamen Junggesellen von den

Farmen in der Umgebung nach Elrose kamen und nach ein paar Schnäpsen und viel Bier nicht mehr zurückwollten oder konnten. In den Sommermonaten kamen noch Saisonarbeiter hinzu. So wie die drei Auswanderer aus Europa, die sich im zweiten Stock des Hotels das Zimmer mit der Nummer 36 geteilt hatten.

Einer von ihnen sah aus wie der Mann auf dem Foto in der deutschen Illustrierten. Er hatte sich seinen Mitbewohnern als Tony vorgestellt und erzählt, er sei ein »polnischer Verschleppter«. Von Beruf war er Schlachter. Und wenn sie zusammen getrunken hatten, prahlte Tony vor seinen Mitbewohnern damit, dass er schon einmal zum Tode verurteilt worden sei, dann aber dem Henker habe entfliehen können. Bis auf den Namen passte alles, fanden die beiden Zimmergenossen aus dem »Elrose Hotel«, die jene Bildreportage der *Revue* aus Deutschland gelesen hatten, und gingen zur Polizei.

In den 1950er-Jahren war die weltweite Kommunikation noch kompliziert und zeitaufwendig, erst recht, wenn deutsche Behörden etwas von einem Land wollten, dessen Soldaten im Zweiten Weltkrieg gegen Deutschland gekämpft hatten und gestorben waren. Grenzübergreifende Amtshilfe war keine Selbstverständlichkeit. Man brauchte Zeit und Geduld – Tugenden, die nicht hilfreich waren, wenn es darum ging, einen flüchtigen Mörder zu fassen, der aus einem Gefängnis ausgebrochen war. Fernschreiben gingen hin und her. Das Bundeskriminalamt in Wiesbaden schaltete sich ein. Die Angelegenheit wurde zum Thema auf höchster Ebene, bis Interpol in Ottawa einen Abgleich der Fingerabdrücke veranlasste, um zu klären, ob Tony in Wahrheit Walter hieß. Und tatsächlich: Die Abdrücke waren identisch. Das BKA warnte: Der Mann müsse bis zu seiner Abschiebung inhaftiert werden, sonst würde er wieder fliehen. Der aus deutscher Sicht entnervende Austausch von Fernschreiben endete am 10. November 1955, als die kanadische Bundespolizei per Luftpost mitteilte, der eingewanderte Schlachter Antoni Belcowski sitze ausbruchsicher in Abschiebehaft. Nach der Ablehnung einer Beschwerde des Inhaftierten sei die Auslieferung nach Deutschland angeordnet worden.

Das Passagierschiff mit dem nach Urlaub klingenden Namen »Arosa Sun«, das im Linienverkehr zwischen Québec und Bremerhaven fast 400 Passagieren Luxus bot, brachte den Flüchtigen im März 1956 zurück. Elf Jahre nach der Ermordung von Josef Hensgens betrat dessen Mörder wieder deutschen Boden – »in schweren Ketten«, wie der *Kölner Stadt-Anzeiger* berichtete. Beamte der Kriminalpolizei nahmen den Häftling in Bremerhaven in Empfang, nachdem ihn die Wasserschutzpolizei vom Schiff geholt hatte. Die Kölner Polizisten dürften nicht schlecht gestaunt haben, als sie von Sadovski sofort mit einer klaren Ansage überrascht wurden: »Ich bin nicht der, den ihr sucht«, verkündete der Mann aus Kanada auf Englisch. Mehr war ihm auch auf der Fahrt nach Köln nicht zu entlocken. Tony alias Walter hatte sich für eine eigenwillige Verteidigungsstrategie entschieden. Er bestritt nicht nur die Tat, er bestritt auch, Walter Sadovski zu sein.

RECHTLICHES NEULAND

Die Vernehmung des in den Klingelpütz Zurückgekehrten entwickelte sich zu einem bizarren Schauspiel. Walter Sadovski spielte Antoni Belcowski – einen zu Unrecht verhafteten Mann, der auf Englisch Auskunft geben müsse, weil er angeblich kein Deutsch könne. Er sei noch nie in Köln gewesen, erklärte er dem verblüfften Polizeibeamten, und habe auch noch nie einen deutschen Ausweis besessen. Zudem könne er sich nicht erklären, wie seine Fingerabdrücke auf eine deutsche Kennkarte für Arbeiter aus dem Ausland in der NS-Zeit gekommen sein könnten. »Wie erklären Sie sich denn, dass es in diesem Gefängnis mehrere Beamte gibt, die Sie wiedererkannt haben?«, fragte der Ermittler. Daraufhin antwortete der Mann: »Ich weiß nicht, wofür ich hier leide.« Nachhaltigen Eindruck machten diese Einlassungen nicht. Es gab keine Zweifel an seiner Identität. Mit den Fingerabdrücken und mehreren Zeugenaussagen war die Sache klar.

Auch Heinrich Hensgens wurde zur Gegenüberstellung geladen. Endlich sollte die Geschichte ein Ende nehmen, endlich konnte die Ermordung seines Bruders gesühnt werden. Änne saß bereits im Gefängnis, jetzt würde auch Walter Sadovski seine Strafe bekommen. Auch Heinrich hatte keinen Zweifel an der wahren Identität des Schlachters aus Kanada. Die Frage, ob er Walter Sadovski wiedererkenne, beantwortete er mit einem sicheren Ja.

Mit dem Gerichtsverfahren betrat die deutsche Justiz ein weiteres Mal Neuland. Wie schon bei der Anklage von Änne Hensgens sollte eine Entscheidung des britischen Militärgerichts hinterfragt werden. Die Klausel im »Deutschlandvertrag«, dass alte Urteile der Alliierten nicht revidiert werden durften, war hier nicht brauchbar, denn es handelte sich um ein Todesurteil. In Westdeutschland war das letzte Todesurteil am 21. April 1949 ergangen, als das Kölner Landgericht eine mehrfache Giftmörderin verurteilt hatte. Weil der Parlamentarische Rat jedoch einen Tag später entschieden hatte, dass es künftig keine Todesstrafe mehr geben solle, wurde dieses Urteil nicht mehr vollstreckt. In Artikel 102 des im Mai 1949 verabschiedeten Grundgesetzes hieß es dann klar und knapp: »Die Todesstrafe ist abgeschafft.« Die Briten, bei denen noch bis in die 1960er-Jahre Todesurteile vollstreckt wurden, hätten Sadovski also selbst töten müssen, wenn sie auf die Einhaltung ihrer Urteile bestanden hätten. So wurde die Todesstrafe gegen ihn in eine lebenslängliche Haftstrafe umgewandelt.

Ob sich Änne und Walter je wieder gesehen haben, ist nicht bekannt. Die Metzgerei verschwand, als die Braunkohlebagger kamen und die Umsiedlung begann. Nachdem das alte Grefrath 1965 ganz von der Landkarte getilgt war, nannten die alten Bewohner ihren verschwundenen Ort »de Jrub« – selbst als das Loch später wieder zugeschüttet wurde.

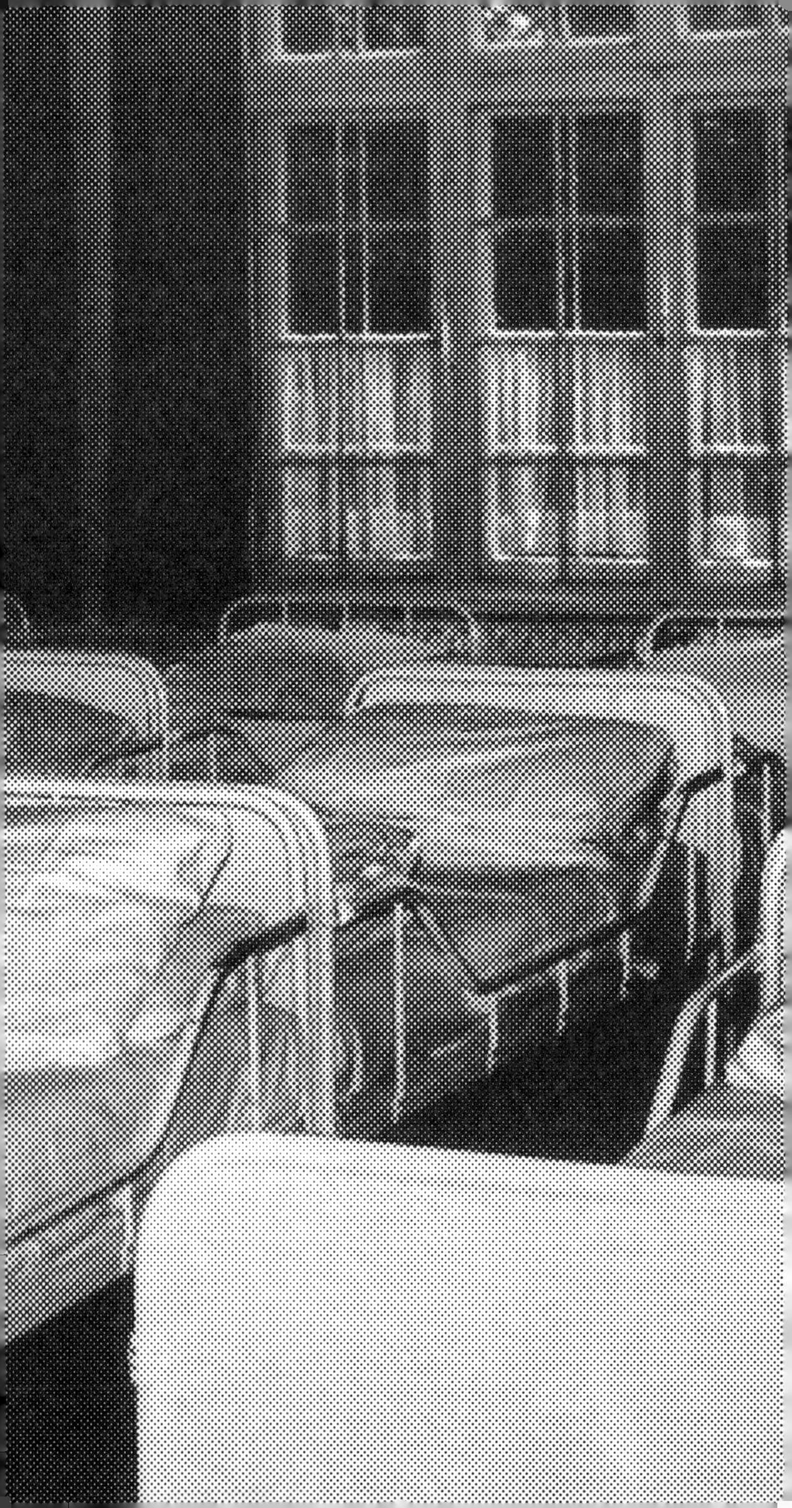

VERFOLGT VON UNSICHTBAREN MÄCHTEN

Endlich hörte ihm mal jemand zu. »Zu mir sprechen Stimmen, die mir etwas ins Ohr sagen. Tue dies und tue jenes.« Der Mann im weißen Kittel, der ihm gegenüber saß, machte sich Notizen. Alles wird aufgeschrieben, dachte er. Das war gut. Deshalb ließ er sich mit den Antworten Zeit. Er sprach langsam und bedächtig. Die Dinge mussten festgehalten werden. »Einmal hat die Stimme gesagt: Du Irrer!« »Antworten Sie auf die Stimmen?«, wollte der Mann wissen. »Nein. Das ist ja etwas sehr Merkwürdiges. Darauf sollte man sich nicht einlassen.« Ob er den Eindruck habe, dass ihn jemand verfolge. »Mir kommt es eher vor, dass andere Leute vor mir Angst haben. Die schauen mich an. Zwei Radfahrer sind auf der Straße zusammengestoßen. Vielleicht war ich schuld daran.« Der Mann am Schreibtisch nickte und notierte. »Wenn ich an einer Straßenkreuzung stehe, kommt es mir so vor, als wenn der Verkehr von mir geregelt wird. Die Menschen reagieren auf meine Gedanken. Eine Art Gedankenübertragung, verstehen Sie?«

Paul Nowak war ein besonderer Fall. Paul hieß eigentlich Iwan, hatte der behandelnde Arzt schnell herausbekommen. Iwan aus Lemberg, geboren 1926. Da gehörte Lemberg noch zu Polen. Nachdem Hitler und Stalin Polen 1939 unter sich aufgeteilt hatten, besetzten es die Russen. Dann kam die Wehrmacht und Iwan Nowak ging als 16-Jähriger nach Deutschland. Er hatte sich freiwillig zum Arbeiten im Land der Besatzer gemeldet – auf der Suche nach gut bezahlter Arbeit und ein bisschen Glück. Doch in Deutschland erging es ihm wie Lemberg – er wurde hin- und hergezerrt; andere bestimmten, wo man hingehörte. In Köln hatte der technische Zeichner einen Schnellkurs zur Umschulung als Feinmechaniker gemacht. Als der Krieg endete, wollte er nicht mehr Iwan heißen und nannte sich Paul. Und Lemberg war nun Teil der Sowjetrepublik Ukraine. Wo er wirklich hingehörte, wusste er schon lange nicht mehr.

Als er im Sommer 1945 in einem Ausländerlager in Köln-Mülheim untergebracht wurde und als »Pole« geführt werden sollte, hatte er das abgelehnt. Er sei Ukrainer. In den Akten der Landesheil- und Pflegeanstalt Düsseldorf-Grafenberg wurde er als »staatenlos« registriert. Von seinen Eltern hatte er seit 1944 nichts mehr gehört.

WEHRMACHTSPSYCHIATER ALS KLINIKCHEF

Das erste Mal betrat er die Klinik im Januar 1961. Er zeigte eine Einweisung von einem Arzt aus Viersen wegen einer »paranoiden Psychose« vor und ließ sich freiwillig einweisen. In seiner Akte wurde alles ganz genau protokolliert. »Er betrat die Abteilung ruhig und geordnet, folgte willig den Anweisungen der Pfleger, badete und legte sich zu Bett. Über Ort und Zeit ist der Patient gut orientiert. Auf Fragen gab er an, dass er manchmal aus weiter Ferne Stimmen höre und schon mal Bilder sehe.« Nach fünf Tagen drängte er das erste Mal auf seine Entlassung. Doch die redete ihm die Klinik aus. Er würde noch sehr lange bleiben müssen.

Es war selten, dass jemand freiwillig nach Grafenberg kam. Nowak hatte noch nicht einmal Angehörige, die ihn hätten drängen können. Die Not und die Verzweiflung mussten groß sein. Der Ruf der Klinik hatte sich nach dem Ende des Kriegs nur langsam verbessert. Das war kein Ort, an dem man sein wollte. Die Geschichten über Menschen, die hier während der NS-Zeit leben und auch sterben mussten, wirkten nach. Da war es nicht gerade imagefördernd gewesen, dass man sich 1955 für Friedrich Panse als Klinikleiter entschieden hatte. Der Arzt hatte in der NS-Zeit Karriere gemacht. Er hielt Vorträge über »Rassenhygiene« auf der SS-Ordensburg in Vogelsang und wurde 1942 Professor an der Universität Bonn. Er war nicht nur Sanitätsoffizier und Wehrmachtspsychiater, sondern auch externer Gutachter bei der »Aktion T4«, bei der 70.000 Menschen ermordet wurden. Panse hatte Hunderte Meldebögen aus Kliniken im Deutschen Reich bearbeitet und nachweislich in 15 Fällen die Tötung von Patientinnen und Patienten empfohlen.

Nach dem Krieg erklärte er, dass sein Gewissen »in dieser so schwierigen Angelegenheit völlig rein« sei. Er habe »alles getan, was möglich war, um so viele Kranke zu retten, wie die Gegebenheiten es überhaupt zuließen«. Panse sah sich als einer derjenigen, die sich »unter Einsatz ihrer ganzen Person, ihrer Freiheit und ihres Lebens für die Kranken eingesetzt« hätten, heißt es in den Akten des Landschaftsverbands. Das Düsseldorfer Schwurgericht glaubte ihm und sprach ihn zweimal, 1948 und 1950, vom Vorwurf frei, sich an der massenhaften und systematischen Ermordung von Menschen mit Behinderungen beteiligt zu haben. Der Einspruch der Staatsanwaltschaft und der Protest von Landespolitikern verhinderten nicht, dass er wieder in leitender Stellung arbeiten konnte.

UMSTRITTENE METHODEN

Panses Tätigkeit während des Kriegs hatte lange Nachwirkungen. Als Chef des Reservelazaretts Porz-Ensen hatte er hochdosierten galvanischen Strom zur Behandlung von »Kriegsneurotikern« eingesetzt, was unter der Bezeichnung »Pansen« bekannt geworden war. Bis zu dreimal hintereinander wurden dem Patienten zwei bis drei Minuten lang Stromstöße durch den Leib gejagt. Obwohl die Behandlung äußerst schmerzhaft war, wurde sie auch ohne Einwilligung der Betroffenen durchgeführt.

Elektroschocks, künstlich erzeugtes Fieber und andere auf umstrittene Art und Weise herbeigeführte Reize gehörten zum gängigen Repertoire einer »Irrenanstalt« in der NS-Zeit und in den Jahren danach. Mit körperlichen Erschütterungen und Quälereien sollten seelisches Leid und geistige Beeinträchtigungen beeinflusst werden. Das war keine Erfindung von Nazi-Ärzten, sondern damals die übliche Behandlung von Menschen, die man für verrückt hielt. Auch die Medikamente, die man in den 1950er-Jahren verabreichte, waren alles andere als patientenfreundlich. In Grafenberg wurde seit 1953 Chlorpromazin eingesetzt – mit unterschiedlichen Resultaten. Manche Patienten waren nach der Behandlung so schwach, dass sie künstlich ernährt werden mussten. An die Stelle von Unruhe trat eine totale Ermattung. Und wenn man das Medikament wieder absetzte, war oft alles beim Alten.

Anfang der 1960er-Jahre sollte vieles besser werden. Die alten Gebäude der 1876 gegründeten »Provinzial-Heil- und Pflegeanstalt« in Grafenberg wurden renoviert und Neubauten errichtet. Der umstrittene Klinikchef führte neue Behandlungsmethoden ein und stellte Weichen für Reformen. Keiner sollte mehr in Betten vor sich hin vegetieren, alle sollten sich bewegen können. Als erste Klinik in Deutschland ließ Panse einen Aufnahmebereich einrichten und ausstatten. Überall wurden Glasscheiben in die Wände gesetzt, was die Räume freundlicher machte, gleichzeitig aber auch die Überwachung der Patienten erleichterte. Ob sich das »panoptische System« durchsetzen würde, war Anfang der 1960er-Jahre offen. Aber immerhin wurde damit etwas Neues ausprobiert.

In die Schlafsäle, in denen weiterhin Bett an Bett stand, wurden Kojenwände gestellt, um die Patienten etwas voneinander abzuschirmen. Erstmals gab es Kleiderschränke. Personal zu finden, war weiterhin schwierig. Wer wollte schon in einem Irrenhaus arbeiten? Vielleicht müsse man Arbeitskräfte aus anderen Ländern anwerben, sagte Panse bei einer Mitarbeiterversammlung. Eine neue Station, mit der man auf die Überbelegung reagieren wollte, konnte wegen Personalmangels nicht bezogen werden. Zur Anwerbung ließ die Klinik 20.000 Flugblätter mit dem Titel »Krankenhaus in Not« drucken und in der Nachbarschaft verteilen. Die Klinikchronik vermerkt, dass nur ein »unbrauchbarer Invalide« Interesse an einem Job bekundete. Dass die Aktion doch noch erfolgreich wurde, war der bundesweiten medialen Aufmerksamkeit zu verdanken. Nachdem das Fernsehen vor einem Fußballländerspiel einen Beitrag über die Flugblattaktion ausgestrahlt hatte, gingen zahlreiche Bewerbungen ein.

»VON VERSTECKTEN APPARATUREN BESTRAHLT«

Nowak hatte viel darüber nachgedacht, was ihm helfen könnte. Doch bis zu seiner freiwilligen Einweisung war er offenbar nicht vorgedrungen zur Ursache allen Übels. Die Geschehnisse in einer Wohnung am Thürmchenswall im Kölner Kunibertsviertel lagen schon mehr als 15 Jahre zurück. Nach dem Krieg hatte er sich mit verschiedenen Anstellungen über Wasser gehalten. Erst arbeitete er bei einem Bauern, dann bei einer Abbruchfirma in Essen und schließlich als Monteur bei der Auto-Union in Düsseldorf, die Autos der Marke DKW für das neue Deutschland baute.

Doch nichts war von Dauer. In Viersen wurde er Wachmann für eine britische Militäreinheit, dann folgten ein paar Monate in der Zivilverwaltung der Briten. Dazwischen war er immer wieder arbeitslos. Als er seine Miete nicht mehr bezahlen konnte, stand er auf der Straße. 1948 musste er sich das erste Mal wegen vier Einbrüchen in Godesberg vor Gericht verantworten. Es folgten Verurteilungen wegen Einbruchs, Diebstahls und Hehlerei in Münster und Lemgo. Mit jedem Vergehen wurden seine Strafen länger. 1952 war es mit den mildernden Umständen vorbei. Ein Richter in Bielefeld schickte ihn für drei Jahre ins Gefängnis. Fast die Hälfte der Zeit nach dem Ende des Kriegs hatte er hinter Gittern gesessen.

»Ich beobachte jetzt und höre, was so alles ist, warum alles so ist und was so kommen mag«, hatte er beim letzten Gespräch dem fleißig mitschreibenden Mann diktiert, auf den er im frisch gestrichenen Wartezimmer wartete. Nowak nutzte die Zeit, um etwas Neues auszuprobieren. Er versuchte, sich selbst zu hypnotisieren – mit Erfolg, wie er meinte. Jedenfalls kam er etwas zur Ruhe. Halbwegs entspannt betrat er das Zimmer des behandelnden Arztes, nachdem dieser ihn hereingebeten hatte. »Ich fühle mich manchmal so von Menschen geliebt, dass ich es nicht vertragen kann.« »Wie soll ich das verstehen?«, fragte ihn der Arzt. »Meine Nerven werden einfach so ... ich fange an zu weinen ... das wäre ungefähr das, was ich darunter als Liebe verstehe.« Der Arzt hielt den holprigen Satz in der Akte fest.

OPFER FREMDER MÄCHTE

Nowak berichtete, dass irgendetwas auf ihn Einfluss nehme, irgendetwas, das man nicht sehen könne. Eine Bestrahlung durch versteckte Apparaturen vielleicht. »Darüber habe ich mir Gedanken gemacht, dass das mit irgendwelchen geheimnisvollen Sachen zusammenhängt«, sinnierte er. »Ob das richtige Strahlen sind, weiß ich nicht. Ich komme immer wieder auf Wasserstoff. Ich habe mir gedacht, dass man mit mir irgendwelche Experimente verübt.« Wer könnte dahinterstecken? »Ja, die Wissenschaft ...«

Es war nicht einfach, dem Mann aus Lemberg zu folgen. Während der Arbeit seien ihm schon »so eigenartige Gedanken« gekommen, dass er unter einem fremden Einfluss stehen könnte. »Irgendwas könnte es geben, vielleicht eine Substanz, die verhindert, dass ich bei der Arbeit Fehler mache.« Vielleicht wolle man mit dem Experiment, an dem er unfreiwillig teilnahm, erforschen, wie eine große Kraft von außen auf Menschen einwirke.

Das Klingeln des Telefons unterbrach das Gespräch. Auch das steht im Protokoll. Der Arzt sprach ein paar Worte. Als er den Hörer wieder auf die Gabel legte, fragte Nowak: »Haben Sie auch die Autohupe gehört?« Er beugte sich zu dem netten Mann hinüber und flüsterte: »Diese Hupe wollte mich auf etwas aufmerksam machen. Was es bedeutet, weiß ich nicht. Vielleicht soll es bedeuten, dass alles, was ich gerade mit Ihnen besprochen habe, schlecht ist.« Auch eine Stimme habe er wieder gehört. Sie habe ihm während des Telefongesprächs zugerufen: »Raus!«

Im März 1961 folgten die ratlosen Ärzte der Klinik in Düsseldorf-Grafenberg dem Wunsch des Patienten und ließen ihn gehen. Nowak verschwand für ein paar Monate. 1962 kehrte er zurück. Die Wahnvorstellungen waren jetzt noch viel schlimmer, die Stimme, die er hörte, war viel lauter geworden. Er bekomme nun »brüllend« Anweisungen. Er berichtete von Menschen in seiner Umgebung, die sich in Teufel verwandeln könnten. Was könnte die Ursache sein? »Irgendwas, das eigentlich nicht ist«, sagte Nowak. Ende April 1962 wurde notiert: Der Patient habe von Raubüberfällen geträumt und habe Angst davor, in einen verwickelt zu werden.

RAUBMORD AM THÜRMCHENSWALL

Ungefähr zur selben Zeit schrieb Nowak Briefe an die Polizei in Köln und Düsseldorf: »Hiermit gebe ich freiwillig zu, dass ich 1945 bis 1951 zwei Raubüberfälle und vier Einbruchdiebstähle wie auch Diebstähle verübt habe. Ich bin gezwungen, das der Polizei zu sagen.« Die Adresse des Absenders – die Landesheil- und Pflegeanstalt Düsseldorf-Grafenberg – könnte dafür gesorgt haben, dass die Empfänger die Schreiben nicht ernst nahmen. Außerdem waren die Taten im Zweifelsfall längst verjährt.

Weil er keine Antwort bekam, glaubte Nowak, dass die Klinik seine Briefe abgefangen habe. Also musste er selbst vorstellig werden. Im Mai 1962 setzte er sich in den Zug nach Köln. Der erste Versuch, sich selbst zu belasten, scheiterte schon am Kölner Bahnhof. Eine Dreiviertelstunde harrte er aus, zögerte, diskutierte mit sich selbst und setzte sich dann in einen Zug, der ihn nach Düsseldorf zurückbrachte.

Am nächsten Tag schaffte er es, den Kölner Hauptbahnhof zu verlassen. Er ging die Domstraße entlang, überquerte Unter

Krahnenbäumen und stand auf einmal vor einem Haus am Thürmchenswall, das er gut kannte. War da wieder diese unsichtbare Kraft am Werk, die ihn lenkte? Was sonst hätte ihn dorthin bringen können? Vielleicht stand er stundenlang auf der Straße und starrte auf die Fassade. Die Erinnerung kam nur langsam zurück. Als eine junge Frau das Haus betrat, eilte er ihr hinterher und verhinderte, dass die Haustür ins Schloss fiel. Er wartete ein paar Augenblicke, bevor er die Tür ganz öffnete, um hineinsehen zu können. Der Flur sah anders aus, als er ihn kannte. Alles war frisch verputzt. Aber es gab keinen Zweifel. Hier war er schon einmal gewesen.

Die Treppe führte hinauf zu einer Wohnung im ersten Stock. Zusammen mit seinem vier Jahre älteren Kumpel Nikolai war er damals hinaufgegangen, zwei Schnapsflaschen im Gepäck. In der Wohnung hatte Nikolai dann eine Schallplatte aufgelegt. Hier wohnte 1945 ein Mann, der etwas zu bieten hatte, auf das viele in den ersten Monaten nach Kriegsende neidisch waren: Musik in den Trümmern, das hatte was.

Nikolai nannte den Mann mit dem Plattenspieler »Papa«. Sie hatten ihm ein Glas Schnaps nach dem nächsten eingeschenkt, dann hatte Nikolai die Musik lauter aufgedreht. Die Nachbarn sollten nicht hören, wenn der Mann schreien würde. Die Sorge war unbegründet. Nowak erinnerte sich, wie er dem Mann mit einer Pistole auf den Kopf geschlagen hatte. Das Opfer hatte nur »Au« gesagt, so wie ein kleines Kind im Sandkasten. Nikolai hatte ihn noch im Fall am Hals gepackt und zugedrückt. Während sein Freund den Mann gewürgt hatte, hatten sie ihn gemeinsam auf das Bett gezogen, und Nikolai hatte ihm ein Kissen auf das Gesicht gedrückt.

Ab diesem Moment war Nowaks Erinnerung schwammig. Er hatte mit der Pistole geschossen, das war unstrittig. Aber warum, wusste er nicht mehr. Vielleicht lebte der Mann noch, als Nikolai damit begonnen hatte, in der Wohnung nach Wertsachen zu suchen und er neben dem Opfer auf dem Bett gesessen hatte. Vielleicht hatte sich der Schuss auch einfach aus Versehen gelöst.

In jedem Fall hatte ihn Nikolai danach wütend angeschnauzt. Der Schuss könnte Nachbarn aufmerksam gemacht haben. Tatsächlich tauchte in seiner Erinnerung eine Frau in der Wohnungstür auf. Mehr wusste er nicht mehr.

ALTE AKTEN AUS DEM KELLER

Nowak machte sich auf zur Polizei, um seine Erinnerung zu Protokoll zu geben. Er war ein Mörder. Und er wollte gestehen. Der Mann, der Paul Iwan Nowak im Polizeipräsidium gegenübersaß, war ihm wohl nicht annähernd so zugewandt wie der Arzt in der Düsseldorfer Klinik, der ihm stundenlang zugehört hatte. Dem Beamten an der Pforte des Präsidiums hatte Nowak direkt gesagt, dass er einen im Oktober 1945 verübten Mord gestehen müsse, woraufhin dieser ihn pflichtbewusst zur Mordkommission geführt hatte. Doch als er dort mit seinem Bericht begann, ließ das Pflichtbewusstsein der Beteiligten offenbar schnell nach. Eine Irrenanstalt als vorläufige Adresse eines Wohnungslosen und Anspielungen auf geheimnisvolle Einflüsse, die ihn lenkten, ließen ihn wenig glaubwürdig erscheinen. Hinzu kam die Frage, warum jemand eine Straftat gestehen sollte, die in Kürze verjähren und damit ungesühnt bleiben würde. Kurzum: Die Kölner Polizei schickte Nowak in die Klinik zurück.

Die Aktenlage gibt keinen Aufschluss darüber, was einen der beteiligten Ermittler dazu gebracht haben könnte, doch noch in den Keller des Polizeipräsidiums hinabzusteigen, um nach alten Unterlagen zu schauen. Das, was da an Handakten der Mordkommission aus den Monaten nach dem Einmarsch der Amerikaner im März 1945 in Kisten verstaut war, dokumentierte eine Phase völliger Ohnmacht deutscher Strafverfolgung: Schwerste Straftaten blieben ungesühnt, weil es kein Personal gab, um sie aufzuklären. Die meisten Polizisten waren außer Dienst gestellt, bis eine Prüfung ergeben hatte, ob sie für eine zukünftige Verwendung geeignet waren oder ob man sie als untauglich einstufte, weil sie Nazi-Kollaborateure gewesen waren.

Der Neuanfang begann mit sage und schreibe 27 Mann, zuständig für das gesamte linksrheinische Köln. Nach der Befreiung der ganzen Stadt im Mai wuchs die Anzahl der Polizisten immerhin bis Ende 1945 auf 1.500 Personen. Doch das klang nach mehr, als es war. Denn wenn man die Hilfspolizisten abzog, die man zum Beispiel als Wachpersonal im Gefängnis brauchte, blieben gerade einmal 679 Schutzpolizisten und nicht mehr als 38 Ermittler bei der Kriminalpolizei übrig. Das war viel zu wenig, um den Aufgaben in den Trümmerwüsten der Großstadt gewachsen zu sein.

In den meisten der in dünnen Ordnern dokumentierten Fälle aus dieser Zeit waren noch nicht einmal Tatverdächtige aufgeführt. Freigelassene Zwangsarbeiter rächten sich mit brutalen Raubzügen an der deutschen Herrenrasse. An manchen Kapitalverbrechen waren amerikanische oder britische Soldaten beteiligt, weshalb sich jede weitere Ermittlung für deutsche Polizisten verbot. Fast täglich wurden Tote mit Schusswunden, Messerstichen oder anderen Verletzungen gefunden. In Ossendorf wurde ein Polizeibeamter in seinem Garten erschossen, als er Erdbeeren pflückte. In der Merheimer Heide starb ein Postbeamter, dem man die Armbanduhr stehlen wollte. In Longerich erlag ein Kölner Schäfer schwersten Verletzungen. In Esch verblutete die Ehefrau eines Bauern nach einem Raubüberfall. In Bickendorf fand man die Leiche eines großen Schiebers in einem Luftschacht.

Und auf allen Kartons stand »Täter unbekannt« oder schlicht »Ausländer«. Hinzu kamen die vielen Fälle, die es gar nicht in die Polizeistatistik geschafft hatten. So hatte Nowak angedeutet, dass er auch an einem Raubüberfall in Dellbrück beteiligt gewesen sei, bei dem möglicherweise ein Pfarrer zu Tode kam. In den Akten war darüber nichts zu finden. Auch spätere Nachforschungen bei den Kirchen ergaben nichts. Befreite Russen der Firma Radium Gummiwerke hätten sich in der Merheimer Heide »zusammengerottet«, führte der evangelische Kirchenkreis aus, nachdem man ihn gebeten hatte, nach dem vielleicht von Nowak getöteten Geistlichen zu suchen. Die Männer seien in mehrere Wohnungen eingebrochen. In einem Haus in der Strundener Straße wurde eine

25-jährige Frau in den Keller geschleppt und getötet. Auch am Mauspfad seien Menschen ermordet worden. »Der Pfarrer hatte fast jeden Tag Beerdigungen von getöteten Menschen«, hieß es in dem Schreiben an die Polizei. Ob er selbst zu den Ermordeten gehörte, konnte die Kirche nicht sagen.

Es gab Anschläge auf Nazis, die versucht hatten, ihre Schuld zu vertuschen, und es gab Anschläge auf Juden, die überlebt hatten. Hinzu kamen furchtbare Fälle von gemeinschaftlichem Selbstmord und von Abtreibungen, bei denen Frauen nach missglückten Eingriffen krepierten. Und es gab den Fall Hans Wolf, wohnhaft im Thürmchenswall 13, vom 12. Oktober 1945.

Nachdem die äußerst dürftige Handakte den Weg aus dem Karton im Keller auf den Schreibtisch der Mordkommission gefunden hatte, war schnell klar, dass der Irre aus Düsseldorf nicht gelogen hatte. An jenem Freitagabend war der 67-jährige Invalide Hans Wolf gegen 21 Uhr brutal ermordet worden. Zunächst war man davon ausgegangen, dass er erwürgt wurde, dann hatte es trotz widriger Umstände eine Obduktion der Leiche gegeben. Der Bericht der Gerichtsmedizin ging davon aus, dass Wolf verblutete. Ein Pistolenschuss habe die Herzkammerwand durchbohrt, ein zweiter den linken Unterarm. Beide seien aus nächster Nähe abgegeben worden. Kurz vor dem Tod sei der Mann noch gewürgt worden. Außerdem wies er eine Messerstichverletzung am Kopf auf.

In der Handakte war auch eine Zeugenaussage abgeheftet. Eine Nachbarin hatte ausgesagt, dass sie Krach gehört habe. Sie habe nebenan zwei Ausländer, vermutlich Polen, gesehen, wie sie mit Wolf auf dem Bett gerungen hätten. Die Kölner Polizei bat die Düsseldorfer Kollegen, Paul Nowak in der Landesheil- und Pflegeanstalt Grafenberg festzunehmen und nach Köln zurückzubringen.

ARMBANDUHREN UND HERRENMÄNTEL

Diesmal wurde Nowak anders empfangen und ernst genommen. Der Erkennungsdienst machte Fotos. In Ordnern mit Angaben zu ehemaligen Zwangsarbeitern in Köln ließen sich Bilder finden, die man verglich. Fotos, die nach seiner ersten Verhaftung aufgenommen worden waren, zeigten einen gutaussehenden, jungen, dunkelblonden Mann mit kurzen Haaren und braunen Augen. Sein Äußeres war immer noch gepflegt. Doch hätte man sein Alter schätzen müssen, hätte man wohl danebengelegen. Wie 35 sah der Mann nicht aus. Darüber täuschten auch die zu einer Tolle zurückgekämmten Haare nicht hinweg.

Auf dem Tisch lag die Akte, aus der Nowak vorgelesen wurde. Die Angaben deckten sich nicht ganz mit dem, was er erzählte. Er gab zu, geschossen zu haben. Aber an einen zweiten Schuss oder an ein Messer konnte er sich nicht erinnern. Er habe dem Opfer mit dem Pistolenlauf wohl ein paar Mal in den Bauch gestoßen. »Warum, weiß ich nicht mehr. Dann löste sich der Schuss«, versuchte er den Hergang zu erklären. »Allerdings muss ich auch sagen, dass ich sehr, sehr aufgeregt gewesen bin.«

Die Tat war eiskalt geplant. Das wurde schnell klar. Nowak lebte damals mit Nikolai in einem Ausländerlager in Ossendorf. Ein Teil der dortigen Kaserne wurde für die Unterbringung der freigelassenen Zwangsarbeiter und anderer ausländischer Arbeiter genutzt. Nikolai war mit zwei Landsleuten befreundet, die zeitweise in der Wohnung des Opfers gelebt hatten. Sie wussten, dass Hans Wolf als Hehler und Händler auf dem Schwarzmarkt aktiv war. Die in den letzten Kriegsmonaten gesammelte Expertise half ihm in der Nachkriegszeit. Es war von Anfang an klar, dass Wolf sterben sollte, weil er sie verraten würde. »Wir müssen den Mann umbringen, weil er uns kennt«, hatte Nikolai gesagt. »Das leuchtete mir ein«, gab Nowak zu Protokoll. »Alles andere schien mir zu gefährlich.« Die Pistole habe er sich wohl selbst besorgt, vermutete er.

Der Kripobeamte dürfte darüber gestaunt haben, dass Nowak zu keinem Zeitpunkt versuchte, die Schuld auf den Mittäter zu schieben. Dies wäre in einem lange zurückliegenden Fall ohne echte Spuren und Beweise naheliegend gewesen. Der Mann, der nicht mehr Iwan heißen wollte, schilderte den Ablauf des Abends, soweit er sich erinnern konnte. »Was haben Sie erbeutet?«, wurde er gefragt. »Ich glaube, es waren zwei Armbanduhren und Herrenmäntel, vermutlich auch einige Flaschen Schnaps. Es musste alles sehr schnell gehen, weil auf einmal diese Frau im Türrahmen stand.« Man habe alles in einen Koffer gepackt und sei abgehauen.

ALS ZWANGSARBEITER IN NIEHL

In den folgenden Tagen wurden die Befragungen immer einfacher, die Berichte über geheime Kräfte und fremde Einflüsse immer seltener. Auch über seinen Komplizen gab Nowak bereitwillig Auskunft. Bis zum Sommer 1946 sei man zusammen unterwegs gewesen, dann habe sich Nikolai verabschiedet. In einem Lager für Ukrainer habe er eine Frau kennengelernt und geheiratet. Die beiden wollten sich in England eine bessere Zukunft aufbauen.

Kennengelernt hatten sich Nowak und Nikolai bei der Kölner Modellbaufirma Peter Koch in Niehl. »Das war ein guter Chef, nicht so, wie viele andere.« Rund 30 polnische und ukrainische Arbeiter waren an der Niehler Straße beschäftigt, auch ein paar Franzosen seien dort gewesen. In den Werkstätten wurden maßstabsgetreue Modelle von Maschinen und Apparaten zu Demonstrationszwecken für Ausstellungen, Messen, Schulen oder zur Anmeldung von Patenten gebaut. 1944 sei die Firma ausgebombt worden, berichtete Nowak. »Nachdem unsere Unterkünfte ausgebrannt waren, konnten wir bei Koch in der Villa am Deutschen Ring wohnen. So ein Chef war das.«

Die Angaben waren leicht nachzuprüfen. Die Polizei konnte ein Gruppenfoto finden, das die Belegschaft der Firma Koch zeigte. Aufgenommen wurde es wahrscheinlich bei einem Betriebsausflug. Es zeigte die Beschäftigten in Anzügen und mit Krawatten. Das entsprach tatsächlich nicht dem üblichen Bild der ausgebeuteten und drangsalierten Arbeiter aus dem von der Wehrmacht besetzten Ausland.

Für die Polizei war jedoch wichtiger, dass sich mithilfe des Gruppenbilds ein Fahndungsfoto für die Suche nach Nikolai erstellen ließ. Das nach der Vergrößerung doch recht unscharfe

Bild wurde unter anderem an die Kollegen von Scotland Yard geschickt. Dort war der Mann trotz einer leichten Abänderung seines Namens kein Unbekannter, wie sich bald herausstellte. Über Interpol wurde nach ihm gefahndet, bis er schließlich in Mapperley, einem Wohn- und Gewerbegebiet im Nordosten von Nottingham, gefasst werden konnte.

Nowak gestand weitere Taten. Es schien, als wenn sein Geist von Tag zu Tag immer klarer würde, während die bösen Geister, die ihn geplagt hatten, von ihm abließen. In der Nähe von Rösrath war er an einem bewaffneten Raubüberfall auf eine Familie in einem Gutshof beteiligt. »Die habe ich am Abendbrottisch bedroht.« Zu den Straftaten, für die er verurteilt worden war, müsse man wohl rund 50 weitere Diebstähle und Einbrüche hinzurechnen. Außerdem habe er in einer anderen Mordsache einen Meineid geleistet, damit ein angeklagter polnischer Freund freikam.

Als er über den ungeklärten Fall des mutmaßlich getöteten Pfarrers sprach, fand noch einmal Metaphysisches den Weg ins Polizeiprotokoll: »Es quält mich etwas, was ich nicht ausdrücken kann. Es drängt mich zum Fantasieren und Denken. Wenn ich im Gebetbuch lese und mich als Gott fühle, fühle ich mich wohl.« Ganz so leicht wurde er seine Psychose nicht los, auch wenn ihm nach und nach tonnenschwere Steine von der Seele fielen.

»FÜHLE MICH SCHON VIEL FREIER«

Die dünne Akte aus dem Jahr 1945 füllte sich mehr als 15 Jahre später Seite um Seite. Die Düsseldorfer Klinik schickte ihre Aufzeichnungen der Gespräche mit Nowak. Die Protokolle wurden trotz ärztlicher Verschwiegenheitspflicht Bestandteil der Ermittlungsakte. Ein Polizist ergänzte die alte Akte um den Namen des Täters, indem er dessen Namen auf den Deckel schrieb.

Die Protokolle belegen eine gründliche Vorarbeit der Polizei für den kommenden Prozess. »Wir haben Ihnen von Anfang an keinerlei Versprechungen gemacht. Haben Sie wirklich nur deshalb alles gesagt, weil Sie Ihr Gewissen drückt?« Auf diese in einem Vernehmungsprotokoll festgehaltene Frage antwortete Nowak: »Mir wurde nichts versprochen. Nur weil mein Gewissen mir keine Ruhe ließ, habe ich alles erzählt. Jetzt fühle ich mich schon viel freier. Ich weiß, dass ich verurteilt werde. Ich will für meine Taten büßen.« Nowak schien endlich die Ursache allen Übels gefunden zu haben. Es gab einen Toten, der immer wieder in seinen Träumen auftauchte. Nun war ihm klar, dass dieser Tote sein Mordopfer war und ihn die Tat seit Jahren verfolgte. Nach dem Geständnis sagte er: »Ich habe das Gefühl, befreit zu sein.«

Hatte sein Geständnis die Psychose geheilt? Die Frage ist schwer zu beantworten. Einen Zusammenhang sahen aber wohl auch die Richter am Kölner Landgericht, die Nowak sehr milde bestraften, obwohl er einen geplanten, heimtückischen Raubmord begangen hatte. Doch die Leidensjahre des einsamen Kranken nach seiner letzten Gefängnisstrafe erschienen in der Gesamtschau als Teil der Sühne für einen brutalen Mörder, der unter normalen Umständen wohl lebenslänglich bekommen hätte. Zwei Gutachter bescheinigten ihm eine »schubhaft auftretende Schizophrenie«. Als 19-Jähriger dürfte er allerdings geistig völlig gesund gewesen sein – so »gesund«, wie man 1945 in solch einer Lebenslage gewesen sein konnte. Nowak hätte nicht nach Lemberg zurückkehren können. Von den Deutschen verschleppte Zwangsarbeiter wurden in der Sowjetunion als Verräter empfangen. Wie hätte erst die Behandlung eines Rückkehrers ausgesehen, der freiwillig nach Deutschland gegangen war?

Verhandelt wurde vor der Jugendstrafkammer, was Nowak von Anfang an Hoffnung gemacht haben dürfte. Das Gericht attestierte ihm Entwicklungsverzögerungen durch den Krieg und die Zwangsarbeit und vermutete zum Zeitpunkt des Mordes eine »unfertige Persönlichkeit«. Es glaubte ihm, dass die Schüsse auf Hans Wolf aus Versehen losgegangen waren, und sprach deshalb nur von einem »versuchten Mord«. Der Richter sah ihn nicht als Haupttäter und wertete sein Geständnis sowie seinen »Willen zur Sühne« als strafmildernd. Außerdem wurde ihm die Untersuchungshaft angerechnet.

Der einzige echte Beweis für Nowaks Schuld war sein Geständnis. Zur damaligen Zeit verjährte ein Mord nach 20 Jahren. Hätte der Mörder vom Thürmchenswall bis 1965 warten können oder wollen, hätte ihn kein Gericht mehr bestrafen dürfen, aber dann wäre er vielleicht für immer in der Landesheil- und Pflegeanstalt Düsseldorf-Grafenberg geblieben. Das Kölner Landgericht verurteilte ihn wegen Beihilfe zu versuchtem Mord und Beihilfe zu schwerem Raub zu einer Jugendstrafe von vier Jahren.

Da die Akte noch gesperrt ist, wurden die Namen von Täter und Opfer durch Pseudonyme ersetzt.

SPURENSUCHE AM WESTWALL

1.10.1944
Liebe Eltern,
sind gestern in einem kleinen ungarischen Dörfchen 156 km von Budapest gelandet. Es ist aber noch nicht unsere Endstation. Man weiß förmlich nicht, was man mit uns machen soll. Haben schon mal den Vorschlag gemacht, uns nach Hause zu schicken. Aber man will noch nicht recht. Ungarn als solches ist ein sehr eintöniges Land. Allerdings die Bevölkerung tut für uns alles, was ihr möglich ist. Glaube nicht, dass die jemals von unserer Seite gehen. Waren auch auf unserer Hinreise einen Tag in Budapest. Ganz fabelhaft tiefer Frieden und ein tolles Leben. Wäre nur der Krieg bald zu Ende und wir könnten unsere Rückreise in Frieden antreten! Das Paket ist bald gegessen. Habe heute noch Post von Euch von Anfang des Monats und von Hildegard eine Menge Briefe mit Bonbons und Zigaretten bekommen. Es lohnt sich aber nicht, dass Ihr jetzt schreibt. Die Post kommt doch nicht an. Nun Schluss für heute. Seid herzlich gegrüßt und geküsst von Helmut.

Es war nicht ganz leicht gewesen, die Schrift des Bruders auf dem dünnen, leicht vergilbten Papier zu entziffern. Kurze Sätze, auf die Schnelle hingekritzelt. Sie wusste, dass sie vielleicht die Letzte war, die noch in der Lage war, das zu lesen. Ihre Kinder und Enkel wären damit überfordert. Dann wäre alles verloren. Also hatte sie sich an ihren Computer gesetzt und alle Briefe, die in dem Umschlag waren, abgetippt. Wie war es möglich, dass sie so lange nicht an ihn gedacht hatte? Irgendwann war die Erinnerung geradezu übermächtig zurückgekehrt. Sie hatte ihn sehr geliebt, den großen, starken, drei Jahre älteren Bruder. Wie würde er wohl heute aussehen? Wie hätte er vor 50 Jahren ausgesehen? Sie hätten viel Spaß gehabt, da war sie sich sicher. Er hätte immer auf sie aufgepasst, so wie er es früher gemacht hatte.

4.10.1944
Sind soeben im Quartier angekommen, durchnässt bis auf die Haut. Man hat uns 14 Tage nach Ungarn gefahren und jetzt laufen wir dieselbe Strecke wieder zurück. Könnt Ihr Euch denken? Jeden Tag 40 Kilometer. Da fällt man nur so um. Nun etwas, das mich tief erschüttert hat: Horst Möller ist bei Lille, Nordfrankreich, gefallen. Habe alles versucht, etwas über ihn in Erfahrung zu bringen. Traf heute zwei Mann, die am Ort dabei waren. Er saß auf einem LKW. Den hat aus 8 m Entfernung ein feindlicher Panzer zusammengeschossen. Niemand ist mit dem Leben davongekommen. Ich glaube, seine Eltern werden wohl nie Bescheid kriegen, denn seine Einheit ist aufgelöst. Ein trauriges Stück. Nun Schluss. Ich kann nichts mehr sehen. Für heute grüßt und küsst Euch Euer Helmut.

FÜNF JAHRZEHNTE VERWAHRT

Hildegards Sohn und die beiden Enkel waren aus dem Auto ausgestiegen, mit dem sie im Oktober 2016 zuerst zum deutschen Soldatenfriedhof bei Bastogne in Belgien gefahren waren. Jetzt befanden sie sich in Steinebrück – an der deutsch-belgischen Grenze. Während die Enkel die Umgebung erkundeten, wurde es langsam dunkel. Schwer vorstellbar, dass es hier passiert war. Wäre es ihrem Bruder besser ergangen, wenn er in Ungarn geblieben wäre, fragte sie sich, während sie auf dem Beifahrersitz auf die drei wartete. Ihre Mutter hatte die Feldpostbriefe verwahrt. Nach ihrem Tod hatte Hildegard die kleine Sammlung eng beschriebener Blätter nicht wegschmeißen können. Sie wusste nicht, ob ihre Mutter Helmuts kurze Nachrichten später noch einmal gelesen hatte. Darüber wurde nicht gesprochen. Damals nicht und später nicht. Jede behielt ihren Schmerz für sich.

Sie war im Bund Deutscher Mädel mitmarschiert. Man wusste es ja nicht besser, oder? 1929 geboren war sie 1933 vier Jahre alt, ihr Bruder sieben. Eine Schulzeit in der Diktatur. Sie hatte schon im Kindergarten Hakenkreuze gemalt. Als der Krieg begann, war sie zehn, ihr Bruder 13. Er steckte Nadeln in eine große Landkarte von Europa. Deutschland wurde immer größer. Jüdische Nachbarn verschwanden aus ihrem Haus. Zuvor hatten sie ihrem Vater noch ein Gemälde geschenkt und ihn gebeten, er solle darauf aufpassen, bis sie wiederkämen. Ein Schneider mit Nadel und Faden war darauf zu sehen. Erst hing es bei ihren Eltern, dann bei ihrer Mutter in der Wohnung. Obwohl es ziemlich hässlich war, hatte sich Hildegard nicht davon trennen können. Es wanderte durch verschiedene Zimmer ihres Hauses in Köln-Brück. Seit fünf Jahrzehnten dachte sie darüber nach, warum sie das Bild nicht wegschmeißen oder verkaufen konnte. Sie wusste nicht, ob es irgendeinen materiellen Wert hatte. Vielleicht war etwas im Rahmen versteckt. Sie hatte sich nicht getraut, nachzusehen.

15.10.1944
Mein liebes Schwesterchen, habe im Augenblick Telefonwache und etwas Zeit zum Schreiben. Wie Du sicher weißt, war meine Truppe bei meinem Eintreffen schon wieder weg, sind dann mit 5 Mann so ganz privat nach Wien und dann nach Budapest gegondelt, von hier aus noch 200 Kilometer weiter in die Puszta, wo wir dann endlich die Truppe trafen. Aber nur zwei Tage waren wir am Ort, dann hieß es wieder weiter. Diesmal wieder zurück, aber nicht etwa mit

der Bahn, sondern zu Fuß. Du kannst Dir denken, 400 Kilometer zu Fuß, das will was heißen. Nun sind wir wieder an der Grenze und erwarten unseren Einsatz, der meiner Meinung nach niemals kommen wird. Bin mal gespannt, was die jetzt mit uns vorhaben. Der nächste Urlaub wird wohl lange auf sich warten lassen. Mir geht es soweit noch ganz gut, was ich auch von Dir hoffe. Habe gestern noch einige Briefe von Dir erhalten mit Bonbons und Zigaretten. Also sind die doch nicht alle verloren gegangen. In Zukunft kannst Du mir auch wieder schreiben. Die Post wird wohl wieder etwas regelmäßiger gehen. Nun noch etwas Neues: Stell Dir vor, man hat mich auf Grund meiner einmaligen Verdienste zum königlich preußischen Gefreiten gemacht. Das hätte ich ja nie geglaubt. Dachte immer ich bleibe der Schütze Arsch. Aber ich sage mir immer, ich verzichte auf alle Beförderungen, Hauptsache, wir sehen die Heimat wieder. Habe soeben gehört, dass Ihr schwer angegriffen worden seid. Hoffentlich ist nichts passiert. Für heute grüßt Dich nun herzlich, Dein Helmut.

Nicht selten waren mehrere Briefe von Helmut gleichzeitig angekommen. Die Familie war selten auf dem aktuellen Stand. Sie schickten Päckchen an die Front, ohne darüber nachzudenken, wie verrückt das eigentlich war. Doch tatsächlich kamen viele der Pakete mit Schokolade, Zigaretten und anderen Dingen unbeschädigt bei Helmut an.

1.11.1944 *(Allerheiligen)*
Mir geht es soweit noch gut, was ich von Euch auch hoffe. Heute ist das Wetter ganz fabelhaft. Man meint, es würde Frühling. Aber das Wetter ist auch mit Unannehmlichkeiten verbunden. Von der Hitze werden die unheimlich vielen Kleintiere wieder munter, die wir ernähren. Wenn es irgendwie möglich ist, lasst mir mal ein Hemd mit langen Ärmeln zukommen. Das, was ich anhabe, ist seit dem letzten Urlaub noch nicht gewaschen worden. Könnt Ihr Euch denken, wie das aussieht? Es wird Zeit, dass wir mal wieder Urlaub bekommen, sonst bleibt von uns nichts übrig. Sonst gibt's nicht viel Neues. Mein Wissen ist soweit erschöpft.

AUSGEBOMBT

Nachdem das Haus, in dem die Eltern und die Schwester wohnten, 1943 von einer Bombe getroffen worden war, hatte Helmut Urlaub bekommen, um der Familie beizustehen. So hatte der schlimme Schlag zu einem ungeplanten Wiedersehen geführt. Sie hatten bei Verwandten am Tisch gesessen und Schnaps getrunken, den jemand gebrannt hatte. Das Haus war völlig zerstört. Da war nichts zu machen. Hildegard wurde bei einem Onkel in Gummersbach untergebracht. Den Eltern wurde vom Lebensmittelunternehmen Michael Brücken AG ein neuer Laden mit einer dazugehörigen Wohnung zugeteilt. Im November 1944 wurden sie ein weiteres Mal ausgebombt.

20.11.1944
Liebes Schwesterlein, erhielt vor ein paar Tagen ein Telegramm von zuhause, dass mal wieder alles im Eimer ist. Es ist gerade ein Jahr her, dass ich aus demselben Grunde zu Hause war. Dieses Mal wird es wohl nichts mit dem Urlaub geben. Laut Regimentsbefehl ist der Urlaub für Unverheiratete gesperrt. Will es aber dennoch versuchen, wenn ich auch wenig Hoffnung habe. Kannst Dir denken, was es für ein Gefühl ist, wenn man unvermutet zur Schreibstube muss und so ein Telegramm bekommt. Aber dennoch muss man sich damit abfinden, auch wenn es keinen Urlaub gibt. Bin nur froh, dass noch alles gesund ist. Ich kann es soweit noch aushalten, abgesehen von dem Mangel an Rauchwaren, das wohl das Schlimmste für mich ist. Hoffen wir, dass bald die Post regelmäßiger kommt.

Wie Schachfiguren hatten Hitler und seine Generäle Hunderttausende Soldaten durch Europa geschickt. Wahrscheinlich glaubten die meisten von ihnen tatsächlich, dass ihnen ein Befreiungsschlag gelingen könne. Vielleicht interpretierten sie innenpolitische Debatten im Lager der Alliierten falsch, vielleicht hofften sie, dass die Ingenieure des Nazi-Reichs doch noch eine Wunderwaffe an den Start bringen würden. Die Amerikaner und Briten sollten im

Westen so stark unter Druck gesetzt werden, dass sie das europäische Festland wieder verließen. Dann hätte sich die Wehrmacht mit dem, was von ihr noch übrig war, ganz auf den Osten und die Rote Armee konzentrieren können, so die Vorstellung Hitlers. Helmut hatte fest damit gerechnet, dass er schon bald »den Russen kennenlernen« würde, wie er in einem Brief aus Wien schrieb.

26.11.1944
Sind mit allen möglichen Schikanen in Wien gelandet. Wann es weitergeht, ist nicht bestimmt. Ich kann Euch sagen, Wien ist ein Städtchen! Man bekommt Sehnsucht nach dem Frieden. Ich kann es kaum für möglich halten, wie so etwas in sechs Kriegsjahren möglich ist. Des Abends sind die Straßen hell erleuchtet. Die größten und schönsten Vergnügungslokale geöffnet und der Prater einfach herrlich. Wie muss es hier erst im Frieden hergehen?

Tatsächlich führte Helmuts Weg nicht nach Osten, sondern in die entgegengesetzte Richtung – zur belgischen Grenze, denn die Wehrmachtsführung verlegte rund 200.000 Soldaten an die Westfront. Die NS-Führung und mit ihr die deutschen Zeitungen schwadronierten von den Vorteilen einer »Front ohne Rückenschmerzen«. So zitierte die *Kölnische Zeitung* Propagandaminister Joseph Goebbels. Dass der Feind immer näher komme, habe auch Vorteile. »Wir Kölner sind nahe Zeugen des entscheidungsschwersten Ringens dieses ganzen Krieges«, kommentierte die Zeitung am 26. November 1944. »Voreilig festgelegte Siegestermine« der Amerikaner würden sich »über kurz oder lang in schwere psychologische und materielle Rückschläge verwandeln«.

2.12.1944
Liebe Eltern, nach langer Zeit habe ich Gelegenheit, mal wieder etwas von mir hören zu lassen. Es hat sich inzwischen viel ereignet. Unsere Division ist inzwischen auf dem Marsch zum Westen. Die Stunde hat mal wieder geschlagen. Sind im Augenblick in der Nähe von Trier. Die Tiefflieger haben uns kräftig bedacht. Mussten Zwischenstation

machen. Heute Abend geht es weiter. Weit kann es nicht mehr sein. Wäre ja lieber nordwärts zum Einsatz gegangen. Aber man macht ja, was man will. Nun, auch das geht mal vorbei. Macht Euch nur keine Sorgen. Der Tommy kriegt mich nicht.

KRIEG IN DER EIFEL

Ein Enkel klopfte ans Autofenster und fragte Hildegard, ob sie nicht doch aussteigen wolle. Doch ihr reichte der Blick aus dem Fenster. Es sah so aus wie fast überall in der Eifel. Ein paar Häuser, eine Bushaltestelle, ansonsten viel Wald und noch mehr Wiese. Ihre Fantasie reichte nicht, um sich hier ein Schlachtfeld vorzustellen. Vielmehr könnten Kinder hier Cowboy und Indianer spielen. Ein Spielplatz. Der Bauer würde sicher erlauben, Zelte auf der Wiese aufzuschlagen.

Das war kein Ort für Krieg. Hinter ihnen lag der Grenzübergang. Eine Fototafel auf der belgischen Seite erinnerte an vergangene Zeiten, als in dem Haus an der Straße noch ein Grenzbeamter saß. Viel hatte sich nicht verändert. Nur der Beamte und der Schlagbaum waren verschwunden. Auf dem Schild, das anzeigte, dass man sich jetzt in Belgien befand, hatte jemand versucht, das französische »Belgique« unkenntlich zu machen. Bei der deutschsprachigen Gemeinschaft in Belgien war die französische Sprache offenbar nicht so beliebt.

Von hier bis nach Dollendorf waren es rund 60 Kilometer. Für jemand, der von Ungarn nach Belgien unterwegs war und bis zu 40 Kilometer pro Tag zu Fuß gehen musste, war das ein Katzensprung. Ihr Vater war 1886 in Dollendorf zur Welt gekommen, viele Verwandte lebten noch dort.

3.12.1944
Liebe Eltern, werdet wohl ein bisschen erstaunt sein, aus Dollendorf von mir einen Brief zu bekommen. Aber es ist alles Schicksal. Liege seit heute in Dollendorf in Quartier. Sind über Saarbrücken und Trier nun schließlich doch in meine zweite Heimat gekommen. Der Empfang

war überwältigend. So ein Glück gibt's wohl selten. Na, von hier aus geht's dann wohl zum Einsatz, aber wie gesagt, ich habe schon Pferde kotzen sehen. Wenn die Bahnverbindungen nicht so schlecht wären, würde ich ja Euren Besuch erwarten. Aber das wird wohl Illusion sein. Bin nur gespannt, wie lange wir hier bleiben.

Warum war er nicht einfach dageblieben? Die Verwandten hätten ihn verstecken können und das sicher auch getan. Die Front im Osten war weit weg. Und hier war alles nah und vertraut. Man hätte tatsächlich einfach hinfahren können, ihn abholen. Krieg in der Eifel – der Gedanke war absurd, auch wenn Massen an Beton in die Landschaft gerammt worden waren. Entlang des Westwalls hatte die Wehrmacht auf 600 Kilometern unzählige Panzersperren und Zehntausende Bunker errichtet, auch hier in Steinebrück an der Grenze zwischen Deutschland und Belgien.

Als man die Dollendorfer Verwandten irgendwann nach dem Krieg wiedertraf, sagten sie, sie hätten Helmut angeboten, ihn zu verstecken. Es dauert doch nicht mehr lange, hätten sie ihm gesagt. Doch in Dollendorf zu bleiben, sei für ihn überhaupt nicht infrage gekommen. War es ihm um Ruhm und Ehre, Hitler und Vaterland gegangen? Er habe seine Kameraden nicht im Stich lassen wollen, wurde seitdem in der Familie immer wieder erzählt.

10.12.1944
Der Traum ist mal wieder aus! Dollendorf liegt hinter uns. Liegen im Augenblick in der Gegend von Schleiden. Ihr glaubt nicht, wie ich es bedauere. Habe diese vier Tage wie zu Hause verlebt. Habe alles gehabt. Bin mal wieder tüchtig satt geworden. Und für die nötigen Rauchwaren hat Dütt von Düren gesorgt. Was nun bei uns die Zukunft bringt, weiß Gott. Na, es wird schon alles gut werden.

Ein »düsterer Schatten« sei auf die Menschheit gefallen, schrieb die *Kölnische Zeitung* vier Tage später. Im »Welttheater« werde »alles auf den Kopf gestellt«, so der Autor, der dann – ganz auf Linie der Nazi-Propaganda – selbst alles auf den Kopf stellte. In diesem »Welttheater« werde »alles Laster zur Tugend und alle Tugend zum Laster, in ihm ist jeder Schurke ein ehrlicher Mann und jeder ehrliche Mann ein Schurke, in ihm sind die Verbrecher die Richter, und die Richter werden als Verbrecher angeklagt.« Das Geschwurbel machte Nazi-Deutschland zum Opfer und die anrückenden westlichen Alliierten zu Verbrechern, die »Wehrlose niedermetzeln«.

Helmut Peetz wird diese verquere Weltsicht, die noch nicht einmal 40 Kilometer von ihm entfernt unter das Volk gebracht wurde, nicht gelesen haben. Er schrieb am 16. Dezember an die Dollendorfer Verwandtschaft:

Ihr Lieben, einen herzlichen Gruß aus Euskirchen sendet Euch Helmut. Meine Einheit wurde inzwischen aus Wollseifen abgerückt. Wohin, weiß ich nicht. Ich glaube zur Front! Ich wundere mich, was ich für ein Glück habe. Hoffentlich geht es so weiter. Sonst geht es mir gut. Ihr wisst ja, was ich damit meine! Ich wollte, ich käme noch mal zu Euch. Na, der Kram wird wohl bald zu Ende sein. Es tut sich was bei uns. Nun Schluss, bis dahin Euer Helmut.

DIE ARDENNENOFFENSIVE

Was hatte er sich wohl für einen »Schluss« vorgestellt? Wie hätte das »Ende« in seinen Augen ausgesehen? Vielleicht hatte er darauf gewartet, dass jemand gekommen wäre und gesagt hätte: »So, Schluss, wir haben es uns anders überlegt. Wir geben auf.« Das Gegenteil war der Fall. Am selben Tag, als Helmut diesen Brief schrieb, gab Hitler den Befehl zur Ardennenoffensive. Die Alliierten mussten sich zeitweise bis zu 100 Kilometer zurückziehen.

Hildegard hatte ihren Enkeln dabei zugeschaut, wie sie das zwölf Meter hohe Mardasson-Denkmal bei Bastogne erklommen hatten, das an die 76.890 Soldaten der US-Army erinnerte, die im Verlauf der Kämpfe in den Ardennen und der Eifel verwundet, getötet oder vermisst wurden. Die Enkel hatten darüber diskutiert, ob das wuchtige Denkmal in angemessener Weise an das

Geschehen erinnere. Die kleinen Kreuze auf dem benachbarten Soldatenfriedhof schienen ihnen eindrucksvoller als dieses »Betonding in der Wildnis«, wie der ältere der beiden meinte. Ob Helmut wusste, was die Heerführer mit der Ardennenoffensive im Sinn hatten, ist nicht bekannt. Es hätte auch keine Rolle gespielt. Die jungen Soldaten folgten im Kampf gegen die »Tommys«, wie die einfachen amerikanischen Soldaten genannt wurden, den Befehlen ihrer Vorgesetzten.

22.12.1944
Kurz ein Gruß. Sind mal wieder richtig in der Scheiße und zwar bei Hammer, ungefähr 20 Kilometer von Gemünd entfernt nahe der belgischen Grenze. Vielleicht kennt Vater den Ort. Schreibe in einem Keller bei spärlichem Licht. Gehöre nun jetzt ein zweites Mal zu den Überbleibseln der Kompanie. Denke, es wird mal wieder gut gehen. Urlaub ist ausgeschlossen. Es wäre ja herrlich, Weihnachten zuhause, aber man kann auf mich wohl nicht verzichten. Päckchen habe ich noch keine von Euch erhalten. Mit Rauchwaren ist es ganz bescheiden. Es gibt fast nur noch Tabak. Eine Zigarette ist eine Sensation. Wollen hoffen, dass bald Päckchen kommen. Sonst geht es mir noch gut, abgesehen von den Belästigungen des Tommys. Will nun schließen. Macht Euch keine Sorgen. Wir sehen uns wieder. Wünsche Euch ein glückseliges Weihnachtsfest. Werde an Euch denken. Euer Helmut.

Sein Kompaniechef und Freund Erwin Schüller, mit dem Helmut monatelang zusammen war, schrieb später, er habe selten jemanden »da draußen« gefunden, »der von solch einem starken Glauben an ein Wiedersehen mit den Seinen durchdrungen war wie Helmut«. Seine Zuversicht, sein Vertrauen und seine jugendliche Unbekümmertheit hätten sich stets auf alle in seiner Nähe übertragen. Schüllers sechs Seiten langer Brief, eng beschrieben mit feinster Handschrift, hatte sich ebenfalls im Nachlass von Hildegards und Helmuts Mutter befunden. Die Tinte war an vielen Stellen verwischt.

Sie hatte die Briefe mitgenommen, um ihren Enkeln auf der Fahrt zum Soldatenfriedhof bei Bastogne Auszüge daraus vorzulesen. Diese kleine Reise bedeutete ihr viel, weil sie etwas an ihre Familie weitergeben konnte. Aber auch für sie war es eine besondere Begegnung mit der Vergangenheit. Frühere Besuche des Friedhofs mit ihrer Mutter waren eher von nüchterner Geschäftigkeit geprägt. Man schaute nach dem Rechten und überprüfte, ob die Kriegsgräberfürsorge anständig mit dem gespendeten Geld umging. Die Mutter war eine westfälische Kauffrau, die organisieren konnte und anderen Anweisungen gab. Hildegards Kinder hatten nie gesehen, dass sich Oma und Hildegard je umarmt hätten. Vielleicht war diese Härte gegen sich selbst auch eine Folge des Kriegs, dachte Hildegard, bevor sie endlich doch das Auto verließ.

24.12.1944, Heiligabend
Der Heilige Abend ist wohl der Tag, an dem man sich am meisten zur Heimat sehnt und der Lieben gedenkt. Will Euch deshalb kurz ein paar Zeilen schreiben. Es ist wohl dieses Jahr das dürftigste Fest, das ich erlebe. Sitzen in unserem Bunker am Westwall und warten auf unsere Verpflegung in der Hoffnung, dass das Christkindchen uns wenigstens eine Kerze zum Fest bringt, damit wir mal sehen können. Haben immer die Ofentür auf, damit etwas Licht da ist. Gestern abend bekam ich ein Päckchen mit Schokolade. Hoffentlich kommen die anderen heute Abend. Vor nicht allzu langer Zeit habe ich auch Schokolade in rauen Mengen gegessen. Haben einen Feuerangriff gemacht und den Amerikaner in die Flucht gejagt. Ich kann Euch sagen, das ist das bestverpflegte Heer der Welt: Schokolade, Zigaretten, alles, was man sich denken kann. Konnten leider nicht viel mitnehmen, da wir wieder zurückmussten. Aber das war nicht das letzte Mal. Bald wird der Tommy endgültig gejagt. Dann gibt's in Hülle und Fülle. Wünsche Euch nun ein gutes Christkind. Hoffentlich siehts anders aus als bei uns. In Gedanken bin ich bei Euch. Helmut.

Am 27. Dezember 1944 wurde Helmut 19 Jahre alt.

28.12.1944
Wie habt Ihr denn das Weihnachtsfest verbracht? Es wird wohl nicht so reichlich gewesen sein wie sonst. Aber ich weiß ja, Hildegard konnte sich gewiss nicht beklagen. Hoffentlich habt Ihr Euch gefreut und habt am Heiligen Abend den Krieg vergessen. Auch wir hatten Weihnachten, wenn auch sehr dürftig. Der Tommy hatte die Tage seine Waffen schweigen lassen wie wir auch. Das war wohl das Schönste. Hatten uns einen Baum geschmückt und unseren Wein von der Marke Tenderware getrunken. Man wurde wenigstens schon mal an etwas Außergewöhnliches erinnert. Nun steht Silvester vor der Tür und ein neues Jahr. Die nächste Weihnacht wird wieder ein Fest der Freude sein, das glaube ich!

Am selben Tag schrieb Helmut an die Verwandten in Dollendorf:

28.12.1944
Bin über eine Woche wieder beim Haufen und zwar in der dicksten Scheiße bei Konzen am Westwall. Traf meine Einheit ziemlich angeschlagen wieder. Unseren Spieß haben wir nicht mehr, der ist versetzt. Der Hauptmann ist auch versetzt nach Wuppertal. Und der Leutnant ist von der Fahne gegangen. Mein Feldwebel ist verwundet, ebenfalls der Unteroffizier. Ihr seht, man hat uns mal wieder verhauen. Mir persönlich geht es noch zeitgemäß, und ich hoffe, den Krieg zu überleben. Silvester steht vor der Tür und damit ein neues Jahr. Es wird uns den Frieden bringen, was ich bestimmt glaube.

DER LETZTE BRIEF

Steinebrück war klitzeklein. Die Bezeichnung »Ortschaft« klang fast ein wenig hochgegriffen. »Warum wohnt man hier?«, dachte Hildegard, während sie und ihr Enkel ein Stück über die kleine Straße gingen. Das Besondere an Steinebrück war, dass die Staatsgrenze mitten durch den Ort ging. Nördlich des Flüsschens Our, das in den östlichen Ardennen entsprang, war Belgien. Der südliche Teil gehörte zu Rheinland-Pfalz. Von der Straße, die Belgien und

Deutschland verband, zweigte eine noch kleinere Straße nach Urb ab. Das war vielleicht der Weg, den Erwin Schüller in seinem Brief erwähnt hatte.

Sie versuchte, sich auszumalen, wie hier etwa einen halben Meter hoch Schnee lag, durch den Helmut und die anderen robben mussten, um von einer Deckung zur nächsten zu kommen. Rechts der Straße ging es eine kleine Anhöhe hinauf. Kam von hier das Artilleriefeuer der Amerikaner? Sohn und Enkel konnten auch nach der Erkundung der Gegend keine neuen Erkenntnisse liefern. Es blieb, was es war: völlig unvorstellbar.

1.1.1945
Liebe Eltern! Nun endlich habe ich mal wieder Gelegenheit zum Schreiben. Sind inzwischen wieder mal herausgezogen worden, aber in eine noch größere Scheiße hineingekommen. Im Augenblick sind wir in der Gegend, wo Frau Hundelohs Eltern wohnten. Kenne ja jede Ecke. Im Übrigen geht es mir noch gut. Habe vor einer Woche fünf Päckchen mit Gebäck erhalten. Wenn ich so etwas mal wieder zu Hause esse, dürfte der Krieg wohl vorbei sein. Ich habe es ja so dicke, Ihr glaubt es gar nicht. Aber an mir soll es nicht liegen. Muss schlafen. Es wird mal wieder Zeit. Bis dahin grüßt und küsst Euch Euer Helmut.

Das war der letzte Brief, der die Familie erreichte. So banal, so einfach, »Päckchen mit Gebäck«, »muss schlafen«, »wird mal wieder Zeit« ... Wofür? Und wer zum Teufel war Frau Hundeloh? Hildegard hatte diesen Brief unzählige Male gelesen. 104 schmucklose, müde hingeschriebene Wörter an Neujahr 1945. So kann man es doch nicht enden lassen, hatte sie sich immer wieder geärgert. Wie ihre Mutter hatte sie viele Jahre lang darauf gehofft, dass weitere Briefe ankommen würden. So etwas kam vor. Mancher Feldpostbrief wurde Jahre später noch irgendwo gefunden und zugestellt. Doch von Helmut kam nichts mehr. Und weil auch keine Todesnachricht kam, blieb ein Rest Hoffnung.

Helmuts Einheit war von Monschau zunächst nach Vielsalm gezogen, das etwa 20 Kilometer von Steinebrück entfernt in Belgien lag. Ab dem 18. Januar 1945 befand sich das Regiment »in ununterbrochenen Rückzugs- und Abwehrkämpfen in Richtung Reichsgrenze«, wie Schüller später schrieb. Als dieser am 24. Januar eine neue Kompanie übernahm, waren er und Helmut die einzigen Überlebenden ihrer alten Einheit. In der Nacht vom 29. auf den 30. Januar setzten sie sich nach Steinebrück ab, um auf einer Anhöhe eine Abwehrstellung aufzubauen. Der Gefechtsstand der Kompanie wurde in den Keller eines der wenigen Wohnhäuser gelegt. Es war kaum zu glauben, aber in dem Chaos fanden zwei Freunde aus ihrer alten Einheit, die nach einer Verwundung pausiert hatten, zurück zu Schüller und Helmut.

Die vier Männer saßen im Keller, als die Amerikaner damit begannen, sie zu beschießen. Die Anhöhe war schnell verloren, und die US-Armee gewann die Kontrolle über das Grenzdorf und die Rückzugsstraße nach Urb. Die deutschen Soldaten flohen aus dem Hinterhaus durch eine Mulde. Vor ihnen lag eine etwa 40 Meter breite, freie Schneefläche. Diese mussten sie überqueren, um die nächste Deckung zu erreichen. Sie blieben nicht unentdeckt. Als Schüller das Ende des freien Felds erreichte, fehlten fünf seiner Soldaten, unter ihnen sein Freund Helmut.

Der Kompaniechef versuchte, einen Stoßtrupp zusammenzustellen, um Verletzte zu bergen, als er den Befehl bekam, einen Kampfabschnitt in Urb zu übernehmen. »Ich bat meinen Kommandeur um Aufschub des Befehls, da ich erst klären wollte, ob meine Leute gefallen oder vielleicht verwundet waren. Meiner Bitte wurde nicht stattgegeben«, schrieb Schüller an Helmuts Eltern. Ein Feldwebel bekam den Auftrag, sich um die Vermissten zu kümmern. Tatsächlich sei es nach einigen Stunden gelungen, verwundete Soldaten aus dem Schnee zu ziehen, darunter die beiden Freunde von Schüller und Helmut, die zur Kompanie zurückgekehrt waren. Beide überlebten. Helmut wurde nicht gefunden.

Die *Kölnische Zeitung* berichtete am folgenden Tag vom Kriegsverlauf im Westen: »Auch in tödlicher Gefahr fällt der Westen nicht.« Die deutsche Nation stehe »leidgeprüft wie ein Fels in der sie umbrandenden Flut der Feinde«. »Menschentum« werde nur durch »leidvolle Prüfung groß«, belehrte der Autor die Leserschaft. Dass diese sinnlosen Schlachten in den Ardennen und der Eifel noch einmal Zehntausende Tote und Vermisste forderten, erfuhren die Leser nicht. Bis Ende Januar waren während der Ardennenoffensive über 17.000 deutsche und über 19.000 alliierte Soldaten gefallen. Über 37.000 galten als vermisst. Die *Kölnische Zeitung* schwadronierte larmoyant von einem »Meer von Blut«. Wenn man es durchschwommen habe, werde man »härter und weicher sein, als wir es waren.« Man werde »geprüft auf unseren Wert als einzelne und als Volk. Wo sollten wir sonst den Sinn dieser Jahre finden, wo sollten wir sonst den Sinn der Opfer suchen, der Gefallenen, der Erschlagenen und Verschütteten?«

Rund fünf Wochen nach Helmuts Tod marschierte die US-Armee im linksrheinischen Köln ein, am 7. März erreichte sie die Rheinbrücke in Remagen.

SPÄTE NACHRICHT

Die letzten Sonnenstrahlen fielen auf die Anhöhe, vor der sie das Auto geparkt hatten. War Helmut hier gefallen? Oder hatte er sich noch irgendwo hingeschleppt? Konnte er verwundet entkommen, war er in Gefangenschaft geraten oder war er so stark getroffen worden, dass man ihn nicht mehr erkennen konnte? Die alten Fragen gingen Hildegard noch einmal durch den Kopf. Der genaue Ablauf der Ereignisse an jenem 30. Januar 1945 hatte für sie nie eine große Rolle gespielt, doch ihre Eltern hatte die Ungewissheit noch jahrelang geplagt.

Monate nach Kriegsende hatten sie aus dem Westerwald eine seltsame Nachricht bekommen, dass Helmut dort gesehen worden sei. Die Eltern wollten die Hoffnung nicht aufgeben, obwohl ihnen Schüller geschrieben hatte, dass er keinen Zweifel am Tod des Freundes habe. Wie wäre es sonst zu erklären, dass er sich bei niemand gemeldet hatte und keine Briefe mehr zu Hause angekommen waren. Trotzdem galt Helmut erst einmal »nur« als vermisst.

Aufgrund von Behördenversagen sollte die quälende Ungewissheit für die Familie noch mehr als elf Jahre andauern. Hildegard hatte sich an den Suchdienst des Deutschen Roten Kreuzes gewandt, der sie an die »Deutsche Dienststelle für die Benachrichtigung der nächsten Angehörigen von Gefallenen der ehemaligen deutschen Wehrmacht« verwiesen hatte. Das Rote Kreuz behauptete, den Tod von Helmut bereits 1946 dem zuständigen Standesamt gemeldet zu haben. Man habe selbstverständlich auch die Familie informieren wollen, doch der entsprechende Brief sei mit dem Vermerk »Haus zerstört« zurückgekommen. Danach habe man wohl versäumt, weitere Anstalten zur Ermittlung einer neuen Adresse zu unternehmen. Im Sommer 1956 teilte die »Dienststelle für die Benachrichtigung der nächsten Angehörigen« der Familie mit, dass am 16. Februar 1945 in Brandscheid bei Prüm – etwa zwölf Kilometer von Steinebrück entfernt – ein unbekannter deutscher Soldat bestattet worden sei. Bei der Umbettung von Gefallenen zum Friedhof Recogne-Bastogne habe man am Leichnam des zunächst Unbekannten die Erkennungsmarke von Helmut Peetz gefunden und ihn so identifiziert. So sei es möglich gewesen, ihn mit einem Grabstein, auf dem sein Name steht, in Belgien zu bestatten.

Auf dem deutschen Soldatenfriedhof Recogne-Bastogne sind mehr als 6.800 deutsche Soldaten im Alter zwischen 17 und 52 Jahren begraben. Der Gefreite Helmut Peetz vom Grenadier-Ersatz-Bataillon 366 liegt zusammen mit zwei weiteren Soldaten im Grab 14 im Block 9. Als sie nach dem Steinkreuz mit Helmuts Namen suchten, konnte Hildegard nicht verbergen, wie wichtig ihr dieser gemeinsame Besuch war und wie nah ihr alles ging. Und ihr 17-jähriger Enkel dachte darüber nach, wie lange die Folgen eines Kriegs in einer Familie nachwirken.

An jenem 3. Oktober 2016 legte Hildegard zum letzten Mal Blümchen auf das Grab. In den folgenden Jahren ließ die Demenz sie fast alles vergessen – ihre Eltern, ihren Ehemann, fast ihr komplettes Leben. Nur die Erinnerung an ihren Bruder sollte bleiben bis zum Schluss.

Dank

an alle, die mit Rat und Tat bei der Recherche für dieses Buch geholfen haben, insbesondere Sabine Eibl, Franziska Klein und Regina Hönerlage im NRW-Landesarchiv in Duisburg, Thomas Roth vom NS-Dokumentationszentrum der Stadt Köln, Bekir Erçiçek von der JVA Dortmund und Heribert Müller. Dank auch an Wera Reusch für ein präzises, lehrreiches und unkompliziertes Lektorat.

Informationen zum Autor

Helmut Frangenberg (geb. 1966 in Köln) arbeitet als Autor, Journalist und Redakteur beim »Kölner Stadt-Anzeiger« und ist Host des Podcast »True Crime.Köln«. Er hat zahlreiche Bücher veröffentlicht, darunter Köln-Krimis und Biografien zu Kölner Persönlichkeiten.

Quellenhinweise

Die Befreiung
Landesarchiv NRW, Rheinland, BR 2389 Nr. 66
Landesarchiv NRW, Rheinland, BR 2385 Nr. 2491

Mörder im Polizeidienst
Landesarchiv NRW, Rheinland, BR 2389 Nr. 22
Stefan Noethen: Brüche und Kontinuitäten – Zur Kölner Polizei nach 1945, in: Harald Buhlan/Werner Jung (Hg.): Wessen Freund und wessen Helfer? Die Kölner Polizei im Nationalsozialismus, Schriften des NS-Dokumentationszentrums der Stadt Köln, Bd. 7, 2000
Jens Niederhut: Es ist besser zu sein als nicht zu sein, in: Geschichte im Westen, 28/2013

Gespenster
Elsbeth von Ameln: Köln, Appellhofplatz: Rückblick auf ein bewegtes Leben, Köln 1985

Toter Nazi im Brunnenschacht
Landesarchiv NRW, Rheinland, BR 2208 Nr. 54
Stefan Noethen: Brüche und Kontinuitäten – Zur Kölner Polizei nach 1945, s. o.

Ermittlungen im Minenfeld
Landesarchiv NRW, Rheinland, BR 2208 Nr. 50
Landesarchiv NRW, Rheinland, SBE Hauptausschuss Stadtkreis Köln NW 1048-41, Nr. 2377
Landesarchiv NRW, Rheinland, BR 2385 Nr. 2740

Der Fälscher im Keller des Kunstvereins
Kölner Stadt-Anzeiger September 1950, Der Spiegel 1950, Die Zeit 1949, 1950, 2015, New York Times 28.9.2016, Bonner General-Anzeiger 17.1.1942, Kölnische Zeitung Februar 1942, Rhein-Zeitung 18.3.2021
Proveana, Datenbank Provenienzforschung, Deutsches Zentrum Kulturgutverluste
Referat für Museumsangelegenheiten der Stadt Köln, Provenienzforschung, Antwort auf die Anfrage zur Provenienz des Gemäldes »Kreuzigung« von Max Ernst im Museum Ludwig, 27.2.2024
Koller Auktionen Zürich, www.kollerauktionen.ch
Wilfried Weinke: Raubkunst. Zum deutschen Umgang mit enteigneter Kunst, in: Tribüne, Zeitschrift zum Verständnis des Judentums, 2007, Heft 1

Tödlicher Gefallen
Landesarchiv NRW, Rheinland, BR 2389 Nr. 34
Walter Volmer / Lutz Rohmer: Die Kölner »Mordakten« als zeit- und kriminalgeschichtliche Quelle, in: Harald Buhlan / Werner Jung (Hg.): Wessen Freund und wessen Helfer?, s. o.

Flucht aus der Wirklichkeit
Landesarchiv NRW, Rheinland, Gerichte Rep. 9, Nr. 645 bis 648, 650 und 651 (Verfahrensakten der Staatsanwaltschaft Köln)

Tod eines Hitlerjungen
Justiz und NS-Verbrechen, Bd. 2, Lfd. Nr. 65, S. 667 ff.
Justiz und NS-Verbrechen, Bd. 1, Lfd. Nr. 002 JuNSV, Bd. 1, S. 11 ff.
www.junsv.nl/westdeutsche-gerichtsentscheidungen
Landesarchiv NRW, Rheinland, SBE Hauptausschuss Regierungsbezirk Köln NW 1049, Nr. 75727

Der liebe Onkel
Kölner Stadt-Anzeiger September 1950
Befragungen von ehemaligen Nachbarn
Daniel Meis: Josef Grohé - Ein politisches Leben, Berlin 2020
Helge Jonas Pösche: Josef Grohé - ein Gauleiter als »Held« der Familie, in: Geschichte in Köln, Bd. 58, 2011

Dortmanns unglaubliche Geschichten
Landesarchiv NRW, R, BR 2389 Nr. 11 und Nr. 40
Landesarchiv NRW, R, RW 0058 Nr. 10775
Landesarchiv NRW, SBE Hauptausschuss Stadtkreis Köln NW 1048-9 Nr. 182
Landesarchiv NRW, SBE Hauptausschuss Stadtkreis Köln NW 1048-42 Nr. 235
Landesarchiv NRW, Gerichte Rep. 248, Nr. 57
Kölner Stadt-Anzeiger Juni/Juli 1951
Walter Volmer/Lutz Rohmer: Die Kölner »Mordakten« als zeit- und kriminalgeschichtliche Quelle, s. o.

Der Metzger in der Jauchegrube
Landesarchiv NRW, Rheinland, BR 2389 Nr. 3
Kölner Stadt-Anzeiger, NRZ, Kölnische Rundschau 1951–56, Revue 1954, Der Spiegel 1953
Zu Elrose: hillmanweb.com/elrose

Verfolgt von unsichtbaren Mächten
Landesarchiv NRW, Rheinland, BR 2389 Nr. 60
Tabellarische Auflistung zur Auswertung der Handakten zu Kölner Tötungsdelikten durch die Kriminalbeamten Walter Volmer und Lutz Rohmer, Auszug im Besitz des Autors
Erhard Knauer (Hg.): 125 Jahre Rheinische Kliniken Düren 1878–2003, gestern, heute, morgen. Von der Provinzialanstalt zur Fachklinik, Köln 2003
Landschaftsverband Rheinland (Hg.): Psychiatrie im Wandel der Zeit: 125 Jahre »Grafenberg« - Rheinische Kliniken Düsseldorf - Kliniken der Heinrich-Heine-Universität Düsseldorf, Köln 2001

Spurensuche am Westwall
Briefe von Helmut Peetz 1944/45 an seine Eltern, seine Schwester und Verwandte in Dollendorf
Briefe von Erwin Schüller, 1946
Schreiben Rotes Kreuz, Suchdienst München, 15.5.1956
Schreiben der Deutschen Dienststelle für die Benachrichtigung der nächsten Angehörigen von Gefallenen der ehemaligen deutschen Wehrmacht, 23.7.1956
Kölnische Zeitung 1944/45

Bildnachweis

Helmut Frangenberg privat: 221/222 • Erhard Knauer (Hg.): 125 Jahre Rheinische Kliniken Düren 1878–2003. gestern, heute, morgen. Von der Provinzialanstalt zur Fachklinik, Köln 2003, S. 141: 203/204 • Landesarchiv NRW – Abteilung Rheinland: 57/58 (BR 2208, Nr. 54), 163/164 (BR 2389, Nr. 11) • Museum Berlin-Karlshorst: 117/118 • NS-Dokumentationszentrum der Stadt Köln: 71/72, 105/106, 147/148 • Rheinisches Bildarchiv Köln: 37/38 (rba_d033771), 77/78 (rba_077650) • United States Holocaust Memorial Museum, courtesy of National Archives and Records Administration, College Park: 21/22 • www.grevenarchivdigital.de | Historisches Archiv des Erzbistums Köln: Umschlag (Josef Jeiter, Bildsammlung 102238), 239/240 (Josef Jeiter, Bildsammlung 104611), 245/246 (Bildsammlung 104613) • www.grevenarchivdigital.de | Kölner Fotoarchiv 2024: 7/8 • www.grevenarchivdigital.de | Kölnische Rundschau: 129/130, 181/182

Es konnten nicht alle Bildrechteinhaber ermittelt werden. Wir bitten, sich gegebenenfalls mit dem Verlag in Verbindung zu setzen.

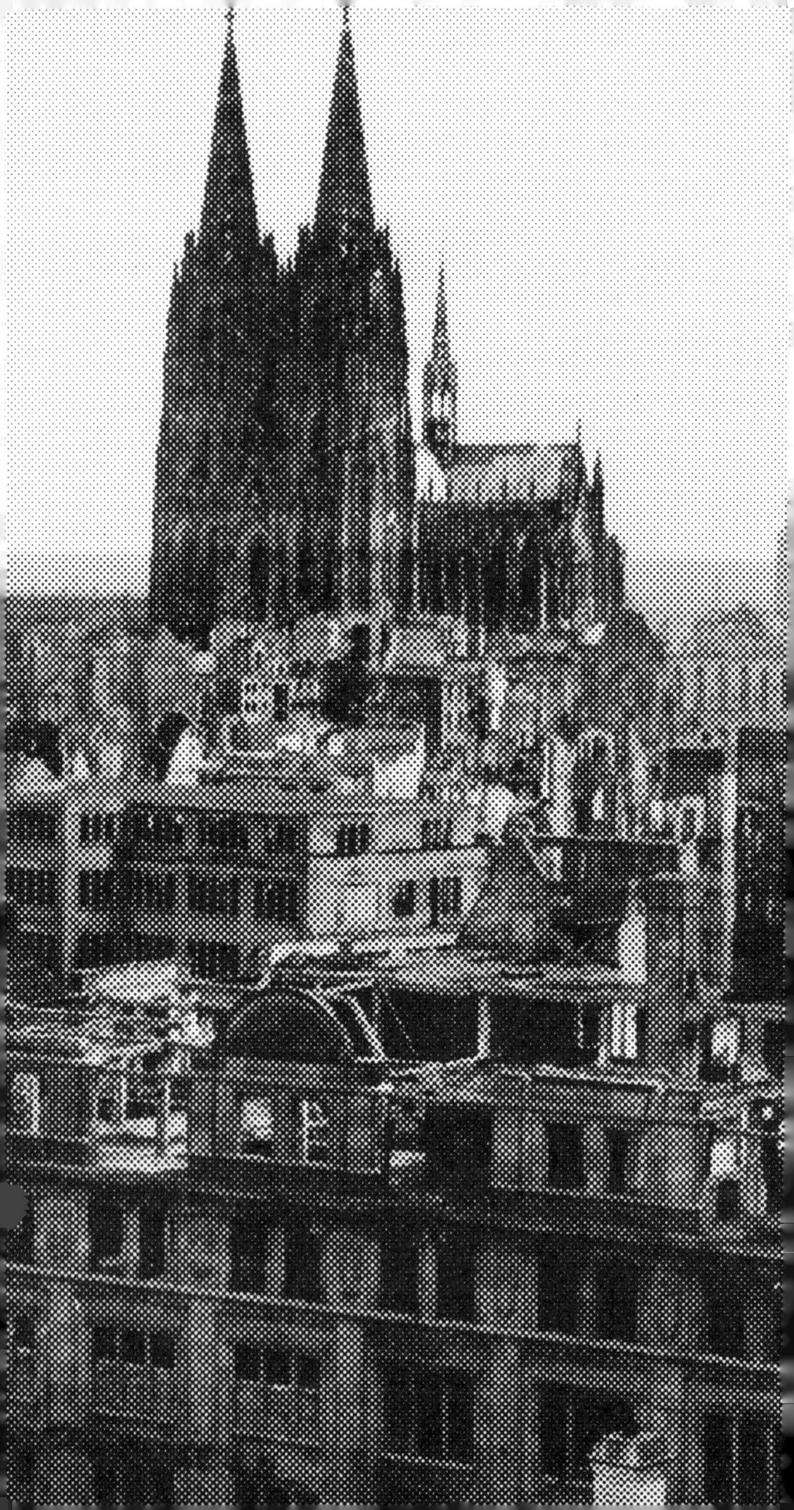

Lektorat: Wera Reusch, Köln
Gestaltungskonzept: Christina Schmid
und Clara Neumann, Stuttgart
Gestaltung und Satz: Studio Ingeborg, Bregenz
Gesetzt aus der FF Franziska und der Weissenhof Grotesk
Lithografie: prepress, Köln
Papier: 90 g/m² Schleipen Fly weiß 05
und 270 g/m² Colorplan, Bright Red
Druck und Bindung: optimal media, Röbel

ISBN 978-3-7743-0979-1

Detaillierte Informationen über alle unsere Bücher finden Sie unter
www.greven-verlag.de